CARMEN ROHRBACH

JAKOBSWEG

Wandern auf dem Himmelspfad

GOLDMANN VERLAG

Umwelthinweis:
Alle bedruckten Materialien dieses Taschenbuches
sind chlorfrei und umweltschonend.

Der Goldmann Verlag
ist ein Unternehmen der Verlagsgruppe Bertelsmann

Vollständige Taschenbuchausgabe März 1995
© 1991 Frederking & Thaler Verlag, München
Umschlaggestaltung: Design Team München
Umschlagfoto: Carmen Rohrbach
Lektorat: Rosemarie Altmann
Fotos: Carmen Rohrbach
Karten: VerlagsService Dr. Neuberger/Schaumann
Druck: Presse-Druck, Augsburg
Verlagsnummer: 12520
Ba · Herstellung: Stefan Hansen
Made in Germany
ISBN 3-442-12520-0

10 9 8 7 6 5 4 3 2

Inhalt

1 Von Deutschland nach Frankreich   9
2 Von Saint-Jean-Pied-de-Port nach Roncesvalles   18
3 Roncesvalles   31
4 Von Roncesvalles nach Linzoain   37
5 Von Linzoain bis Guendulain   45
6 Von Guendulain bis Lorca   64
7 Von Lorca bis Torres del Rio   77
8 Von Torres del Rio nach Logroño   88
9 Von Logroño nach Nájera   98
10 Von Nájera nach San Millán de la Cogolla   105
11 San Millán de Suso   116
12 Von San Millán de Suso nach Santo Domingo   123
13 Von Santo Domingo nach Juan de Ortega   132
14 Von San Juan de Ortega bis Silos   144
15 Von Silos bis Villalcázar   162
16 Von Villalcázar bis Sahagún   187
17 Villalcázar de Sirga   179
18 Von Sahagún bis León   194
19 Von León nach Astorga   209
20 Von Astorga bis Ponferrada   218
21 Von Ponferrada bis Peñalba   230
22 Nach Villafranca del Bierzo   237
23 Von Villafranca nach Cebreiro   239
24 Von Cebreiro bis Portomarín   250
25 Von Portomarín bis Monte Gozo   257
26 Santiago de Compostela   266
27 Finisterre   277

3 Stammtafeln der herrschenden Geschlechter
   in Nordspanien   284

Anhang   290

ENGL

Der Kanal

DER JAKOBSWEG
IM MITTELALTER

N

Atlantischer
Ozean

SANTIAGO DE
COMPOSTELA

Sobrado

Oviedo

Finisterre

Santander

Bayonne

Palas
de Rey

Triacastela

Ponferrada

LÉON

Ebro

PAMPLONA

Villafranca
del Bierzo

Vigo

Astorga

Monte
de Orbigo

Cea

Sahagún

Frómista

BURGOS

Estella
Torres

Villalcázar
de Sirga

San Juan
de Ortega

Santo
Domingo

Logroño

Porto

PORTUGAL

Elsa

Douro

Douro

SPANIEN

Zara

Für W. Jacob

1 Von Deutschland nach Frankreich

Der Küster kommt gegen sieben Uhr morgens. Er betritt polternd die Kirche, stellt sich in die Mitte der Haupthalle und stößt plötzlich in alle vier Ecken Schreie aus. Ich sitze oben auf der Empore, unter der Orgel, und erschrecke sehr, glaube ich doch, daß er damit seinen Ärger über mein Eindringen in die Kirche kundtut. Was würde er als nächstes machen, nachdem er bereits so gewaltig gestampft und gebrüllt hat? Mich die Treppe hinabstoßen, an den Haaren zur Kirchentür zerren und hinauswerfen? Doch welche Überraschung, der Mann schaut überhaupt nicht zu mir herauf. Er geht zum Altar, kniet nieder und betet. Offenbar hat er andere ungebetene Gäste mit seinem Schreiritual vertreiben wollen. Trotzdem fühle ich mich sehr unbehaglich. Nach dem Gebet hat der Küster vielerlei zu tun. Ich warte und warte, zuerst geduldig, dann immer dringlicher, denn meine Blase drückt unangenehm, und auch im Bauch rumort es mächtig. Der Mann ist nun in einem Nebenraum, aber ich höre ihn deutlich herumwirtschaften, und sicher würde er mich auch hören, wenn ich die knarrende Holztreppe hinabsteige. Doch ich muß raus! Der Küster ist mir nun gänzlich egal. Ich setze den Rucksack auf und – da hat er mich schon bemerkt. Flink hastet der alte Mann die schmale Treppe empor. Schon steht er vor mir, ein hagerer, leicht gebeugter Mann mit grauen Schläfen und buschigen, schwarzen Augenbrauen, unter denen mich seine dunklen Augen unwirsch mustern. Ein Schwall französischer Worte prasselt auf mich nieder. Wahrscheinlich glaubt er, ich sei eine Streunerin, die die Kirche verunreinige. Ich kann nur drei Wörter auf französisch: merci, merde, je t'aime, aber damit werde ich mich wohl kaum verständlich machen können.

»*Yo voy a Santiago de Compostela. Soy una peregrina.* Ich gehe nach Santiago de Compostela. Ich bin eine Pilgerin«, sage ich auf spanisch, das ich ganz gut beherrsche, in der Hoffnung, er werde wegen der Verwandtschaft der beiden Sprachen wenigstens den Sinn verstehen. Und dann zähle ich ihm die Hauptstationen meiner Reise auf: »St.-Jean-Pied-de-Port, Roncesvalles, Pamplona,

Logroño, Burgos, Fromista, León, Astorga, El Cebreiro, Samos, Puertomarín«, und nach tiefem Durchatmen und mit meinem strahlendsten Lächeln: »Santiago de Compostela!« Er schaut mich verblüfft an, zuerst ratlos, doch dann huscht ein Verstehen über das strenge Gesicht. Er tritt zur Seite, gibt mir den Weg nach unten frei und – habe ich mich getäuscht oder hat er sich sogar leicht verbeugt vor einer Pilgerin, die allein zu Fuß nach Santiago de Compostela wandert, wie in früherer Zeit Millionen Menschen aus ganz Europa?

Damals im Mittelalter sind die Pilger von ihrer Haustür aus losgelaufen. Sie mußten, wenn sie unterwegs nicht umgekommen waren und endlich das langersehnte Ziel erreicht hatten, auch wieder zu Fuß heimwärts gehen. Ich stelle mir vor, daß dieser Rückweg auf schon bekanntem Pfad sehr mühselig und langweilig gewesen sein muß. Wahrscheinlich aber irre ich mich, denn die meisten Menschen sind vermutlich gerne wieder heimgekehrt. Mir fällt das Weggehen leicht, es ist mit Freude und Erwartungen verbunden. Immer ist es ein Aufbruch in eine ungewisse und deswegen aufregende Zukunft, für die es sich lohnt zu leben. Die Rückkehr dagegen erscheint mir jedesmal so grau und unerquicklich, daß ich mich fragen muß, warum ich überhaupt heimfahre. Und ich habe dann keine andere Antwort parat als diese: Damit ich wieder losgehen kann.

Die Menschen damals aber wagten eine Pilgerreise, die im Zeichen des Todes stand. Zu unsicher war in dieser Zeit das Reisen. Überall am Weg lauerten Gefahren. Viele kamen durch Entkräftung, Kälte und Schneestürme um. Andere wurden von Räubern getötet. Manche wurden Opfer von Seuchen und verdorbener Nahrung. Alte Gerichtsurteile zeigen, daß ein Menschenleben wenig galt. Wurde einer des Diebstahls überführt oder auch nur dringend verdächtigt, landete er unweigerlich am Galgen. Welcher Mut, welche Mühe und Entsagung gehörten dazu, sich auf den Weg nach Santiago zu machen? Ich nehme an, daß diese Menschen das alles auf sich nehmen konnten, weil sie einen starken Halt in sich trugen, nämlich ihren Glauben. Der Glaube war gleichzeitig die Triebfeder für ihre Entscheidung, das »Jakobsgrab« aufzusuchen, sei es um Buße für eine schwere Sünde zu tun oder um Hilfe gegen Krankheit und Leiden zu erflehen. Andere hatten in einer schwierigen Lebenssituation ein Gelübde abgelegt, das erfüllt werden mußte, nachdem ihr Flehen erhört worden war. Doch was mag mich in heutiger Zeit dazu bewegen, eine Fußwanderung zum heiligen Jakobus zu unternehmen? Ausgerechnet ich, die niemals beten gelernt hat, nicht mal getauft ist und Kirchen nur betritt, um sie zu besichtigen oder gegebenenfalls darin zu übernachten? Noch weiß ich es nicht. Während der Wanderung hoffe ich mehr Klarheit zu bekommen. Ich bin aufgebrochen, um Antworten zu finden, Auskünfte über mich selbst. Was ich bin, was ich soll, wie ich weiter leben kann. Aber warum ausgerechnet eine Pilgerreise? Wenn ich Zeit zum Überlegen nötig hätte – und beim Gehen denkt es sich am besten –, könnte ich doch auch das Nordkap oder die südlichste Spitze von Europa zum Ziel wählen. Aber als ich von Santiago de Compostela hörte, stand für mich fest, das solltest du tun, da mußt du hin. Ich bin ziemlich Hals über Kopf aufgebrochen, es war schon eher eine Flucht. Am Morgen, als ich aufwachte, es war der 18. Mai, wußte ich noch nicht, daß ich gerade an diesem Tag losgehen würde. Da ahnte ich, es würde wieder einer jener schlimmen Tage werden, wie gestern und vorgestern, wie viele Tage eben. Ich würde mich tapfer an den Schreibtisch setzen und mich zum Arbeiten zwingen, aber ich würde mich nicht konzentrieren können und das, was ich dann geschrieben hätte, wäre nicht zu verwenden. Dann wieder dieses Lauern, ob das Telefon klingelt. Und wenn es tatsächlich läuten würde, dann würde ich nicht abheben aus Ärger über mich selbst, weil ich so sehr gewartet habe, und aus Furcht vor der Enttäuschung, daß es nicht der erwartete Anrufer ist. Oder ich würde selbst wählen, um, käme wirklich eine Verbindung zustande, schnell wieder aufzulegen, ohne mich gemeldet zu haben. Nein, aus diesem albernen, aber lähmenden Kreislauf mußte ich raus! Ich packte meinen Rucksack, ohne daß ich mir richtig bewußt war, wozu ich mich entschlossen hatte. Im Rucksackpacken habe ich Routine. Das kann ich fast im Schlaf, so oft habe ich das schon gemacht. Entscheidend ist, sowenig wie möglich mitzunehmen – nur das Nötigste eben. Früher war ich stolz, Riesenrucksäcke tragen zu können, die die Hälfte meines eigenen Gewichtes hatten. Doch inzwischen bin ich

11

klüger geworden. Wandern macht einfach mehr Spaß, wenn man nicht wie ein Lastesel schleppen muß. Und es ist doch erstaunlich, mit wie wenigen Dingen man unterwegs auskommt.

Nachdem ich mit dem Packen fertig war, bin ich mit dem Rucksack eilig zum Bahnhof und habe mir dort erklären lassen, welche Fahrkarte ich lösen muß, um möglichst nahe an die Pyrenäen nach St.-Jean-Pied-de-Port zu gelangen. Von meiner Münchner Haustür aus wollte ich nicht loslaufen. Ich hatte keine Lust, so lange in Autoabgasen und Verkehrslärm zu wandern. Im Unterschied zu Frankreich und Spanien ist der »Jakobsweg« in Deutschland nicht erhalten geblieben. Wie Schnüre, die sich zu einem Seil vereinen, ziehen sich die Wege durch Frankreich konzentrisch auf die Pyrenäen zu. In Spanien endlich, ab Puente la Reina, vereinen sich alle Wege zu einem einzigen – dem »camino de Santiago«. Für Hin- und Rückreise braucht man zu Fuß von Deutschland aus etwa vier Monate. Doch früher waren viele Pilger ein halbes Jahr und länger unterwegs, wenn sie an manchen Stationen eine ausgedehnte Andacht hielten, Umwege zu berühmten Heiligtümern einschlugen oder sich in den Hospitälern gesund pflegen lassen mußten.

Ich konnte mich auch nicht entscheiden, die Wanderung in Frankreich schon zu beginnen, weil mir erstens nur drei französische Wörter geläufig sind und ich zweitens nicht wußte, welche der vielen möglichen Routen ich wählen sollte. Immer würde ich denken, die anderen Wege, die ich nicht ginge, wären viel schöner, aufschlußreicher und interessanter gewesen. Warum sollte ich einen auswählen und die anderen vernachlässigen? Da war es besser, dachte ich, gleich bei St.-Jean-Pied-de-Port am Fuß der Pyrenäen zu beginnen, mit einer Strecke von etwa 900 Kilometern bis Santiago de Compostela vor mir.

Zuerst mußte ich mit dem Zug nach Paris fahren, da es leider keine Direktverbindung zu den Pyrenäen gab. Ich war nicht gerade begeistert, diese Strecke zu fahren, denn ich wollte möglichst bald mit meiner Pilgerwanderung beginnen und hatte mich voll auf Spanien eingestellt.

Es war schon spät am Nachmittag, als ich in München losfuhr. Glücklicherweise fand ich ein Abteil für mich allein. Mitten in der

Nacht schreckte ich aus tiefem Schlaf auf, geweckt von der lauten Stimme eines Schaffners. Einige Waggons, auch der, in dem ich mich befand, waren abgehängt worden. Schlaftrunken zog ich meinen Rucksack aus dem Gepäcknetz herab, hastete aus dem Abteil, öffnete die Waggontür und sprang auf den Bahnsteig hinab. Der Schaffner wies mir die Richtung und es gelang mir gerade noch, auf den bereits fahrenden Zug zu springen. Nun drängelten sich viele Leute um die wenigen Sitzplätze. Müde traf ich am Morgen in Paris auf dem Gare de l'Est ein. Für die Weiterfahrt mußte ich zum Bahnhof d'Austerlitz wechseln. Ich war gezwungen, die Metro zu benutzen, doch hatte ich im Vertrauen darauf, daß ich in Frankreich nichts brauche, gar kein Geld getauscht. Schwarzfahren kam nicht in Frage, da sich die Sperren ohne Ticket nicht öffnen lassen. Die Gesichter der Menschen, wie wohl in allen großen Städten zu Arbeitsbeginn, schienen mir an diesem Morgen besonders grau und abweisend. Wahrscheinlich lag das aber mehr an meinem ziemlich desolaten Zustand nach der durchwachten, nächtlichen Bahnfahrt. Die Leute hasteten an mir vorbei. Wie könnte ich nur durch die Sperre kommen? Da plötzlich drückte mir ein Mann einen Fahrschein in die Hand. Ich konnte mich weder bedanken, noch hatte ich sein Gesicht sehen können, so schnell war er in der Menge wieder untergetaucht.

Im Zug nach Bayonne hatte ich wieder ein Abteil ganz für mich allein. Ich holte den Schlaf nach und wachte erst wieder auf, als der Zug bereits durch Südfrankreich fuhr: Grüne Wiesen und grüne Hügel, gesprenkelt mit elfenbeinfarbenen Rindern, ab und zu ein steingraues Dorf.

Als der Zug Bayonne erreichte, stand auf dem Nebengleis bereits der Anschlußzug nach St.-Jean-Pied-de-Port. Alle Abteile waren voller Menschen, irgendwo quetschte ich mich dazwischen. Mir fiel bald ein alter Mann auf. Er trug einen dunklen Anzug aus feinem Stoff, der aber an Armen und Knien schon etwas schäbig und abgewetzt war. Unter der Baskenmütze hingen dünne graue Haare hervor. Er hatte ein mageres Gesicht mit einer auffallend spitzen Nase. Ich wurde auf ihn aufmerksam, weil er unruhig von einer Abteilseite auf die andere hinüberwechselte, aufgeregt die Fenster herabkurbelte und sich weit hinausbeugte. Der Fahrtwind wirbelte ihm die spärlichen Haare ins Gesicht und mit der Hand hielt er die Baskenmütze fest. Ich verfolgte seinen Blick, sah bewaldete Hügel und grünbeweidete Hänge, einen kleinen sich schlängelnden Fluß, die Ufer mit Weiden bewachsen. Nichts Besonderes, eine ruhige, stille Landschaft. Doch gewiß sah der Mann etwas ganz anderes als ich. Immerfort wendete er den Kopf, hierhin und dorthin, suchte etwas zu entdecken, etwas wiederzufinden, vielleicht wie jemand, der nach langer Zeit in seine Heimat zurückkehrt. Ich versuchte seine Aufgeregtheit nachzuempfinden, auch wenn ich persönlich nicht so fühlen kann. Für mich gibt es keine Heimat, die mein Herz beim Gedanken an sie in Aufregung versetzen könnte. Vielleicht hatte ich zeit meines Lebens sehnsuchtsvoll in die Ferne geblickt, meine ganze Phantasie auf das Erreichen ferner Ziele fixiert, so daß für den heimatlich vertrauten Ort keine Gefühle mehr übrigblieben? Dennoch erinnere ich mich, daß auch ich einmal eine Heimat geliebt und mich dort geborgen und zu Hause gefühlt hatte. Der erste mir vertraute Ort war ein verwilderter Garten, mit großen Bäumen, wucherndem Buschwerk, hohem Gras, in dem ich mich verstecken konnte, und summenden Insekten, die sich manchmal in meinen Haaren verwirrten. Eine ganze Welt war dieser Garten für mich, in dem ich die meisten Tage meiner ersten fünf Jahre erlebte. Als ich viele Jahre später meine kindliche Glückswelt wiedersah, war sie bis zur Unkenntlichkeit verdorben. Die lebendige, summende und brummende Blumenwiese, die mir einmal über den Kopf wuchs, war zu einem kurzgeschorenen Rasen verunstaltet worden. Die sich vielfach verästelnden Büsche waren verschwunden, ebenso die Obstbäume, auf denen ich dem Himmel entgegengeklettert war. Statt dessen sah ich eine kümmerliche Tujahecke, so künstlich wie aus Plastik, und zu allem Schrecken noch eine Blautanne, ein Baum, der in einem Garten wie die verkörperte Unnatur wirkt. Meine erste kleine Heimat war zerstört worden, sie existierte nicht mehr. Ich kann an sie nur zurückdenken als an etwas Vergangenes, doch werde ich sie nie im Leben wiederfinden. Auch meine zweite Heimat ist zerstört worden. Es war das Weinstädtchen Freyburg. Abgeholzt sind die dichten Buchenwälder, die ich als Kind durchstreifte. Das Wasser des Flusses Unstrut ist vergiftet. Ich konnte noch in der Unstrut schwimmen und bis auf den Flußgrund tauchen, um Kiesel heraufzuholen, immer mit der Erwartung, einmal einen Edelstein oder Goldklumpen in der Hand zu halten. Vielleicht ist jedes Wiedersehen mit der Heimat, von der man sich lange entfernt hat, eine bittere Enttäuschung. Wenn man die Veränderungen nicht mitvollziehen konnte, bewahrt die Erinnerung ein schöneres, vielleicht auch verklärtes Bild.

Der Franzose, der immer noch zwischen einer Fensterseite des Zuges zur anderen hin und her eilte und seinen Kopf hinausstreckte wie ein Huhn den seinen aus einem Gitterkäfig, machte auf mich keinen frohen Eindruck. Spitz stach die Nase aus dem blassen, ernsten Gesicht und die Augen bewegten sich unstet auf der Suche nach etwas, was sie nicht finden konnten. Ich wünschte ihm, daß er am Bahnhof von einem lieben Menschen abgeholt wird.

Ich stieg aus in St.-Jean-Pied-de-Port. Es regnete sachte. Ich lief durch die schmalen Straßen. Pflaster und Dächer glänzten regennaß. Ich folgte einer Gasse, die bergauf führte. An einigen Türen sah ich das Pilgerzeichen, die Muschel: ins Holz geschnitzt, aus Metall gearbeitet oder die aus dem Meer, die richtige, handtellergroße Pectenmuschel. Seit die Menschen zum Grab von Jakobus pilgern, ist sie der Beweis, daß man tatsächlich in Santiago war. Nur wenige Tagesmärsche von der Jakobsstadt entfernt wird sie vom Atlantik an den Strand gespült. Legenden erzählen von der Entstehung der Muschel als Pilgerzeichen. So soll ein Ritter, der zum Grab gepilgert war, auf der Flucht vor Wegelagerern ins Meer gesprungen sein. Als er schließlich wieder rettendes Land erreichte, war er über und über mit Muscheln bedeckt. Das wurde als Zeichen gewertet, daß ihm der heilige Jakobus beigestanden hatte. Eine andere Geschichte geht noch weiter zurück in die Vergangenheit: Eine Barke näherte sich dem Land. Im Boot befand sich der Leichnam des Heiligen, den seine Jünger in Spanien bestatten wollten. Wieder kam ein Reiter ins Spiel. Der arme Mann erschrak mächtig, weil das Boot mitten in der Nacht von einem überirdischen Licht erstrahlte. Voller Angst sprang er samt Pferd von den Klippen hinab ins Meer.

Er wurde gerettet, und abermals hafteten an seinem Körper unzählige Muscheln.

Der Stadtname St.-Jean-Pied-de-Port bedeutet: der heilige Johann am Fuß des Passes, gemeint ist der Paß von Roncesvalles oder auch Ibañetapaß genannt. Das Städtchen ist die letzte Ortschaft vor der französisch-spanischen Grenze und gehört zum französischen Department Pyrénées-Atlantiques. Der Auszug der Pilgergruppen fand früher feierlich unter dem Geläute aller Glocken statt. Denn nun galt es, die Pyrenäen zu überschreiten. Eine harte, strapazenreiche Strecke lag vor ihnen. Viele trugen dazu noch schwere Kreuze bis zum Ibañetapaß hinauf.

Die Altstadt von St.-Jean-Pied-de-Port ist von einer mächtigen Wehrmauer umschlossen. Die Bezeichnung »umschlossen« stimmt nicht mehr, denn Häuser und Straßen befinden sich inzwischen auch außerhalb der Mauer. Ich stieg die steilen Stufen zur Mauer hinauf. Oben war ein breiter Wehrgang. Ich schaute durch die Schießscharten hinab, sah Bistros mit tropfnassem Gestühl davor und von oben die Regenschirme, einige als bunte Scheiben, andere als große schwarze Pilze, die sich wie von selbst durch die Straßen zu bewegen schienen. In einem Gemüsegarten kläffte ein winziger, schwarzer Hund zu mir herauf. Er war wütend, vielleicht weil ich für ihn unerreichbar weit, hoch oben auf der Stadtmauer stand. Während meiner Wanderung sollten sich die Hunde mir gegenüber meist so erbost verhalten.

Es war inzwischen später Nachmittag geworden. Ich wollte mir kein Zimmer in der Stadt nehmen. Nach der langen Bahnfahrt verspürte ich große Lust zu laufen und Natur um mich zu haben, wollte Erde unter und Himmel über mir fühlen. Nur spielte das Wetter nicht mit, denn es regnete zwar leicht, aber ohne Unterlaß. Wie würde es erst dort oben sein? Einen vollen Wandertag braucht man, bis der Paß überwunden ist. Da ich wegen des Gewichtes kein Zelt dabei hatte, war es mir zu unsicher, mich darauf zu verlassen, irgendwo einen Unterschlupf zu finden. Ich beschloß, erst am nächsten Tag mit dem Aufstieg zu beginnen. Für diese Nacht galt es, noch auf französischem Boden einen Schlafplatz ausfindig zu machen. Ich hatte keine konkrete Vorstellung, wußte nur, daß ich einen einsamen, ungestörten Ort suchte. Zuerst folgte ich dem Fluß Nive. Die dichte Vegetation am Ufer war tropfnaß. Hier würde ich kein trockenes Plätzchen zum Schlafen entdecken. Es begann schon zu dämmern. Da schien es mir besser, eine kaum befahrene Landstraße als Wanderweg zu wählen: Weideland, runde Kuppen, ein Wäldchen dazwischen; es hörte sogar auf zu regnen. Und sofort machten sich die Vögel in den Büschen und Bäumen beiderseits der schmalen Straße bemerkbar. Sie schüttelten die Regentropfen aus dem Gefieder und schmetterten aus vollen Kehlen. Es war ja Frühling. Da gab es die clownhaften Stieglitze mit ihren roten Kopfhauben und den quittengelben Flügeln, die zitronenfarbenen Girlitze, die in höchsten Tönen ihre Lider sirrten, als würde eine dünne Schnur ganz schnell durch die Luft geschwungen und sogar Schwarzkehlchen, die mit wid wid, fit, kr-kr lockten. Lauter Vögel, die bei uns in Deutschland sehr selten geworden sind, und hier hüpften sie in Mengen im Straßengebüsch herum, selbst in der Nähe der Ortschaften. Dabei werden Singvögel in Südfrankreich sogar gejagt, in Deutschland dagegen sind sie geschützt. Aber kein Lebewesen hat etwas von der guten Absicht, unter Naturschutz zu stehen, wenn ihm andererseits der Raum zum Leben zerstört wird. Wie der Garten meiner Kindheit, der von allen Pflanzen und Tieren gesäubert, in eine sterile Rasenfläche umgestaltet wurde.

Endlich erreichte ich doch noch eine Ortschaft. Sie sah neu gebaut aus, meistens Einfamilienhäuser im Einheitsstil. Alle Fensterläden und alle Türen waren weinrot gestrichen. Menschen sah ich keine. So ging ich eben weiter und kam nach Lacarre. Inzwischen war es fast dunkel. Zu regnen hatte es nicht wieder begonnen, aber die Erde war noch vollgesogen von all der Nässe. Ich verspürte aber immer noch keine Lust, Menschen zu begegnen und mich dem Lärm eines Gasthauses, einer Auberge, auszusetzen, wo ich um ein Nachtlager hätte fragen müssen. Außerdem besaß ich ja nur spanische Peseten. Es begann bereits dunkel zu werden. Da erblickte ich am Ortsrand eine Kirche. Ich drückte sachte die Klinke hinunter – mein Herz hüpfte vor Freude – offen! Ein warmer stiller Raum. Ich fühlte mich sofort geborgen und aufgenommen, als wäre ich hier zu Hause und lief die Treppe zur Orgel empor. Schöne glatte Holzdielen, Platz genug für meine Matte und den Schlafsack. Ich hatte gerade den Rucksack abgesetzt und den Regenponcho zum Trocknen ausgebreitet, da hörte ich ein lautes Knacken, und ein Schlüssel drehte sich knirschend im Schloß – eingeschlossen! Oh! Und ich hätte doch noch mal hinausgemußt! Vorsichtig schlich ich zur Tür, drückte behutsam die Klinke nieder – tatsächlich! Sie war zu! Na, trotzdem war ich froh über mein Glück, noch vor dem Zuschließen dagewesen zu sein.

In der Nacht wachte ich auf. Weiches Mondlicht fiel durch die hohen Fenster, streifte über die Holzbänke und legte sich auf das samtige Altartuch. Um wieviel schöner ist doch eine Kirche bei Nacht, dachte ich und wollte den Raum mit seiner stillen Ausstrahlung und seinem alles umfassenden Frieden noch lange genießen, doch da schlief ich wohl schon.

Gegen sieben Uhr kam der Küster und schloß die Tür auf.

2 Von Saint-Jean-Pied-de-Port nach Roncesvalles

Ohne zu säumen laufe ich nach St.-Jean-Pied-de-Port, denn ich habe es eilig, die Strecke über den Paß zu schaffen. Dabei würde die Morgenstimmung zum Bleiben verlocken. Die Wiesen geben dampfend die Feuchtigkeit ab. In dicken Schwaden steigt der Nebel empor und wird von den Sonnenstrahlen vergoldet. Ein roter Milan kreist der Sonne entgegen, weit spreizt er den gegabelten Schwanz. Ein Bussardpärchen schraubt sich höher und höher. Das Männchen stößt schrille, langgezogene Schreie aus. Es ist sein Balzruf. Er soll das Weibchen zur Paarung stimulieren und mögliche Rivalen abschrecken.

Mit einem Satz springt eine Rötelmaus aus der noch nassen Krautschicht auf den Asphalt. Sie hockt sich auf die Hinterbeine und beginnt in Seelenruhe, ihr etwas ramponiertes und feuchtes Fell mit dem Schnäuzchen zu lecken, mit den Vorderpfoten zu striegeln und zu kämmen. Es ist noch ein junges Tier, erst halb so groß wie eine erwachsene Rötelmaus, deshalb ist sie vielleicht so unvorsichtig, sich ohne Deckung auf die Straße zu setzen. Ich schleiche mich an, nur noch ein Meter, jetzt nur noch ein halber! Langsam nähern sich meine geöffneten Hände der Maus. Es ist doch gar zu verlockend, das Tierchen mit einem schnellen Zugriff zu fangen. Ich will es jedoch nicht zu sehr erschrecken oder ihm gar weh tun. Doch ich brauche überhaupt nicht zuzugreifen. Die junge Maus ist so zutraulich und wohl auch unerfahren, daß sie von selbst in meine Hände hüpft. Da sitzt sie nun – kann man sich so etwas vorstellen – und leckt und putzt und säubert ihr Fellchen. Die kleinen rosa Vorderpfoten striegeln eifrig das Köpfchen, blitzschnell fahren sie über die fast ganz im dichten Fell verborgenen Ohren und klappen die winzigen Ohrmuscheln emsig hin und her. Die Maus hat einen dicken Kopf, er ist halb so groß wie der rundliche, rötlichbraune Körper. Es ist ein wunderbares Gefühl, wie sich dieses kleine Wesen vertrauensvoll in die Hand kuschelt. Belustigt denke ich, ob das gar eines der vom heiligen Jakob bewirkten Wunder ist? Eine wildlebende Maus, die geradewegs in meine Hand springt und sich dort auch noch wie zu Hause fühlt, wer hat das schon mal erlebt? Mit beiden Händen forme ich für die junge Maus ein schützendes Gehäuse, wie eine Muschel. Ich fühle mich sehr verführt, das kleine Tierchen als Maskottchen auf meine Wanderung mitzunehmen. Aber ich weiß, daß sie das nicht überleben würde und so bin ich vernünftig. Langsam, zögernd setze ich die Rötelmaus an den Straßenrand zurück. Und ich merke, wie sie sich kaum entschließen kann, wieder in die Freiheit zu gehen. Offenbar hat sie sich in der warmen Menschenhand geborgen gefühlt. Nun geht es aufwärts, den Pyrenäen entgegen. Eine abwechslungsreiche Wegstrecke führt mich zunächst einen Hang hinauf und ich komme an Zäunen mit dichten Brombeerhecken vorbei, hinter denen sich vereinzelt Bauernhäuser und Gärten verstecken. An einer Wegbiegung schaue ich nach unten, zurück auf den schon gegangenen Weg und sehe zwei Wanderer mit knallroten Rucksäcken und bunter Wanderkleidung. Wenn sie auch über den Paß wollen, ist es bald vorbei mit dem schönen Gefühl, hier allein zu sein, befürchte ich. Der Mann holt mit zügigen Schritten schnell auf, seine Begleiterin hinkt hinterher, obwohl sie den kleineren Rucksack trägt. Wieder die übliche Konstellation eines Paares, denke ich. Und ich habe gar keine Lust, ihnen zu begegnen und meine einsame, ruhige Besinnlichkeit von ihnen stören zu lassen. Doch der Mann hat mich schnell entdeckt und ruft auf deutsch laut zu mir herauf: »Hallo, Sie da! Warten Sie mal!« Nur unwillig bleibe ich stehen. Aber schon bald korrigiere ich meine Vorurteile. Denn durch bloße Äußerlichkeiten wie teure und überbunte Wanderausrüstung hatte ich mich zu einem vorschnellen Urteil verführen lassen. Jetzt erfahre ich von ihnen, warum sie mich so dringend sprechen wollten. Sie hatten unterwegs einen belichteten Film gefunden und wollten sich vergewissern, ob ich ihn vielleicht verloren hätte. Während wir zusammen weitergehen, erzählen sie mir, daß er Ingenieur und sie Lehrerin ist. Schon seit Jahren wandern sie jeden Urlaub und schlafen sogar im Zelt. Gestern dann, nach 25 Tage langer Wanderung durch Frankreich, hatten sie wegen des Regens zum ersten Mal in einer Auberge übernachtet. In weiteren 27 Tagen wollen sie ihr Ziel Santiago erreichen. Das wäre eine recht beachtliche Leistung, denke ich, will mir selbst aber viel mehr Zeit nehmen, denn ich möchte den Weg erfahren, erleben, begreifen, ihn ganz in mich aufnehmen. Deshalb erkläre ich den beiden, daß ich gern allein wandern würde, und gebe ihnen einen großen Vorsprung. Die Wartezeit nutze ich an einem kleinen Bachlauf, der hier dem Berghang entspringt, um meine Morgenwäsche nachzuholen und stille meinen Hunger mit der mitgebrachten Verpflegung. An solchen Stellen werden auch die Pilger des Mittelalters gerastet haben. Wasser, Brot und ein Stück Käse dienten ihnen als Wegzehrung. Damals zog man noch nicht mit prallen Rucksäcken durch die Gegend. Ein kleines Bündel, über die Schulter geworfen, eine Kalebasse für das Trinkwasser, mehr brauchte man nicht. Kleidung zum Wechseln? War es möglich, wurde sie gewaschen, während man nackt in der Sonne saß und wartete, bis die Wäsche trocken war. Wie unkompliziert und anspruchslos die Menschen in Europa bis vor kurzem noch waren! Von vielen Skulpturen, Reliefs, Fresken, Radierungen und Holzschnitten, die Pilgerszenen zeigen, wissen wir, wie man sich für die Pilgerschaft kleidete. Gegen Wetterunbilden schützte ein dicker Umhängemantel, die Pelerine, und auf dem Kopf ein breitkrempiger Filzhut, der mit der Pilgermuschel verziert war.

St. Jakob als Pilger

Sie war vom Beweisstück sehr schnell zum Symbol geworden und man trug sie bereits beim Aufbruch. Der Beutel über der Schulter oder die Ledertasche mit langen Riemen war ebenfalls mit Muscheln besetzt. Wichtig war auch der Pilgerstab. Er diente als Stütze, zur Verteidigung, als Hilfe beim Überqueren von Bächen, zum Herabschlagen der Früchte von Bäumen, außerdem hing an ihm die Kalebasse als Trinkgefäß.

Ich will mich auf den Pilgerweg noch mehr einstimmen und hole aus dem Rucksack die Aufzeichnungen über Jakobus und die Entdeckung seines Grabes. Ich lese, wie Jakob der Ältere am See Genezareth in Galiläa als Sohn des Fischers Zebedäus und der Salome, einer Verwandten Marias, geboren wurde. Gemeinsam mit seinem Bruder Johannes wurde er später einer der zwölf Apostel von Jesus Christus. Schon bald nach dem Tod Christi soll er in Spanien, damals eine römische Provinz, missioniert haben. Sein Bemühen war erfolglos, deshalb kehrte er wieder nach Jerusalem zurück und nahm dort in der Gemeinde der Christen eine hohe Stellung ein. Wahrscheinlich stärkte er die Position der Christen so sehr, daß er für den jüdischen Hohenpriester Abjathar eine Gefahr war. Von Haß und Neid erfüllt, sann Abjathar, wie er den Christen unschädlich machen könnte. Schließlich gelang es dem Hohenpriester, einen Aufstand im Volk anzuzetteln. Nach Niederschlagung der Revolte beschuldigte er Jakob als Rädelsführer, ließ ihm einen Strick um den Hals legen und Herodes Agrippa, dem römischen Statthalter, vorführen. Herodes Agrippa fällte im Jahr 44 das Todesurteil, und Jakob wurde enthauptet. Soweit die historisch nachvollziehbaren Vorgänge. Nun beginnt das Feld der Legenden: Eine berichtet, der Leichnam sei in der Nacht von seinen Anhängern entwendet und ans Meer gebracht worden. Dort hätte schon ein Schiff gewartet. Als der Tote hineingelegt wurde, sei es losgefahren und von himmlischen Kräften an die spanische Küste geleitet worden. Eine andere erzählt, seine Jünger Theodorus und Athanasius hätten den Toten mit einem Boot von Jerusalem bis zum fernen Galicien gebracht. Damals war der Reiter ins Meer gesprungen und mit Muscheln überdeckt wieder aufgetaucht. Schwere Prüfungen mußten Theodorus und Athanasius über sich ergehen lassen, bis sie den Heiligen endlich bestatten konnten. Die heidnische Königin Lupa stellte ihnen unlösbare Aufgaben. Aber der tote Jakob stand den beiden Männern bei. Er half ihnen, einen Drachen zu töten, und zähmte wutschnaubende Stiere. Athanasius und Theodorus sollen treu das Grab bewacht und nach ihrem Tod neben dem Heiligen bestattet worden sein. Diesen Legenden kann man zwar keine beweiskräftigen Tatsachen entgegenhalten, dennoch gibt es Hinweise, Jakobus sei zuerst in Jerusalem begraben worden. Im 6. Jahrhundert wurde die Reliquie vermutlich auf der Halbinsel Sinai im Kloster Raithin aufbewahrt. Zuletzt soll sie im Menaskloster bei Alexandria gewesen sein, aus dem die Mönche im 7. Jahrhundert vor den Arabern flüchten mußten. Nirgendwo ist in den alten Schriften vermerkt, daß Jakob der Ältere in Spanien, der damaligen römischen Provinz, missioniert hätte. Erst im 8. Jahrhundert gibt es Schriftstücke mit dieser Darstellung, wobei man sich sehr geschickt auf ältere Autoren beruft, etwa auf den heiligen Hieronymus, der um 390 lebte, in dessen Originalschriften aber eine Missionstätigkeit des Apostels nicht erwähnt wird. Was auch immer die Wahrheit ist, fest steht, die wundersamen Legenden hatten mehr Einfluß auf das Denken und Handeln der Menschen des Mittelalters als die historischen Wahrheiten.

Ebenso sagenumwoben wie die Grablegung war auch die Entdeckung des Grabes selbst im 9. Jahrhundert: Einmal soll es ein Hirte gewesen sein, der Nacht für Nacht von seltsamen Lichterscheinungen, begleitet von betörender Musik, aufgeschreckt wurde. Schließlich ertrug der Hirt die merkwürdigen Vorgänge nicht mehr und berichtete dem Bischof davon. In einer anderen Legende sah der Eremit Pelagius nachts Lichtschein und hörte Engelschöre. Um das Jahr 825 erfuhr der Bischof Theodomir von Iria Flavia von den merkwürdigen Ereignissen. Iria Flavia ist heute eine kleine Küstenstadt der Provinz Galicien, die in Padrón umbenannt wurde. Dort soll der Legende nach das Boot mit dem Leichnam und den zwei Jüngern angelegt haben. Vorsorglich ordnete Bischof Theodomir zunächst einmal drei Fastentage an. Das war sehr geschickt, denn Nahrungsentzug verstärkt immer die Einbildungskraft. Danach zog er an der Spitze der zahlreich herbeigeströmten und neugierigen

Gläubigen zum Ort des überirdischen Ereignisses. Die Landschaft darf man sich nicht als freies, leicht zugängliches Gelände vorstellen. Es gab dichte Eichenwälder und üppige Vegetation. Der Bischof ließ zielgewiß eine Schneise durch das verwachsene Unterholz schlagen. Bald fanden sie eine Grabkammer, ein mit Marmorplatten verkleidetes Mausoleum, wie es die Römer für wichtige Persönlichkeiten errichtet hatten. Keine Überlieferung sagt, welche Relikte im Sarkophag lagen. War es ein Skelett mit abgeschlagenem Kopf? Gab es Inschriften oder andere Hinweise, die auf den Apostel deuteten? Niemand weiß das bis heute. Vielleicht, weil alle Anwesenden von der zweifelsfreien Gewißheit gepackt waren, die Ruhestätte von Jakobus gefunden zu haben, suchten sie nicht nach Beweisen. War doch der Begräbnisplatz von himmlischem Licht und Engelsgesang angezeigt worden. Derart göttliche Zeichen wogen schwerer als irdische Beweise. Den kirchlichen Würdenträgern kam die Grabfindung sehr gelegen. Es war das Wunder, das lange erwartet, herbeigesehnt und dem vielleicht herbeigeholfen wurde. Denn der Islam bedrohte die Christenheit auf gefährliche Weise. Im Jahre 711 war es dem arabischen Heer gelungen, nach Spanien, das zu dieser Zeit von den Westgoten beherrscht wurde, einzudringen. Die Westgoten hatten auf ihrer langen Wanderung durch Europa das Christentum angenommen und zweihundert Jahre in Spanien geherrscht. Dann stritten sich zwei Sippen um die Königswürde. Diese Uneinigkeit ermöglichte den Arabern einen erfolgreichen Angriff. In kaum zehn Jahren besetzten sie das ganze Land. Nur im äußersten Norden, am Rand der Pyrenäen und im sich anschließenden kantabrischen Gebirge, hielten kleine Bergfürstentümer durch zähe Verteidigungskriege und listige Verhandlungen der Übermacht der Araber stand. Es war aber zu befürchten, daß die Araber bald so stark sein würden, über diese letzten Widerstandsnester hinwegzufegen, die Pyrenäen zu übersteigen und... Nein, soweit durfte es gar nicht erst kommen! Deshalb mußte der christliche Glaube wieder gestärkt und das Selbstbewußtsein der Gläubigen aufgerichtet werden. Die Menschen sollten nicht mehr in Angst vor dem krummsäbelschwingenden Halbmond zittern, sondern erkennen: Die »islamischen Teufel« sind besiegbar. Gab es Wirksameres, die Menschen aufzurichten, ihnen Mut zu machen und an ihrem Glauben festhalten zu lassen, als ein Zeichen von oben, von Gott selbst? Im rechten Augenblick hatte er ihnen das Grab des Apostels offenbart. Vom Glauben gestärkt, gewannen die Christen eine Schlacht nach der anderen. Das Land, in dem der Heilige höchstpersönlich missioniert hatte und

Über die Pyrenäenhänge nach Spanien

begraben lag, durfte den Ungläubigen nicht überlassen werden. Und so hatte Jakob noch Jahrhunderte nach seinem Tod die Geschicke des Abendlandes entscheidend beeinflußt. Mir scheint möglich, daß ohne ihn die Geschichte in Europa ganz anders verlaufen wäre. So gesehen ist es egal, wessen Knochen im Marmormausoleum gelegen haben, ob es wirklich seine eigenen waren oder die eines uns unbekannten Westgoten oder Römers. Ausschlaggebend war, was die Menschen glaubten, denn im Glauben entwickeln Menschen ungeahnte Kräfte.

Nun muß ich endlich weitergehen, noch ein langer Weg liegt vor mir. Ich packe meine Aufzeichnungen zusammen und verstaue sie im Rucksack. Während des Laufens kann ich ja weiter nachdenken.

Zunächst läßt mich ein steiler Bergpfad nach Luft ringen. Laubbäume, meist Buchen mit weit ausladenden Kronen, bilden ein grünes Gewölbe. Es geht immer höher. Wind frischt auf. Ich trete hinaus auf eine baumlose, karstige Almlandschaft, die zugleich alle meine Sinne und Gedanken in Anspruch nimmt. Blaugrau, ineinander verschlungen, schwingen die weiterführenden Höhenzüge in die Ferne. Ich hatte mir die Pyrenäen anders vorgestellt – mit Schluchten, Steilwänden und Abgründen, schroffer, gewaltiger und ungezähmter. Statt dessen sehe ich gerundete Bergketten, wenngleich von enormer Ausdehnung. Der Wind bläst kräftig und kalt. Am Himmel, gehäuft und dann wieder wild zerrissen, dahineilende Wolken, die die Sonne einkreisen, sich in Formationen entschlossen vor sie schieben und dann wieder einen Durchschlupf freilassen, durch den die Sonne wutentbrannt gewaltige Strahlenbündel schießt.

Ein abgegrenzter Weg ist jetzt nicht mehr vorhanden. Eher ist es ein kaum sichtbarer Pfad über lockeres Kalkgeröll und festen Felsboden. Eine wie vom Wind verblasene Schafherde drängt sich zusammen, aneinander Schutz suchend. Die Pferde scheinen da weniger empfindlich zu sein. Sie stemmen ihre braunen und schwarzen Körper dem Wind entgegen, die hellen Mähnen und Schweife wehen auf wie Signale. Ein hohes Wiehern ertönt, dann galoppieren sie davon, und ich bin wieder allein in dieser vom Wind leergefegten Welt. Am Himmel tobt noch immer der Kampf zwischen den Wolken und der Sonne, da entdecke ich den ersten Bartgeier. Mit breiten Flügeln, so breit und starr wie Holzbalken, segelt er pfeilgeschwind über die Bergkuppen, schnell verliert er sich in der saphirblauen Ferne. Da taucht der zweite auf. Er gleitet ruhiger, majestätischer. Schließlich packt ihn eine Windböe und entführt auch ihn meinem Gesichtsfeld. Neue Geier erscheinen und verschwinden wieder. Ich vermute, es sind immer dieselben, die in weiten Kreisen die Pyrenäen nach Nahrung absuchen. Mit meiner Erscheinung sind sie inzwischen vertraut. Sie kommen weit herunter. Ich sehe das glänzende Auge, die Schönheit jeder einzelnen Feder und höre, wie die Luft durch die kräftigen Schwingen pfeift. Ob der heilige Jakob ein zweites Wunder vorbereitet und einen Geier auf meiner Schulter landen läßt? Spaßeshalber strecke ich den Arm aus, wie ein Falkner, um dem Vogel einen Platz zum Aufbaumen anzubieten. Ach nein, schade, der Geier hat wohl sein Interesse an mir verloren und zieht wieder dem Himmel entgegen.

Ich möchte mich eigentlich ausruhen, doch es ist zu kalt zum Hinsetzen. Nach der Karte habe ich mehr als die Hälfte der Strecke noch vor mir. Nicht verwunderlich, daß diese Etappe bei den Pilgern gefürchtet war. Es sind über 40 Kilometer, nicht zu vergessen die etwa 1 000 Höhenmeter, die überwunden werden müssen.

Nach der Karte zu urteilen, führt die französisch-spanische Grenze über den Col de Bentartea. Ich versuche, mich zu orientieren. In dieser weit zu überblickenden Karstlandschaft ragt ein gerundeter Kalkhügel heraus. Das wird er wohl sein, der Col de Bentartea. Ich habe ihn überschritten, doch keine Hinweise auf eine Grenze gesehen, keine Schilder, keine Pfähle. So gehe ich vermutlich bereits auf spanischem Boden. Keine von Menschen markierte Trennungslinie und auch keine landschaftliche Änderung zeigen die Abgrenzung an, und doch befinde ich mich in einem anderen Land. Allein die Vorstellung genügt mir, jetzt in Spanien zu sein, um mir ein Gefühl von Ankunft zu vermitteln. Was verbindet mich ausgerechnet mit diesem Land? Warum weckt der Klang dieses Wortes »Spanien« Empfindungen in mir, als sei es mein Land? Ich komme nicht zum ersten Mal.

Bei meinen früheren Reisen merkte ich, daß die Identifikation aber nicht so weit geht, um hierzubleiben. Vielleicht ist diese gefühlsmäßige Beziehung zu Spanien auch nur durch Einbildungen zu erklären, die sich mir in der Kindheit eingeprägt haben, Visionen von einer exotischen Ferne, in der die Sonne so heiß scheint, daß Apfelsinen auf Bäumen wachsen und reifen können, diese goldenen, aromatischen Früchte, die es nur an Weihnachten gab, gerade dann, wenn es bei uns besonders kalt war.

Der Wind hat sich gedreht und weht mir nun stark von rechts vorne entgegen. Die Wolken haben die Sonne besiegt und verhängen tief die Sicht. Graupelkörner lösen sich aus den schwarzgrauen Wolkenbäuchen und schlagen hart auf die Erde. Es tut weh, wenn die kleinen Eisklumpen auf Gesicht und Hände prasseln. Kein Baum, kein Felsvorsprung, wo ich mich unterstellen könnte.

Es ist Spätnachmittag. Mit nur einer Unterbrechung an der Fels-
quelle bin ich seit zehn Stunden unterwegs. Ich würde nicht nur gern
rasten, sondern überhaupt für diesen Tag die Wanderung beenden.
Nach vielen Monaten Schreibtischarbeit bin ich an das Laufen noch
nicht wieder gewöhnt. Meine Füße sind eingezwängt in feste Wanderschuhe. Von der Belastung sind sie geschwollen und brennen
auch. Hoffentlich reibe ich mir keine Blasen. Auch die Schultern und
Hüftknochen, auf denen der Rucksack lastet, schmerzen. Es ist sehr
anstrengend, gleich am ersten Tag der Wanderung mit einer langen
Gebirgsstrecke zu beginnen. Die Erschöpfung breitet sich in meinem
Körper aus, ergreift von mir Besitz. Obwohl ich wünschte, mich
einfach niedersinken zu lassen, zwinge ich mich zum Weitergehen,
zwinge mich dazu, immer wieder einen Fuß vor den anderen zu
setzen. Der felsige Boden ist feucht vom Schneegraupel. Der Wind
peitscht mir jetzt Regen ins Gesicht. Mühselig schleppe ich mich
weiter. Je schwächer mein Körper wird und sich gegen die Anstren-
gung sperrt, um so unerschütterlicher festigt sich mein Wille. Ich
werde laufen, so lange, bis ich Roncesvalles erreiche, nehme ich mir
vor. Es bereitet mir Freude, meinem Körper Leistung abzuringen. Ich
empfinde Befriedigung, mich der eigenen Grenze anzunähern und zu
spüren: Jetzt kann ich nicht mehr – und dann nicht aufzuhören,
sondern immer weiterzugehen! Das ist Qual und Lust gleichzeitig.
Diese Pyrenäenüberschreitung ist noch Spiel. Zur Not habe ich den
Schlafsack gegen die Kälte, und die Biwakhülle schützt halbwegs
gegen Nässe. Nur sehr ungemütlich wäre es halt schon. Die lustvolle
Qual entwickelt sich erst dann, wenn kein Netz zum Auffangen mehr
da ist, wenn sich das spielerische Ausloten der Gefahr in tödlichen
Ernst zu wandeln beginnt. Für mich ist das der Augenblick, wo ich
beginne, wirklich zu leben. Erst auf diesem schmalen Grat zwischen
Leben und Tod merke ich, wie mir das Leben plötzlich wertvoll wird,
wert, es zu leben, wert es zu lieben. Um dieses intensive Lebensgefühl
öfter zu haben, könnte ich mich auf vielerlei Weise Gefahren ausset-
zen, doch das fände ich albern. Ich kann die Gefahr nur dann
genießen, wenn sie sich aus einer zufällig ausgelösten Auseinander-
setzung mit der Natur ergibt. Als Kind war es mein Lieblingsspiel,
mir Katastrophen auszumalen: Riesige Überschwemmungen, Vul-

kanausbrüche, Erdbeben und Bergstürze, Waldbrände und Hungersnöte. Gegenüber diesen wilden Phantasien schien mir die Wirklichkeit fade und trostlos. Nicht nur, daß ich an keinen Schöpfer mehr glauben kann, ich sehe auch keinen übergeordneten Sinn im Leben. Das Leben kann schön sein, ich weiß. Ich denke an die kleine Rötelmaus, die sich vertrauensvoll in meine Hand kuschelte, oder an den Bartgeier, der wie eine Erscheinung über mir schwebte. Erlebnisse wie diese sind Augenblicke des Glücks, sie machen das Leben nicht sinnvoller, wohl aber erträglicher. Obwohl ich das Leben so

Weidende Schafe auf karstigen Almen

geringachte, hält es sich an mir fest. Oder bin ich es selbst, die sich im letzten Moment doch immer noch festgehalten hat? Nun bin ich wieder an einem Ende angelangt. Vielleicht ist diese Pilgerwanderung ein Versuch des Festhaltens, eine Bitte, am Leben bleiben zu können, ein Suchen nach Sinn? Ich habe ein Ziel: Santiago. Es ist ein weiter Weg. Bis ich dort ankomme, kann viel passieren. Aber nicht die Ankunft in Santiago ist wichtig. Ich kann nicht wie die Menschen im Mittelalter darauf hoffen, daß mir dort ein Wunder begegnet. Was ich suche, muß ich unterwegs finden.

Beschäftigt mit meinen Gedanken und erschöpft vom Laufen, habe ich kaum auf den Weg geachtet. Nun meine ich, zu weit nach links abgekommen zu sein. Mit Kompaß und Karte stelle ich fest, daß ich mich auf der alten Römerstraße befinden müßte. Sie führt auch nach Roncesvalles, doch nicht über den Ibañetapaß. Umzukehren kommt wegen der bald beginnenden Nacht nicht in Frage.

Die Römerstraße ist kein gepflasterter Fahrweg, wie damals vielleicht einmal, sondern ein grasbewachsener, schmaler Pfad. Steil führt er nach unten, in die mit Wäldern bedeckten Südhänge der Pyrenäen. Ich bleibe stehen und schaue zurück. Die jetzt tiefhängende Sonne blitzt am Rande der Wolkenbänke hervor. Die Strahlenbündel treffen auf einen hohen Grat. In der dunkelgrauen Umgebung leuchtet er wie mystisch erhellt in goldener und smaragdgrüner Färbung. Und gerade in diesem Moment ziehen Schafe über den Grat, eins hinter dem anderen. Weiße Gestalten, umgeben von dem goldgrünen Leuchten, durchschreiten sie wie in einer schweigenden Prozession den Lichtkreis und verschwinden langsam in der einsamen Weite.

Ich folge der Römerstraße weiter abwärts und gelange in einen seltsamen Wald. Es sind Buchen mit braunen vertrockneten Blättern. Gespenstisch ist dieser Anblick, überall nur Bäume, deren Blätter an den Ästen abgestorben sind, als hätte ein Drache seinen Glutatem ausgespien.

Jetzt wabert Nebel und umhüllt die Buchen und ihre toten Blätter. Schemenhaft nur kann ich die Stämme erkennen. Gleich Schattenbildern formen sie dunklere Strukturen im nebligen Grau. Nun verhüllen die Nebelschleier die verdorrten Laubkronen vollständig. Kein Ast stört die gerade Linie der Buchenstämme. Der Anblick erinnert mich an die Moschee Mezquita in Cordoba. Ich verspüre Ehrfurcht, friedfertige Eintracht, mystischen Gleichklang und Geborgensein in einem stillen Geheimnis.

Erst jetzt bemerke ich die Stille. Kein Vogelruf, nicht einmal ein Knistern und Rauschen. Der Nebel dämpft jeden Ton, selbst meine Schritte sind kaum hörbar.

Schlagartig verschwindet der Nebel, als ich an den Rand des toten Waldes gelange. Mischwald schließt sich an. Weiche Moospolster laden zum Rasten ein. Ich lasse mich aber nicht verführen. Es beginnt zu dunkeln und da es nach Regen aussieht, will ich nicht im Wald übernachten. Der Weg fällt nun nicht mehr so steil ab. Die Blütenkerzen des Aphodill leuchten weiß im Dämmerlicht und schwarze Wegschnecken, länger als eine Handspanne, kriechen schleimig über den Waldboden. Plötzlich ein lautes Knacken und Rascheln im Unterholz. Ich erschrecke heftig. Bevor ich an Flucht denken kann, bricht ein großes Tier aus dem nachtdunklen Wald. Vor Schreck kann ich mich kaum rühren. Da ist der mächtige Körper nur noch eine Armlänge von mir entfernt. Erleichtert lache ich – es ist nur eine Kuh! Ein schönes Tier. Im Abendlicht glänzen die Spitzen ihrer weitgeschwungenen Hörner elfenbeinfarben. Überrascht von der plötzlichen Gegenwart eines Menschen, ist die Kuh mitten auf dem Weg stehengeblieben. Sie schwingt ihren Kopf hin und her und schnauft verlegen. Beruhigend spreche ich auf sie ein. Da trollt sie sich langsam. Jetzt tritt sie leise und vorsichtig auf, kaum ein Zweig knackt.

Ich gehe weiter. Der Wald lichtet sich. Ich sehe Steinmauern und Gebäude – das ist Roncesvalles.

3 Roncesvalles

Der Pater redet viel und schnell. Ich muß mich erst wieder an die spanische Sprache gewöhnen und habe deshalb Mühe, ihn zu verstehen. Er ist ein kleiner, lebhafter Mann mit rundem, lebensfrohem Gesicht.

Ich habe in dem Restaurant neben dem Kloster gerade mein »Pilgeressen« bekommen, wie es in der Speisekarte bezeichnet wurde: Spiegeleier, Pommes frites, Tomatensoße und Rotwein, als Pater Sampedro eintritt und sofort auf mich zukommt.

»*Usted es una peregrina, verdad*«, sagt er zur Begrüßung, »Sie sind eine Pilgerin, nicht wahr? Ich erkenne Sie an Ihrem Rucksack. Bei mir bekommen Sie einen Pilgerausweis und wenn Sie wollen, können Sie auch in unserer Pilgerherberge übernachten. Ich muß jetzt die Messe lesen, kommen Sie danach zu mir!«

Und schon ist er wieder zur Tür hinaus. Ich bin überrascht: Pilgerausweis, Pilgerherberge? In welche Zeit habe ich mich denn da verirrt? Das gab es früher einmal. Aber heute? Im Mittelalter erhielten die aufbrechenden Pilger von ihrer Heimatgemeinde eine Urkunde mit dem Stempel des Bischofs, als Ausweis, wahre Pilger und keine Landstreicher zu sein. Unentgeltlich durften sie ein Lager für je eine Nacht in den Herbergen beanspruchen, außerdem bekamen sie mindestens ein Stück Brot als Wegzehrung, in den reichen Gemeinden auch Suppe, oft sogar noch Fleisch und Wein.

»Das Pilgerrecht verpflichtete jeden Bürger, ob er nun arm oder reich war, die Pilger zu beherbergen«, berichtet der Pater, als ich ihn nach der Messe aufsuche.

»Wer vor einem Pilger die Tür verschloß, verdarb es sich mit dem heiligen Jakob.« Er lächelte pfiffig. »Sind Sie noch nicht zu müde vom Weg? Dann können wir noch ein wenig plaudern.«

Er führt mich in einen schmalen Raum, der mit dunklem Holz verkleidet ist. Hohe Bücherregale und verschlossene Schränke verstellen bis zur Decke die Wände. In einer Ecke stehen ein runder Holztisch und Lederstühle mit breiten Armstützen. Wir setzen uns. Erst jetzt, in dieser holzbraunen Umgebung, fällt mir auf, daß auch der Pater ganz in Braun gekleidet ist: mittelbrauner Pullover, kaffeebraune Hose, dunkelbraune Schuhe. Doch nicht nur die Kleidung, auch seine Haare sind braun und seine buschigen Augenbrauen ebenso. Am auffallendsten aber sind seine kastanienbraunen Augen, glänzend und groß wie Glasmurmeln.

»Es kam vor, daß man den Pilgern keine Unterkunft gewähren wollte«, beginnt er mit seiner Erzählung. »Einmal baten zwei Pilger, die sehr erschöpft waren, in einer Ortschaft um ein Nachtlager. Niemand ließ sie ein. Ganz am Rande des Städtchens wohnte ein armer Mann. Er war der einzige, der sich der Notleidenden erbarmte. Die Pilger zogen am nächsten Morgen weiter. In der darauffolgenden Nacht verwüstete ein Feuer die Stadt. Alle Häuser brannten nieder. Nur die Hütte des armen Mannes, der die Pilger beherbergt hatte, wurde von der Feuersbrunst verschont.« Der Pater machte nur eine kurze Pause und fährt gleich fort: »Solche Geschichten erzählten sich die Menschen in den Wirtsstuben und

Raststätten und wann immer sie sich unterwegs begegneten. Von Jahrhundert zu Jahrhundert wurden solche Anekdoten weiter berichtet, als wären sie eben erst geschehen, und mit vielen neuen Details ausgeschmückt. Der heilige Jakob hat als Schutzpatron besonders den armen Pilgern beigestanden und Geiz und Habgier bestraft. Kennen Sie die Geschichte von der Frau mit dem Brot?«

Ich kenne sie natürlich nicht, aber ohne meine Antwort abzuwarten, beginnt er sofort: »Die Frau hatte das Brot schnell unter der Asche versteckt, als der Pilger um eine Wegzehrung bat. Er sagte strafend: Frau, ich weiß, Ihr habt Brot im Ofen, doch es soll Euch zu Stein werden. Die Frau erschrak sehr, als sie tatsächlich statt des Brotes einen großen Stein im Herd fand. Da wußte sie, der Besucher war der heilige Jakob höchstpersönlich gewesen, verkleidet als armer Pilger. Aufgeregt lief sie ihm auf die Straße nach, doch weit und breit war niemand mehr zu sehen.«

Ich möchte den Pater fragen, was er selbst von diesen Legenden hält. Aber er kommt mir mit seiner Frage zuvor: »Wandern Sie aus religiösen oder aus sportlichen Motiven nach Santiago?«

»Mein Beweggrund ist persönlicher Art. Ich suche etwas, aber ich weiß nicht so recht, was ich suche«, sage ich unsicher. Einen Moment lang fühle ich mich unbehaglich. Bin ich nicht ein »falscher Pilger«, der an einer religiösen Wallfahrt teilnimmt, ohne selbst gläubig zu sein?

Aber Pater Sampedro, um mir vielleicht die Verlegenheit zu ersparen, ist schon wieder bei einem anderen Thema. Er berichtet von Roland, dem Gefolgsmann Karl des Großen. »Der letzte Kampf des Ritters Roland im Jahr 778 hat hier stattgefunden. Zusammen mit zwölf weiteren Getöteten ist er unter der kleinen Kapelle »Sancti Spiritus« begraben. Sie kennen doch sicher das Rolandslied?«

Ich kann nicht antworten. Der Redeschwall des Paters ist pausenlos, und seine braunen Augen funkeln vor Vergnügen. »Sterbend wollte Roland sein Wunderschwert *Durendal* an einem Fels zerschlagen, den er dabei spaltete, damit es nicht in die Hände der Sieger fiel. Er besaß auch ein berühmtes Horn, *Olifant* genannt, das meilenweit zu hören war. Aber aus Stolz hat er zu spät um Hilfe gerufen. Dabei zersprang es.«

»Pater Sampedro, Sie glauben also, dieser Ritter hat tatsächlich gelebt und alles hat sich so zugetragen?« gelingt mir ein Einwurf.

»*Claro, el vivi* – sicher, er hat gelebt! *Pero, la verdad, como podemos saber hoy* – aber die Wahrheit, wie können wir sie heute wissen? Das Heldenepos über Roland wurde irgendwann im 12. Jahrhundert in Frankreich niedergeschrieben, als er schon mindestens 300 Jahre tot war. So wurde Leben und Tod dieses Ritters legendenhaft verklärt. Im Rolandslied wird auch sein Kampf gegen den Riesen Ferragut geschildert. Halten Sie in Estella die Augen offen, denn dort werden Sie am Königspalast ein Relief finden, das diesen Kampf darstellt. Der Riese Ferragut ist da nicht größer als Roland. Seine Riesenhaftigkeit war nur symbolisch gemeint. Wir verstehen mit unserer heutigen Logik die bildhaften Denkweisen der Menschen im Mittelalter nicht mehr. «

»Wer hat denn eigentlich den Roland getötet?« frage ich. »Sie müssen den Zusammenhang kennen. Um 778 hatten die Mauren, wie die Araber genannt wurden, fast ganz Spanien besetzt. Karl der Große, damals erst König des Frankenreiches, erhielt eine Geheimbotschaft: Er solle Zaragoza von der Araberherrschaft befreien. Die Einwohner von Zaragoza würden ihm die Stadttore öffnen. Erfreut führte der König sein Heer über die Pyrenäen und weit durch das von den Mauren besetzte Spanien bis Zaragoza. Wahrscheinlich flößte der große Heerzug den Arabern großen Respekt ein, denn sie griffen nicht an. Doch die Stadttore blieben trotz aller Versprechungen verschlossen. Was war geschehen? Wahrscheinlich war den Bürgern Zaragozas aufgegangen, daß sie das bisherige Regime gegen ein viel rigideres eintauschen würden. Die Araber übten durchaus keine Schreckensherrschaft aus. Nur die Eroberungsfeldzüge am Anfang und die späteren Blitzeinfälle der Almoraviden und Almohaden, fanatische islamische Sekten, waren blutig gewesen. Verglichen mit der christlichen mittelalterlichen Welt bauten die Araber ein modernes und vor allem tolerantes Staatsgebilde auf, in dem Religions- und Meinungsfreiheit gewährt waren. Christen und Juden konnten ihren Glauben behalten und ausüben. «

Ich bin erstaunt, daß ausgerechnet ein Pater so viel Verständnis für die damaligen Gegner aufbringt.

»Ich beschäftige mich viel mit spanischer Geschichte«, erwidert er. »Die Zeit der Reconquista, der Rückeroberung Spaniens durch die Christen, interessiert mich am meisten. Ich bin der Meinung, Geschichte sollte als objektive Wissenschaft betrieben werden. Wir können sie nicht drehen und wenden oder umschreiben, auch wenn sie uns anders vielleicht besser gefallen würde. Die maurischen Sultane und Emire waren sehr humane und gebildete Herrscher gewesen. Besonders der Kalif von Cordoba, Abd ar-Rahman, führte das Land zu hoher wirtschaftlicher und kultureller Blüte. Die Araber gründeten die ersten Universitäten auf spanischem Boden, zum Beispiel in Salamanca. Ihnen verdanken wir es, daß Wissen aus der Antike in unsere Zeit hinein gerettet werden konnte. Sie kopierten die Werke der griechischen Philosophen und übersetzten sie. Ohne die Araber wäre dieses ganze Wissen verlorengegangen, denn die Originale wurden beim Brand der Bibliothek in Alexandria zerstört, und auch viele andere Werke gingen durch Kriegswirren und Diebstahl verloren. Doch lassen Sie mich zum getreuen Roland zurückkehren. Wo war ich stehengeblieben? Ach so, ja, Karl der Große belagerte also vergeblich die Stadt Zaragoza. Schließlich zog er enttäuscht ab. Er mußte wohl auch wieder daheim für Ordnung sorgen. Wegen seiner langen Abwesenheit wurden unterworfene Völker seines großen Reiches rebellisch. Im Osten sollen sich die Sachsen im Aufstand befunden haben. Auf dem Rückzug läßt der König dann Pamplona zerstören, nur etwa 40 Kilometer von hier entfernt. Sie werden die Stadt bald kennenlernen, in zwei Tagen sind Sie dort. Pamplona war schon . . .« Er rechnet schnell: »Ja, es sind über tausend Jahre vergangen, also genau vor 1209 Jahren war Pamplona bereits eine blühende Stadt und das Zentrum der Baskengemeinden. Deswegen glaube ich, daß die Basken den Hinterhalt legten, um sich für die Zerstörung ihrer Stadt zu rächen, und nicht die Araber, wie oft behauptet wird. Im Rolandslied wird erwähnt, der Ritter sei mit seinem Schwiegervater Ganelon in Streit geraten. Und Ganelon hätte veranlaßt, daß Roland zum Führer der Nachhut bestimmt wurde und habe ihn dann an die Feinde verraten. Der Recke soll mit seinem Wunderschwert *Durendal* viele Gegner getötet haben. Schließlich unterlag er aber trotzdem der Übermacht.«

35

Obwohl der Pater lebhaft und fesselnd erzählt, gelingt es mir kaum noch, die Augen offenzuhalten. Der Tag war anstrengend. Ich sehne mich danach, mich auszustrecken und zu schlafen. Meine letzte Kraft wird dafür aufgebraucht, der schnellen spanischen Rede zu folgen.

Wahrscheinlich bemerkt der Pater meinen übermüdeten Zustand, und er holt die Schlüssel. Während wir durch schmale Gänge schreiten und über hohe Treppen steigen, frage ich ihn, ob er selbst schon einmal nach Santiago gepilgert sei.

»Nein, bis Santiago bin ich noch nicht gekommen«, lautet seine Antwort, »aber hier in der Provinz Navarra habe ich jeden Meter abgelaufen, mit einem gelben Farbtopf in der Hand.«

»Ein Topf mit gelber Farbe, *para que* – wozu denn das?« frage ich überrascht.

»Um den Weg zu markieren. Immer mehr Menschen kommen aus allen Ländern Europas, eine Renaissance des alten Pilgerwesens beginnt. Wir Spanier wollen diese Bewegung unterstützen. Wir freuen uns, wenn Traditionen wieder lebendig werden und fühlen uns verantwortlich, den Menschen zu helfen, die unseren Weg, den »*camino de Santiago*«, gehen. Die neuen Pilger sollen nicht irgendeinen Weg gehen, sondern wirklich den richtigen finden, der die Erinnerung an Millionen Menschen und ihre Schicksale trägt. Mit großer Mühe und Sorgfalt haben wir ihn mit Hilfe historischer Aufzeichnungen und Karten rekonstruiert. Manchmal ist er draußen nicht mehr zu sehen, er wurde umgepflügt, und Getreide wächst jetzt darüber. Dann habe ich auf jeder Seite des Feldes an einen Baum oder Stein einen gelben Farbfleck gepinselt. Man kann um das Feld herumlaufen, es gibt neue Wege, aber der Pilger soll den originalen Verlauf erkennen können.«

Während seiner langen Rede sind wir vor einer Tür angelangt. Er schließt sie auf. »*Buenas noches* – Gute Nacht«, verabschiedet er sich. »Sie werden morgen sicher früh losgehen. Schließen Sie dann einfach die Tür hinter sich. *Suerte por el camino* – viel Glück auf dem Weg!«

Überrascht betrachte ich das Zimmer. Das ist keine einfache Unterkunft für einen Pilger, sondern ein komfortabel eingerichtetes

Gästezimmer: Ein mit frischer Bettwäsche überzogenes Federbett, Tisch und Stühle, Bilder an den Wänden, alles sehr freundlich und sauber. In einem Nebenraum befindet sich die Küche, und sogar eine Dusche mit warmem Wasser ist vorhanden. Diese Herberge war aber eine der Ausnahmen. Leerstehende Gebäude oder unbenutzte Schlafräume sind die üblichen Refugios, die den heutigen Pilger erwarten, der ein unentgeltliches Nachtquartier sucht.

Ich liege im Bett und denke über diesen Tag nach, den ersten meiner Pilgerreise. Nur ein Tag – ist es möglich, daß sich an einem einzigen Tag so viel ereignen kann? Zuerst der französische Küster, der mit seinen Rufen die heidnischen Dämonen aus der Kirche vertreiben wollte, um mich dann auf der Empore zu entdecken. Der Sonnenaufgang über den Nebelwiesen. Die Maus, die keine Angst vor meiner Hand hatte. Die Pyrenäenüberschreitung und die unsichtbare französisch-spanische Grenze. Die Geier und der Wind, die Wolken und die Sonne. Die Schafe, die über den Kamm zogen. Der vertrocknete Buchenwald, der sich durch den Nebel in eine mystische Säulenmoschee verwandelte, und dann die harmlose Kuh, die mich doch so sehr erschreckte. Mir klingt noch die Stimme des Paters Sampedro in den Ohren. Ich höre sein tiefes, rollendes »r« und erinnere mich an seine glänzenden Kastanienaugen, da schlafe ich auch schon.

4 Von Roncesvalles nach Linzoain

Ich bin sehr zeitig aufgewacht. Ohne länger zu verweilen, schultere ich den Rucksack, ziehe die Zimmertür hinter mir zu, wie es mir Pater Sampedro gesagt hatte und trete auf den gepflasterten Klosterhof hinaus. Es beginnt gerade erst, hell zu werden.

Vor meinem zweiten Wandertag will ich die im Klostergelände gelegene Stiftskirche besichtigen. Auf einer draußen aufgestellten Informationstafel lese ich, daß die »Iglesia Colegial« 1219 fertiggestellt und eingeweiht wurde. Gestiftet hatte sie Sancho VII., weil er in einer Schlacht siegreich gewesen war. Die kleine Kirche ist im romanischen Stil erbaut. Sie gefällt mir. Ich öffne die Tür und trete ein. Es ist noch dunkel. Und während sich meine Augen an das Dämmerlicht im Inneren des Raumes gewöhnen, denke ich nach über Zusammenhänge zwischen Krieg und Kirche. Die Herrscher führten Feldzüge, eroberten und töteten. Um sich den Beistand Gottes für ihre Taten zu sichern, ließen sie eine Kapelle, ein Kloster oder eine Kathedrale erbauen. Heute bewundern wir nur noch die Schönheit der Bauwerke und die Kunstfertigkeit der Baumeister und Handwerker.

Ein Leuchten durchflutet die Kirche. Überrascht blicke ich um mich. Als wären plötzlich Scheinwerfer angeschaltet worden, erstrahlt die Kirchenhalle in hellem Licht. Es ist die Sonne! Sie ist über die Pyrenäen gestiegen, scheint nun in das enge waldreiche Tal und durchleuchtet die bunten Glasfenster der kleinen Kirche. Ein Sonnenstrahl trifft eine Madonnengestalt auf dem Hochaltar. Es ist die »*Virgen de Roncesvalles*« – die Jungfrau von Roncesvalles«, eine geschnitzte Zedernholzfigur, mit Silber verkleidet und reich mit Edelsteinen und Gold geschmückt. Ein wunderbarer Anblick. Ich glaube zu verstehen, wie sich in solchen Momenten ein gläubiger Mensch fühlt. Nach langem Beten in der dunklen Kirche muß dieses plötzliche Eindringen von Licht ganz besonders auf ihn wirken. Und wenn gar die »Jungfrau«, an die er glaubt und an die er seine Gebete richtet, nun wie eine überirdische Erscheinung erstrahlt, dann könnte das für ihn die ersehnte Antwort sein: Er wurde erhört, er ist nicht mehr allein, seine Lebenslast ist ihm abgenommen, eine höhere Macht wacht und richtet über ihn und trägt die Verantwortung für alles, was geschehen mag.

Der silbernen Jungfrau zur Seite stehen zwei liebliche Engel, die die Jakobsmuschel in den Händen halten, darüber wölbt sich ein Baldachin.

Die Statue soll auf wundersame Weise hierhergelangt sein: Eines Abends, als schon die Nacht hereinbrach, erblickte ein Schäfer einen Hirsch, an dessen Geweihstangen zwei Sterne glänzten. Der Mann nahm all seinen Mut zusammen und folgte ihm. So gelangte er zu einer Quelle, aus der eine zauberhafte Melodie erklang. Der Hirsch verschwand, als hätte er sich in nichts aufgelöst. Völlig verwirrt ging der Hirt zurück. Am nächsten Abend wiederholte sich die

Erscheinung. Als der sternengeschmückte Hirsch zum dritten Mal erschien und an der Quelle wieder traumhafte Musik erklang, benachrichtigte der Schäfer den Bischof von Pamplona. Der Bischof veranlaßte eine Untersuchung, und man fand die silberne Madonna. So geschah es im 10. Jahrhundert.

Kunsthistoriker vermuten heute, daß das mit Silberblech ummantelte Schnitzwerk im 14. Jahrhundert in einer Toulouser Werkstatt geschaffen wurde.

Ich nehme meinen Rucksack auf die Schultern und schaue von der Kirchentür aus auf das Augustinerkloster und den großen düsteren Blockbau des alten Pilgerhospitals zurück. Niemand ist zu sehen. Dem wuchtigen Mauerwerk der Gebäude ist anzumerken, daß es schon vielen Wetterunbilden standgehalten hat. Nur wenige Schritte weiter komme ich an zwei kleinen Kapellen vorbei, der Santiago-Kapelle und der Sancti Spiritus, auch *Silo de Carlo Magno* genannt, denn hier sollen die Helden der Rolandssage, wie Pater Sampedro behauptet hatte, begraben sein.

Die schmale Straße ist asphaltiert und von Laubbäumen beschattet. Das Gehen bereitet mir Schwierigkeiten. Die Füße schmerzen noch vom gestrigen Gewaltmarsch. Jeder Vorwand ist mir recht, Rast zu machen. Bald ergibt sich einer: Talabwärts steht links an der Straße ein Pilgerkreuz. Das ist das erste Santiago-Kreuz auf dem Weg. Es stammt aus dem 14. Jahrhundert und ist das älteste des *camino*. Auf einem dreistufigen Sockel erhebt sich eine Säule aus fünf Steinquadern, den Abschluß bildet ein steinernes Kreuz. Verwittert, mit blaugrauen und grünlichen Flechten überzogen, steht es da und ist dennoch zeitlos, gerade so, als ob es noch viele kommende Jahrhunderte überdauern würde. Die Pilgerscharen vergangener Zeit verharrten hier in Andacht und baten um eine glückliche Ankunft in Santiago und um gesunde Heimkehr.

Die schmale Fahrstraße fällt weiter abwärts. Die Orte Burguete, Espinal, Mezquiriz, Ureta, Viscarret und Linzoain haben noch viel von ihrem ursprünglichen baskischen Aussehen bewahrt. Die Menschen grüßen mich freundlich. Sie wissen, daß jemand mit einem Rucksack auf dem Rücken ein Pilger ist, und überrascht fragen sie: »*Sola* – allein?«

Wegweiser für Wallfahrer

»*Claro, como no* – klar, warum nicht!« ist meine Standardantwort.

»*Que valiente* – Oh, wie mutig«, rufen sie bewundernd aus und schütteln doch gleichzeitig mit dem Kopf, sie können nicht verstehen, daß es mir Spaß macht, allein zu wandern. Ein Mann drückt sein Erstaunen so aus: »*Pobrecita, tan sola! Este es demasiado aburido. Que lástima, que yo no tengo tiempo* – armes Mädchen, so allein! Das ist doch viel zu langweilig. Wie schade, daß ich keine Zeit habe mitzukommen.«

Durch Burguete führt nur eine einzige Straße mit beiderseits weißgekalkten zweistöckigen Häusern. Türen, Fenster und Fensterläden sind oft leuchtend rot oder grün angestrichen. Mitunter finden sich anstatt der Türen auch gewölbte Toreingänge, von Steinen umrahmt und mit steinernen Wappen verziert. Nach Espinal zweigt der Pilgerweg von der wenig befahrenen Straße ab. Der Weg ist nun steinig und schlängelt sich durch ein Hochtal, hebt sich hügelan und fällt wieder ab. Es ist schön, so zu wandern, wenn nur die Beine nicht so schmerzen würden! Bei jedem Halt ziehe ich die Schuhe aus, massiere die geschwollenen Füße und creme sie mit Hirschtalg ein, um Blasen vorzubeugen. An Fersen und Ballen haben sich bereits Druckstellen gebildet. Eigentlich hätte ich genügend Zeit, einen oder mehrere Tage zu pausieren und dem strapazierten Körper Erholung zu gönnen. Doch ich kann nicht lange ruhig dasitzen. Der Frühling ist mir ins Blut geschossen. Es ist ein Frühling in voller Blüte und so viel freie Natur ringsum, wie man sie in Deutschland kaum noch findet! Ein wenig hinkend taumle ich den geschwungenen Weg entlang, wie trunken von den Düften der blühenden Weißdornhecken und den in flammender gelber Blüte stehenden Ginsterbüschen. Aus jedem Busch singen, flöten, pfeifen, jubilieren, schmettern, zwitschern, trällern und trillern Gelbspötter, Mönchsgrasmücken, Stieglitze, Bluthänflinge und selbst die Nachtigallen lassen ihren nächtlich schluchzenden Gesang unter dem wärmenden Licht der Sonne ertönen. Orchideen prunken violett. Schmetterlinge umgaukeln die Blüten. Käfer krabbeln über den Pfad. Zikaden, Grillen und Heuschrecken sirren endlose Lieder. Eine zauberhafte Welt. Wie schön kann die Erde sein! Wenn der Mensch sie läßt, dann lebt die Natur. Ein Kuckuck ruft, und lachend antwortet ihm sein Weibchen. Ihr Ruf klingt tatsächlich wie Lachen. Pfeilgeschwind wie ein Sperber rauscht das Kuckucksweibchen an Ästen und Zweigen vorbei und baumt auf. Sie ist rostrot, mit einer schwarzbraunen Querzeichnung auf der Brust. Da kommt schon das Männchen, blaugrau und unermüdlich »kuckuck«-rufend. Sie entschwindet laut kichernd mit »kwickkwickwick«.

Ein warmer Fallwind weht kräftig vom Pyrenäenkamm herunter. Als würden diese warmen Winde zusammen mit der Sonne das Leben zum Brodeln bringen, quillt es aus der Erde empor, sprießt, grünt und blüht.

Die Ortschaft Ureta besteht aus einer Handvoll kleiner Häuser. Ein Bauer sagt mir, daß nur noch ein Gebäude von ihm und seiner Frau bewohnt sei, alle anderen Leute wären in die Stadt gezogen.

»*Ahí se gana mucho dinero.* Dort verdienen sie jetzt viel Geld«, behauptet er. »*Un campesino tiene que trabajar duro desde de ma-*

ñan hasta la noche, pero el gana poco, casi nada. Ein Bauer dagegen muß hart arbeiten, von früh bis spät, aber er verdient nur wenig.«

Die verlassenen Häuser sehen keineswegs verwahrlost aus. Im Gegenteil, mit geschlossenen Fensterläden scheinen sie geduldig auf ihre Bewohner zu warten. *»A Santiago, verdad?* Nach Santiago, nicht wahr?« meint der Mann. *»Y sola? Muy brava!* – und allein? Sehr mutig! *Me gustaria tambien irme a Santiago* – ich würde auch gern nach Santiago gehen.«

Er möchte noch mehr sagen, doch da ruft ihn seine Frau ins Haus – das Mittagessen sei bereits auf dem Tisch.

An einem baumbeschatteten Flüßchen steht eine alte, nicht mehr benutzte Mühle. Das hölzerne Wasserrad ist vermodert. Vor den blinden Glasscheiben des kleinen Fensters hängen Vorhänge aus Spinnennetz. Kühle steigt aus dem leise murmelnden Wasserlauf. Ich will eine längere Rast machen, um zu essen. Es ist schon weit über Mittag. Am Morgen hatte ich nur ein trockenes Stück Brot verzehrt, denn ich war zu begierig gewesen, mit der Wanderung zu

Frisches Quellwasser für die Wanderung

beginnen. Zu einem gemütlichen Frühstück ließ ich mir deshalb keine Zeit. Dann hatte die Natur mit ihren Düften, den Farben, den vielfältigsten Tönen meine Sinne so sehr berauscht, daß ich keinen Hunger verspürte. Im Rucksack sind noch die Vorräte aus Deutschland. Ich lange kräftig zu, auch damit die Last leichter wird: Brot, Käse, Wurst, Zwiebeln und Knoblauch. Ich genieße es, mich beim Wandern auf diese Weise zu ernähren. Nun noch eine dicke Scheibe von der Wurst zum Abschluß. Ich esse sie gleich so, ohne Brot. Die Luft trägt den Geruch der warmen Erde, und die Dünste, die vom Wasser und dem modrigen Holz aufsteigen, mischen sich mit denen von Zwiebel und Knoblauch.

Eine unbändige Freude durchströmt mich. Wie gut es mir doch geht. Was brauche ich mehr? Ich habe alles: Brot, Wasser und Sonne, viel Sonne, Himmel und Erde. Wie um meine Gefühle zu bestätigen, beginnt wieder eine Nachtigall betörend zu singen. Ich bin frei, befreit von unerquicklichen Grübeleien, vergeblichen Hoffnungen und müder Resignation. Könnte ich doch immer so weiterwandern, wünsche ich mir!

In Viscarret umlagern wuchtige Baskenhäuser mit hochgewölbten Einfahrten den Platz vor der Kirche. Es ist ein bescheidenes Kirchlein mit romanischem Portal. Goldammern picken zwischen dem Kopfsteinpflaster nach Körnern und Krümeln. Ein Haus an der Straße besitzt nur ein einziges, winziges Fenster. Dieses kleine Fenster in der wuchtigen Mauer sieht hübsch aus, weil es ganz von einem Topf mit einer buschigen, rotblühenden Blume ausgefüllt ist. Ein struppiger, gelber Hund liegt schläfrig auf der Straße. An zwei gegenüberliegenden Fenstern beäugen sich zwei Katzen. Eine ist getigert, teufelsschwarz die andere. Die Schwarze reckt sich in die Höhe, dehnt und streckt sich, reißt das Maul auf und macht fauchend einen Buckel. Die Getigerte schaut gelangweilt zu. Schließlich dreht sie sich gemächlich um, den Schwanz schwingt sie dabei wie eine Standarte empor.

In Viscarret gab es früher eine Pilgerherberge, von der aber nichts erhalten geblieben ist.

Am Ortsausgang begegnet mir ein Bauer, der am Strick ein Pferd auf die Weide führt. Ein Fohlen stakst noch etwas ungelenk nebenher. Plötzlich springt es mit allen vieren zugleich in die Luft. Und dann rast es los, galoppiert mit dem Frühlingswind um die Wette. Wiehernd wirft die Mutter den Kopf empor. Das Kleine läuft gehorsam zurück und stupst der Stute übermütig die Flanken.

Der Bauer, ein kräftiger untersetzter Mann, mit einer wilden schwarzen Haarmähne, muskulösen braungebrannten Armen und kantigem Gesicht, in dem schwarze Augen glühen, ruft mir zu: »*A Santiago! Suerte!* – nach Santiago! Viel Glück!«

Nach Linzoain steigt der Pfad zur Erro-Höhe auf. Die Landschaft öffnet sich weit. Wie Meereswellen liegen die Höhenzüge hintereinander, vom dunklen Grün der Wälder bis zum dunstigen Blau der nun schon ferneren Pyrenäen. Ohne scharfe Trennung geht das Gebirge in die welligen Hochflächen der navarresischen Landschaft über. Ein Milan kreist im Himmelsblau. Ich bin überrascht, als er anfängt zu trillern. Die Erro-Höhe scheint mir für mein Nachtlager geeignet zu sein. Heute habe ich nur eine Strecke von etwa 18 Kilometern zurückgelegt, bin aber übervoll vom Erlebten. Kaum zu glauben, daß ich erst seit zwei Tagen wandere.

Auf einem Trockenhügel finde ich einen sichtgeschützten Platz. Umgeben von Kiefern, Wacholder, Buchsbaum und Ginster breite ich auf einem Grasfleck Matte und Schlafsack aus. Neben mir wachsen rote, weiße und gelbe Knabenkrautorchideen. In einer hat eine Spinne silberne Fäden gesponnen. Der Ginster duftet und mischt sich mit dem würzig harzigen Geruch des Wacholders und der Kiefern. Von Ferne bimmeln Kuhglocken. Es bleibt noch lange hell. Die sinkende Sonne vergoldet das frische Laub der Eichen. Ich liege auf dem Rücken und beobachte, wie der Himmel allmählich dunkler wird. Ganz deutlich spüre ich, daß sich ein geheimnisvoller Vorgang abspielt: Das Licht schwindet, etwas Neues, etwas anderes, bisher nicht Dagewesenes kommt über die Erde. Während sich das Licht entfernt, legt sich ein zwar unsichtbares, dennoch fühlbares Etwas über die Erde. Es ist nicht greifbar, dazu ist es aus zu feinem Stoff, aber doch so fest, daß es dem Wind leichten Widerstand bietet. Auch die Geräusche: Die Kuhglocken, das Kirchturmläuten von Linzoain und vereinzelte letzte Vogelrufe klingen gedämpfter und verhallen mit einem hohlen Ton.

Der Wechsel von Tag zu Nacht ist mir vertraut. Ich schlafe leidenschaftlich gerne unter freiem Himmel, doch der lange Aufenthalt in der Stadt hatte mich abgestumpft. Meine Sinne waren betäubt und ich hatte vergessen, daß es dieses Wunder gibt. Jeden Tag ereignet es sich zweimal, zur Abend- und Morgendämmerung, und wir merken nichts davon in der Stadt!

Mitten in der Nacht wache ich auf. Über mir ist es hell. Zwinkernd kneife ich die Augen zusammen, bis ich die Sterne erkenne. Sie funkeln aber keineswegs kalt, sondern leuchten in verschiedenen Farben. In ihr weißes Licht sind zarte Spuren einer bunten Farbpalette gemischt: warmes Rot, feines Grün, glitzerndes Blau und mattes Gelb. Wie ein silbriger Dunst fließt die Milchstraße in breitem Strom von Ost nach West. Still ist es, kein Käuzchen ruft. Nur ein leiser Windhauch zieht über die Lichtung.

5 Von Linzoain bis Guendulain

Der Lärm der Straße dringt bis in mein Zimmer. Es ist Freitagabend. Arbeitsschluß. Die Stadt ist voller Menschen. Jungen mit Kofferradios. Die Musik dröhnt. Ich mag nicht noch einmal hinausgehen. Während ich im Hotelzimmer auf dem Bett liege, versuche ich, mir klarzumachen, warum die Stadt Pamplona mir so sehr mißfällt.

Nach der einseitigen Rucksackverpflegung hatte ich mich auf ein schmackhaftes Essen in einem Restaurant gefreut. In den Gaststätten saßen fröhliche, laute Menschen. Ich hätte schon noch irgendwo einen Platz dazwischen gefunden, aber ich spürte zu deutlich mein Fremdsein. Ich trug in mir noch das Licht, die Farben, den Klang und den Geruch der Wiesen, Wälder und Felder. Ich konnte mich nicht so schnell an die Stadt und die Menschen gewöhnen. Die Stadt selbst schien mir häßlich. Graue Häusermauern sperrten die Sonne aus und stinkende Fahrzeuge verpesteten die Luft. Die Menschen traten in beängstigenden Massen auf. Sie lachten zu laut und zu viel. Die Männer fuchtelten wild mit den Händen in der Luft, grätschten breit die Beine und wiegten sich herausfordernd in den Hüften. Die Frauen trippelten hochhackig in engen Röcken einher und lächelten aufreizend mit ihren knallrot geschminkten Lippen. War es möglich, daß nur drei Tage in der Natur mich einer Welt, an der ich doch sonst teilnahm, so sehr entfremdet hatten?

Aus der Tür eines Restaurants quoll verführerischer Essensgeruch. Ich versuchte hineinzugehen, um etwas zu bestellen. Doch schnell schloß ich die Tür wieder und zog mich in mein Pensionszimmer zurück. Mein Rückzug ähnelte einer Flucht, denn ich wollte nichts mehr sehen und hören von dieser Stadt und ihren Menschen.

Die Geräusche dringen bis in mein Zimmer. Ich bin froh, nicht mehr dort draußen zu sein und gleichzeitig würde ich doch gern dazugehören und mit den Leuten lachen und fröhlich sein. Das erste Mal auf dieser Reise empfinde ich, daß ich allein bin. Auf den von Wind umbrausten Pyrenäenhöhen fühlte ich mich nicht einsam. Dort war ich mir selbst genug. Die Natur war gewaltig und mächtig, sie füllte mich ganz aus. Auch gestern, bei der berauschenden Wanderung durch Täler und über Hügel, hätte mich ein Reisegefährte nur gestört. Dann hätte ich den Ginster nicht so intensiv gerochen, die Orchideen nicht so lange bewundert und die Spinne in ihrem silberfädigen Netz womöglich übersehen. Beim plappernden Gespräch wäre das Vogelkonzert übertönt worden. Doch jetzt wünsche ich mir einen Gefährten zur Seite, der mir helfen würde, am Leben in der Stadt teilzunehmen. Ich fühlte mich vereinsamt. Um die trübsinnige Stimmung zu vertreiben, erinnere ich mich daran, wie schön und vielversprechend dieser Tag begonnen hat. Ich erinnere mich an den Augenblick, als ich auf der Lichtung aufwachte:

War es das Tageslicht oder das Gezwitscher eines Bluthänflings, das mich weckte? Die Sonne war noch nicht über dem Horizont erschienen. Am Himmel verkündeten rosa Wolken ihr Nahen. Ich war glücklich. Ich spürte den Atem der Erde und atmete im gleichen Rhythmus. Den köstlichen Gleichklang genießend lag ich auf dem Rücken und schaute hinauf in den Himmel. Er wurde von einem breiten weißen Wolkenband überspannt. Von Osten kamen rosa Wolken rasch angesegelt. Bald erreichten sie die Linie der ruhenden Wolkenbank. Diese thronte zwar hoch oben in erdferner Kälte, während die kleinen rosa Wolken knapp über den Baumwipfeln dahinzogen und trotzdem kamen sie nicht unter ihr vorbei. Sobald sie sich der weißen Wolkenbank näherten, wurden sie mit großer Geschwindigkeit emporgezogen und verschwanden. Zuerst erkannte ich nicht, was da geschah. Es ging viel zu schnell. Wieder befand sich eine rosa Wolke unter dem weißen Band. Gespannt schaute ich zu. Würde sie es schaffen? Da löste sie sich schon auf. Ein gewaltiger Sog riß sie auseinander, aber ich konnte mit den Augen nicht folgen, sah nur, daß die Wolkenbarriere wieder um ein Stück größer geworden war. Unvorstellbare Kräfte tobten entfesselt dort oben. Nur scheinbar sah es freundlich und harmlos aus: blauer Himmel, weiße und rosa Wolken. Weil ich genauer hingeschaut hatte, entdeckte ich den gewaltigen Luftsog. Unwillkürlich berührte ich die Erde, als wollte ich mich ihres Haltes und ihrer Festigkeit versichern. Neue rosa Geschwader näherten sich, für Sekunden verspürte ich den aberwitzigen Wunsch, sie vor der Gefahr zu warnen. Ohne Unterbrechung wurden am östlichen Horizont neue Wolken ausgespuckt und in die Schlacht geworfen. Aber die Große war stärker und zog sie alle nach oben, um sie sich einzuverleiben. Sie wuchs und wuchs und überdeckte bald den Himmel.

Dann begann ich ausgeruht meinen dritten Wandertag. Kiefern und Eichen säumten zu beiden Seiten den Weg mit dichtem Unterholz aus Weißdorn, Wacholder, Buchsbaum und Ginster. Wie ein Umhang verhüllte Efeu die Bäume bis zu ihren Kronen. Die große Wolke, die am Morgen die kleineren verschluckt hatte, verhüllte noch immer vollständig den Himmel. Erst als die Sonne höher gestiegen war, löste sich der diesige Dunst auf, aber trotzdem wurde es nicht so frühlingswarm wie gestern. Das Laufen ging jetzt besser, da die Füße kaum noch schmerzten.

Plötzlich aufsteigender Rauch über dem Wald ließ mich einen Brand befürchten. Doch nachdem ich noch drei Kilometer weitergegangen war, konnte ich erkennen, daß das staubgraue Monster einer Fabrik unten im Tal der Arga für die Luftverschmutzung verantwortlich war. Da mein Weg durch das Flußtal führte, mußte ich dicht an diesem häßlichen, stinkenden Ungetüm vorbei. Tief aufgerissene Erde und hoch aufgetürmte Abraumhalden begleiteten mich mehrere Kilometer lang. Später erfuhr ich, daß es eine Fabrikanlage für die Herstellung von Magnesium ist.

Die alten Pilgerwege führen durch Wiesen und Wälder

Erst in Larrasoaña gab es wieder einen erfreulicheren Anblick. Das Dorf war rundherum schön, eigentlich das schönste, durch das ich bisher gekommen war. Die Häuser waren mit geschnitzten Dachsparren und blumengeschmückten Balkonen verziert. Auf den Dächern thronten runde Essen aus Stein und Ton, oben bekrönt durch eine dachförmige Abdeckung. Im ersten Stock ragten große Halbkugeln aus dem Mauerwerk, es waren Backöfen, abgestützt durch Holzpfeiler. Das Gebäude der alten Pilgerherberge stand noch, aus Feldsteinen errichtet und mit Stützpfeilern stabilisiert. An der südlichen Stirnseite sah ich eine vermauerte Tür, vermutlich war das der ehemalige Zugang. Die Anlage machte eher einen ärmlichen Eindruck, und doch wird sie für frühere Pilger eine Wohltat gewesen sein. Hier konnten sie übernachten. Im nahen Fluß Arga, der damals sicher noch nicht so verschmutzt war, schöpften sie Wasser zum Trinken und Kochen oder nahmen bei warmer Witterung ein Bad und wuschen ihre Kleidung.

Auf meinem weiteren Weg durch das Flußtal der Arga verwöhnte mich die Natur noch einmal mit all ihrer Schönheit. Doch schon bald konnte ich auf einer Anhöhe die Silhouette einer Stadt erkennen mit Kathedrale und Kirchen und einer für mittelalterliche Städte typischen mächtigen Wehrmauer. Ich wußte, es konnte sich nur um Pamplona handeln, der früheren Hauptstadt des Königreiches Navarra. Gerade auf diese Stadt war ich besonders neugierig, denn sie war eine der wichtigen Stationen auf dem Pilgerweg.

Ich schaute nochmals zurück. Die Pyrenäen konnte ich vom Tal aus nicht mehr sehen. Der Startpunkt meiner Wanderung St.-Jean-Pied-de-Port war jetzt 80 Kilometer entfernt. Das Zehnfache des Weges lag noch vor mir. Mir wurde bewußt, daß ich mich trotz der Fülle der Erlebnisse noch am Anfang meiner Pilgerreise befand. Froh, einen noch so weiten Weg bis Santiago vor mir zu haben, schritt ich auf Pamplona zu. Bald wurde das Gehen zur Marter. Bei Villava mündete der Pfad in eine verkehrsreiche Hauptstraße, der Zufahrtsstraße nach Pamplona. Lastwagen dröhnten vorbei. Ich ging am äußersten Straßenrand und war trotzdem in ständiger Gefahr, von ihnen überrollt zu werden. Abgaswolken erstickten mich fast. Ich sah nur häßliche Gebäude, Gewerbe- und Industriebauten. Wegen des harten Straßenbelages schmerzten mich meine Füße wieder. Sie fühlten sich an, als würden die Knochen aus ihrem Verbund gelöst werden, als hätten sie sich in unförmige Klumpen aus Knochen, Sehnen und Haut verwandelt. Nirgends sah ich eine Möglichkeit zu rasten. So schleppte ich mich nach Pamplona hinein und mich interessierte nur noch, eine Pilgerherberge zu finden. Ich fragte viele Passanten, doch keiner wußte etwas von einem Refugio. Manche lächelten amüsiert.

»Eine Pilgerin, na so was? Was für eine närrische Idee!« werden sie gedacht haben.

Während der Wanderung war ich an Kreuzen, Kirchenportalen, Kapellen, Pilgerherbergen und mit verwitterten Steinen eingefaßten Quellen vorbeigekommen, alles hatte die Erinnerung an die Zeit der großen Pilgerfahrten wachgerufen. Und jeder, der mir begegnet war, hatte mir Glück auf den Weg nach Santiago gewünscht. Für die Menschen in den Dörfern hatte meine Pilgerwanderung eine große Bedeutung, es war schön gewesen, ihre Anteilnahme zu spüren.

Deshalb enttäuschte mich nun das Desinteresse der Pamploner. Auch im Informationsbüro für Tourismus schüttelte man nur den Kopf. Ich kapitulierte und ließ mir eine preiswerte Pension empfehlen.

Unablässig tobt der Lärm bis weit in die Nacht hinein unten in der schachttiefen Straße vor meiner Unterkunft. Straßauf, straßab flanieren die Leute von einer Kneipe zur anderen und werden dabei immer lustiger und lauter, noch übertönt von dem Geschrei der Losverkäufer. Schlimm auch die Fahrgeräusche, das Quietschen der Bremsen und das Knallen der Türen und das ständige Hupen. Ich halte es hier nicht aus, gleich morgen werde ich, entgegen meinem ursprünglichen Plan, weiterziehen. Es ist nur schade, daß mir dadurch die vielen Sehenswürdigkeiten dieser Stadt entgehen. Ich wäre gern über die Stadtwälle spaziert, dann hätte ich durch die Schießscharten noch mal bis zu den Pyrenäen blicken können. Auch hatte ich vorgehabt, mich im *Museo de Navarra* über die Geschichte dieser Stadt zu informieren. Einiges weiß ich schon, doch hätte ich mir gern die Fundstücke angesehen. Menschen lebten hier schon in der Steinzeit vor 30 000 Jahren. Man fand ihre Steinwerkzeuge und entdeckte bisher über 30 Höhlen in den nahen Pyrenäen und den Kantabrischen Kordilleren. In den Höhlen haben die Jäger ihre Beutetiere an die Wände gemalt. Sie benutzten dazu bunte Erden, Holzkohle und zerriebene Mineralien, die sie mit Tierfett und Blut vermischten. Die Felsgemälde in Ocker, Sepia, Zinnober und Schwarz sind so vollendet, daß wir sie schon als Kunstwerke bezeichnen können. Ob diese Steinzeitmenschen die Vorfahren der Basken waren, läßt sich natürlich nicht mehr beweisen. Manches deutet darauf hin, etwa die eigenständige Sprache der Basken, das Euskara, das mit keiner anderen Sprache verwandt scheint. Vielleicht ist es die älteste erhalten gebliebene Sprache der Menschheit.

Es fasziniert mich, mir vorzustellen, wie Menschen früher gelebt haben. Wenn ich eine Reise plane, informiere ich mich nicht nur über die gegenwärtige Situation, sondern vertiefe mich intensiv in ein Studium der Geschichte und Kultur eines Landes. Gerade die Zeiten, über die es noch keine historische Aufzeichnungen gibt, interessieren mich am meisten, vielleicht weil sie der Phantasie den größten Spielraum lassen.

Die Pyrenäen bildeten niemals eine Sperre, eine Trennmauer, denn immer schon strömten Völkerscharen über das Gebirge in die weite spanische Landschaft. Zuerst waren es die Kelten, die um 700 v. Chr. die Pyrenäen überquerten. Sie waren ein indogermanischer Volksstamm, der in Mitteleuropa den Raum von Böhmen und Ungarn bis zum Rhein besiedelt hatte. Dieses kriegerische Reitervolk beherrschte schon die Eisenbearbeitung. Sie trugen im Kampf eiserne Rüstungen. Aber auch kunstvoll gehämmerter Schmuck aus Gold und Silber und Zaumzeug mit Gold, Email und Korallen verziert, sowie Tierfiguren aus Stein sind erhalten geblieben. Die Kelten besiedelten den Norden Spaniens. In der Provinz Galicien finden sich noch heute Überreste der keltischen Kultur.

Die Römer brauchten dann fast 200 Jahre, um die Bevölkerung zu unterwerfen. Erst Augustus konnte im Jahr 18 v. Chr. die letzten, sich verzweifelt wehrenden Stämme besiegen. Straßen wurden angelegt, große Städte gebaut, Korn, Wein und Olivenöl nach Rom geliefert und die lateinische Sprache samt Rechtswesen eingeführt. Doch gelang es den Römern nie, das Baskengebiet völlig zu kontrollieren. Das Gebirge bot den Menschen sichere Schlupfwinkel. Nur bis Pamplona drangen die römischen Armeen vor.

Um 500 n. Chr. begann eine unruhige Zeit. Im Zuge der großen germanischen Völkerwanderung kamen wieder Reiter, Fußvolk, Karrenzüge über die Pyrenäenpässe. Erwartungsvoll drangen sie in das Land ein, von dessen Reichtum und Schönheit sie gehört hatten: Vandalen, Alanen, Sueben. Aber nur den Westgoten gelang es, sich in Spanien anzusiedeln. Sie hatten lange in enger Nachbarschaft mit den Römern gelebt und manches von deren Kultur, Religion und Lebensart übernommen. Fast 200 Jahre lang herrschten die Westgoten über Spanien.

Nun müßte ich Pater Sampedro hier haben. Er würde sicher über sein Lieblingsthema der maurischen Herrschaft und der Reconquista anschaulich berichten. Ich aber bringe diese Sanchos, Alfonsos und Fernandos, wie die navarresischen Herrscher hießen, ständig durcheinander. Pamplona war von 738–750 in maurischem Besitz.

750 dann eroberten die Basken ihre Stadt zurück und obwohl sie sich
778 unter den Schutz Karls des Großen stellten, ließ er Pamplona bei
seinem Rückzug zerstören, denn er wollte keine befestigte Stadt im
Rücken haben. Kein Wunder, daß die betrogenen Basken wutentbrannt die Nachhut des Heeres angriffen und Ritter Roland und die
anderen Recken töteten. Pamplona wurde wieder aufgebaut und
Hauptstadt des Königreiches Navarra, das bis 1841 bestand. In ver-
wirrender Vielfalt lösten die Könige einander ab. Der erste Herrscher
war wohl der legendäre Inigo Iniguez, den einige Baskenstämme um
810 zu ihrem Anführer machten. Aber erst Sancho Garces I., der bis
925 das Zepter führte, ist historisch verbürgt. Er konnte die Mauren
vertreiben und die Grenzen Navarras bis zum Ebro ausdehnen. Von
nun an war der Weg frei nach Santiago de Compostela. Vorher
mußten sich die Pilger am kantabrischen Gebirge entlang ihren Weg
suchen. Einem der vielen Herrscher bin ich schon »begegnet«:
Sancho VII., *el fuerte*, der Starke. In Roncesvalles hatte er die kleine
Kirche gestiftet, in der ich den Sonnenaufgang erlebte und die
Silbermadonna in ihrem Strahlenglanz sah. Sancho lebte von
1154–1234. Der stärkste Ritter seiner Zeit sei er gewesen, und
niemand, weder im Turnier noch in der Schlacht, hätte ihn besiegen
können. Mit den vereinten Christenheeren fügte er 1212 den Mauren
bei »Navas de Tolosa« eine entscheidende Niederlage bei. Er erbeu-
tete einen kostbaren Smaragd, der den Turban des Sultans Miramamolin geschmückt hatte und ließ als Dank für den Sieg in Roncesvalles die Kirche bauen. Dort liegt er auch zusammen mit seiner Frau
Clemencia begraben. Sein Neffe und Nachfolger Teobaldo I. hat das
Grabmal errichten lassen. Die 2,25 Meter lange Grabfigur soll der
tatsächlichen Größe von Sancho VII. entsprochen haben. Vielleicht
war er ein paar Zentimeter kleiner, aber sein einziger Lebensinhalt
war der Kampf. Mit Richard Löwenherz zog er gegen Frankreich,
beide unschlagbar bei männlichen Kraftspielen und mitleidslos beim
Töten. Seine Ehe mit Clemencia, einer Deutschen, Tochter des
deutschen Kaisers Friedrich Barbarossa, blieb jedoch kinderlos. Als er
nach vierzig Regierungs- und Kampfesjahren mit achtzig Jahren
starb, folgte ihm der Sohn seiner Schwester Doña Blanca auf den
Thron, jener Teobaldo, der ihm das Grabmal bauen ließ.

Das Vertiefen in die Geschichte längst vergangener Zeiten hat mir geholfen, meine depressive Stimmung zu überwinden. Wie klein und wie unbedeutend ist das eigene Schicksal, gemessen an den Zeitläufen und den Millionen Menschen, die gelebt haben und gestorben sind. Verschwunden sind sie und mit ihnen ihre Sorgen und Kümmernisse, ihre Talente und Fähigkeiten, ihre Träume und Hoffnungen, ihre Verbrechen, Opfer und Heldentaten, aber alles wiederholt sich in den nachfolgenden Generationen immer und immer wieder, wohl solange es Menschen auf der Erde gibt.

Als ich am nächsten Morgen aufwache, ist meine Stimmung schon wieder sehr trist und melancholisch. Es regnet. Es gießt. Es schüttet. Mir ist miserabel zumute. Nun nützt es nichts mehr, meine Selbstzweifel durch Denken in historischen Zusammenhängen relativieren zu wollen. Am liebsten würde ich heimfahren. Ich hasse diese Stadt Pamplona. Zuerst der Lärm und die mit Autoabgasen verpestete Luft, und nun auch noch der Regen. Ich will wandern, wie kann ich das, wenn das Wasser in Strömen herabstürzt?

Mißmutig hänge ich mir den Regenponcho über und verlasse das Hotel. Auf der Straße hängen in Schaukästen Aufnahmen der berühmten »Feria de San Fermin«, dem größten Fest in Pamplona, Anfang Juli zu Ehren des heiligen Fermin. Nach den Fotos zu urteilen, ist es ein überschwengliches, turbulentes Volksfest. Interessiert betrachte ich die vielen bunten Bilder. An Straßenecken, Plätzen, Fotogeschäften und vor Restaurants hängen diese Fotoschaukästen. Auf fast allen Aufnahmen sehe ich Stiere, die im Galopp, wie schwarze Flutwellen, durch die engen Straßen der Altstadt jagen. Männer in weißer Festtracht und roter Schärpe oder einfach in Straßenanzügen stellen sich den wilden Stieren entgegen, rennen vor ihnen weg oder versuchen, in Panik über die Absperrungen zu klettern. Die Pamploner nutzen diesen Auftrieb der Stiere in die Arena, um ihren männlichen Mut zu beweisen. Allzu Übermütige oder Ungeschickte werden von den Stieren zu Boden geworfen. Ich sehe aber auch Fotos, auf denen Stiere Männer auf die Hörner nehmen und durch die Luft werfen. Ich kann mir vorstellen, daß solche »Begegnungen« dann nicht ohne größere Blessuren enden. Der Regen ist doch nicht so schlimm. Der Poncho wird mich und den Rucksack schon weitgehend vor Nässe schützen. Also setze ich meine Pilgerwanderung fort. Wenn nur erst Pamplona hinter mir läge!

An der Kirche San Ignacio verweile ich einige Augenblicke. Sie wurde zu Ehren des heiligen Ignacio erbaut, doch so heilig war er gar nicht von Anfang an. Geboren wurde er als Inigo de Loyola um 1491 als jüngster Sohn eines baskischen Adligen. Leidenschaftlich gern las er Ritterromane und er hatte nur ein Ziel – ein heldenhafter Kämpfer zu werden. Bald konnte er seinen Mut beweisen. 1521 nutzten die Franzosen einen Aufstand in Spanien, um über die Pyrenäen vor die Stadtmauern Pamplonas zu ziehen. Der junge Offizier Loyola verschanzte sich mit den Verteidigern in der Zitadelle, die Bewohner Pamplonas dagegen stellten sich auf die Seite der Franzosen. Der Kommandant der Zitadelle erkannte die ausweglose Situation und entschloß sich zur Übergabe. Doch Inigo de Loyola erhob Einspruch und schaffte es, den Kommandanten zu einem heroischen, aber sinnlosen Widerstand zu überreden. Die Franzosen schossen in Salven ihre Kanonenkugeln auf die Zitadelle. Eine Kugel schlug direkt vor Loyola ein und zerschmetterte ihm beide Beine. Er überlebte mit schrecklichen Schmerzen, die ihn monatelang nicht verlassen sollten. Zuerst wollten die Wunden nicht heilen, dann mußten die verkehrt zusammengewachsenen Knochen nochmals gebrochen werden. Als dann später unter dem Knie ein Knochenstück herausragte, wurde der Knochen einfach abgesägt. Um das nun kürzere Bein wieder auf die richtige Länge zu korrigieren, quälte man den Armen mit einer Streckmaschine. Inigo soll alle diese Leiden und Martern ohne Betäubungsmittel und ohne Schmerzenslaute ertragen haben. Um sich die Zeit zu vertreiben, begann er zu lesen. Da er seine geliebten Ritterromane nicht bekommen konnte, griff er zu den einzig vorhandenen Schriften: Geschichten aus dem Leben des Franziskus von Assisi und seines Schülers Dominikus. Wie vorher die Ritterromane seine Phantasie beflügelt und zum Nachleben inspiriert hatten, so glaubte er sich jetzt durch diese Erzählungen zu einem religiösen Leben berufen. Aber vielleicht war es auch die Einsicht, seine Karriere als Offizier nicht mehr fortsetzen, nicht mehr reiten und kämpfen zu können.

Nun widmete er sein Leben ausschließlich seinem neugewonnenen Glauben. Sein leidenschaftlicher Charakter brauchte einfach ein Ventil, ein neues Ziel. Ignacio, wie er sich nun nannte, gründete mit dem gleichen fanatischen Eifer, der gleichen verbohrten Unerbittlichkeit und der lebensverachtenden Strenge gegen sich und andere, die er schon als Offizier gezeigt hatte, den Orden der Jesuiten. Seine Heiligsprechung war dann nur noch eine Frage der Zeit.

Endlich liegt Pamplona hinter mir. Die Straße konnte ich bald verlassen und wieder einem Pfad folgen. Er führt über eine kleine Holzbrücke. Ich schaue hinab in das Flüßchen. Dicke Regentropfen platschen ins Wasser. Die Frösche quaken. Es macht mir jetzt sogar Spaß, im Regen zu laufen. In Gedanken versunken nähere ich mich dem Ort Cizur Menor. Erschreckt zucke ich zusammen, als der erste Hund wild am Zaun emporspringt und bellt. Es hilft nicht, beschwichtigend auf ihn einzureden. Vielleicht hört er am Ton meiner Stimme, daß ich erschrocken und verärgert bin über sein lautes Bellen. Das Kläffen schallt mir hinterher. Gerade als er sich beruhigt, belfert der nächste Köter. Er hängt an einer Kette. Die Eisenkette reißt ihn bei jedem Sprung zurück. Das Hundegeblaffe treibt mich wie einen unerwünschten Eindringling durch Cizur Menor und läßt mir keine Ruhe zum Verweilen. Menschen sehe ich keine.

Auf einer kleinen Anhöhe, links vom Dorf, entdecke ich eine Ruine, den Rest einer romanischen Kirche. Nur die Außenmauern, das Dach und das Portal stehen noch. Wenn auch zerfallen, vermittelt die Kirche eine stille Schönheit. Farne wachsen in den Mauerzwischenräumen, im Dach verankert sich eine Birke, und Flechten zieren die Steine.

Schon wieder droht mir ein Hund, groß mit schwarzem Zottelfell rennt er zielstrebig auf mich zu. Er hält den Kopf schief, und Geifer tropft ihm aus dem Maul. Ich fürchte mich normalerweise nicht vor Tieren. Ihre Reaktionen sind mir vertraut. Doch Haustieren gegenüber fühle ich mich unsicher. Ihre tierischen Instinkte und Verhaltensweisen sind fast immer durch das Zusammenleben mit den Menschen verdorben. Vor diesem Schwarzen mit dem schiefen Kopf und dem Schaum an den Lefzen habe ich regelrecht Angst. Ich bücke mich und hebe einen Stein auf. Meist genügt diese Geste, um einen Hund zu vertreiben. Doch dieser schwarze Köter wird durch den Stein in meiner Hand erst recht zum Angriff gereizt. Wie ein Berserker bellt er und schnappt wütend in die Luft. Ich hebe schnell weitere Steine auf und werfe sie dicht vor ihm auf den Boden, daß der Sand aufspritzt, vermeide aber, ihn zu treffen. Er bellt wütend. Mit einer Steinkanonade gewinne ich Abstand. Schließlich dreht er sich um und trabt zur Ruine zurück. Später, als ich mich nochmals umschaue, sehe ich ihn oben auf dem Hügel. Schwarz und einsam steht er dort im Regen, und mir scheint, er zittert sogar. Jetzt fühle ich fast Mitleid mit ihm. Er sieht traurig aus und allein. Vielleicht ist er gar nicht tollwütig, wie ich fast befürchtete, sondern war nur freudig erregt, weil endlich jemand zu ihm kam – und ich hatte ihn mit Steinen weggetrieben.

Lange Zeit führt jetzt der Pilgerweg durch grüne Getreidefelder. Ackersenf säumt die Feldraine, und vereinzelt stehen Mohnblüten wie Blutstropfen im grünen Feld. Der Regen rinnt weich und warm vom Himmel und hüllt die Landschaft in einen wogenden Schleier. Durch das milchige Weiß des Regens erkenne ich undeutlich die Silhouetten von Ortschaften hoch oben auf den Hügeln. Gekrönt mit romanischen Kirchen ähneln die Dörfer aus der Entfernung einer Festung.

Das Dorf Guendulain dagegen liegt im Tal. Es ist grau und ärmlich. Vielleicht ist es wegen des Regens, daß ich auch hier keine Menschen sehe, nur die Hunde toben wieder. Ich steige auf den nahe gelegenen kleinen Berg. Dort befindet sich eine Kirche und das Schloß der früheren Barone von Guendulain, nach denen der Ort benannt ist. Die romanische Kirche ist noch verfallener als die bei Cizur Menor. Die Tür hängt lose in den rostigen Scharnieren. Sehr vorsichtig trete ich ein. An den Wänden sehe ich nur noch blasse Schatten der einstigen Malereien. Durch den Dachstuhl tropft Wasser. Ein Seitenflügel ist zusammengebrochen. Steinschutt türmt sich auf dem Boden. Kein Altar, kein Kirchengestühl ist mehr vorhanden. Doch gerade durch die mitleiderregende Zerstörung scheint mir diese Kirche einem Lebewesen nicht unähnlich zu sein. Einst war sie schön und jung, jetzt ist sie alt und zerbröckelt langsam, doch trotz des Verfalls ist noch ihre frühere Schönheit zu

Das alte Schloß Guendulain

ahnen. Die kleine Kirche führt mir deutlich die Gesetze von Werden und Vergehen vor Augen.

Ich gehe hinüber zum Schloß und sehe auch hier den Verfall. Durch einen hohen Torbogen gelange ich in das Innere der Ruine. Mir scheint, die zwei Stockwerke haben Wind und Regen bis jetzt widerstanden. Zuerst inspiziere ich das Erdgeschoß. Leere Räume, Fenster und Türen fehlen, der Boden ist stellenweise mit Bruchsteinen und Ziegeln bedeckt. Das Gebäude umschließt einen Patio in der Mitte. Pflanzen haben vom Innenhof Besitz ergriffen. Holunderbüsche, Brennesseln, Vogelbeerbäume und Birken füllen ihn ganz aus. Eine intakte Steintreppe führt in das oberste Stockwerk. Auch hier sind die Zimmer leer und kahl. Der Steinboden ist sauber, als hätte jemand erst kürzlich gefegt. Ein Raum gefällt mir besonders. Er ist kleiner als die anderen und schließt sich als letzter einer Zimmerflucht an. Steinerne Sitze vor den Fensteröffnungen laden zum Ausruhen ein, und ich setze mich. Das Fenster reicht mir bis zur Taille. Bequem kann ich hinausschauen und habe schnell das Gefühl, eine Bewohnerin des Schlosses zu sein. In Gedanken statte ich mein Zimmer mit Möbeln, Teppichen und Bildern aus, schmücke es mit Blumen und denke mir aus, wie ich hier wohl gelebt haben könnte.

Heute bin ich zwar erst drei Stunden gewandert, aber ich beschließe, bis morgen zu bleiben, denn es ist sehr verführerisch, einmal für sich allein ein Schloß zu besitzen, und wenn auch nur für einen Tag oder eine Nacht. Unter dem Fenster verströmen weiße Blütendolden der Holunderbüsche einen berauschenden Duft. Regen, Nebel und Wolken verschleiern die umliegenden Felder und Hügel, geben ausschnittweise die Landschaft frei und verdecken sie bald wieder. Eine Stimmung zum Träumen. Wer wird vor mir hier gewesen sein? Frauen, immer waren es Frauen, die aus dem Fenster schauten und warteten. Sie warteten und wußten nicht, worauf; daß ein Mann zu ihnen kommt und dann das Leben endlich beginnt. Und so vergingen die Tage und vielleicht ein ganzes Leben. Es hat etwas Passives, Duldendes, am Fenster zu sitzen. Für ihr Unglück konnten die Frauen die ganze Welt verantwortlich machen, nur nicht sich selbst, denn sie saßen an ihrem Fensterplatz und warteten, aber es kam meist nicht, das Glück. Einige aber sind schon immer ausgebrochen und haben ihren Weg gesucht. Ihr Mut, ihre Leiden, ihre Kämpfe und Opfer haben mitbewirkt, daß es für mich heute selbstverständlich ist, meinen eigenen Weg zu gehen. Trotzdem habe ich mich als Kind nie an Frauenvorbildern orientiert. Frauen hatten noch nicht lange genug Gelegenheit gehabt, sich zu verwirklichen. Ihr Bild sah immer noch blaß aus im Vergleich zu Männern. Überhaupt galt mir die Realität des Alltags wenig. Als Kind bewunderte ich nur diejenigen, die sich im Dschungel halbverhungert mit der Machete vorwärts kämpften, Wüsten durchquerten und dabei verdurstend einer Fata Morgana entgegentaumelten, die sturmumtoste Berggipfel bestiegen, von Schneelawinen verschüttet wurden, von Haien verfolgt in die finstere Tiefsee tauchten, in die rotglühenden Kraterschlünde der Vulkane stiegen und das Geheimnis der Höhlen erkundeten. In meiner Umgebung gab es solche Menschen nicht. Nur in Büchern las ich Berichte von Forschungsreisen und Expeditionen. Mit einer durch nichts zu erschütternden Gewißheit war mir klar, daß ich nichts anderes im Leben tun würde, als durch die Welt zu gehen, um sie zu erforschen. Von Feuerland bis Kamtschatka, von Spitzbergen bis zur Antarktis wollte ich reisen, auf die höchsten Gipfel steigen, in die Tiefe der Meere tauchen, Wüsten durchqueren und durchs ewige Eis ziehen. Das war keine Idee, die langsam wuchs, sondern sie war bereits da, als mein Bewußtsein erwachte. Es kann kaum sein, daß mein Wandertrieb eine Reaktion auf die damals in meinem Land verordnete Bewegungsunfreiheit war. Vielmehr dürfte es sich schlicht um eine Flucht vor den Realitäten des Lebens gehandelt haben. Sich den Anforderungen des Alltags zu stellen, mit seinen ständig gleichen Abläufen, war für mich als Kind nur schwer zu ertragen: aufstehen, sich waschen, anziehen, essen, trinken, zur Schule gehen, Hausaufgaben machen und dann wieder zu Bett gehen. Verständlich, daß ich schon als Zehnjährige begann, von Katastrophen zu träumen, die diese Ordnung zerstören würden. Ich versteckte mich auf dem Dachboden oder im Keller und las ein Buch nach dem anderen. Für mich war das Gelesene realer als die Gegenwart. Verzweifelt versuchte ich, dem Gleichlauf des Alltags zu entkommen. Die häufigsten Fluchtversuche unternahm ich mit dem Essen: Ich wollte unabhängig von einer regelmäßigen Nahrungsaufnahme sein. Manchmal aß ich viele Tage gar nichts, um zu sehen, wie lange ich hungern könnte. Dann wieder stopfte ich, soviel mein Magen fassen konnte, in mich hinein. Ein andermal versuchte ich, mich nur von einer Sorte Nahrungsmittel zu ernähren. Wochenlang verzehrte ich dann nichts anderes als Haferflocken. Ich nannte das »Expeditionstraining« und stellte mir vor, ich hätte mich im Urwald verirrt und die Notration sei aufgebraucht. Aus dem Abfalleimer holte ich Weggeworfenes und auf dem Schulhof durchstöberte ich die Papierkörbe nach Eßbarem, hob sogar angebissene Brötchen von der Straße auf. Nur diese Fundstücke erlaubte ich mir zu essen, denn auch im Urwald würde ja hin und wieder etwas Eßbares zu finden sein. Irgendwann war die Expedition beendet, ich fand zur Zivilisation zurück. Welche Freude, alles, was ich rigoros von mir gewiesen hatte, durfte ich nun wieder verzehren. Der Genuß war unvergleichlich. Ich entdeckte, wie beglückend es ist, einige Zeit auf selbstverständliche Dinge zu verzichten. Herrlich, dieser erste Biß in ein frisches Marmeladenbrötchen, und sogar mit Butter! Wie hatte ich mich in der Hungerszeit nach einem weichgekochten Ei gesehnt! Mit größtem Vergnügen klopfte ich nun mit dem Löffelchen auf das Ei, pellte langsam die Schale ab, das Eiweiß glänzte matt, und dann endlich schmeckte ich das gelbe, halbflüssige Eigelb auf dem Löffel, genüßlich schluckte ich es hinunter. Diese Tage der Rückkehr waren die glücklichsten in meiner Kindheit. Sie waren hell und licht, von Freude durchstrahlt. Ich war erfüllt von Liebe und Zuneigung für meine Umwelt. Mit frohen Augen tanzte ich durch die Wohnung, war friedfertig gegenüber den Geschwistern, half der Mutter und nahm am Familienleben teil. Doch dieses Glück dauerte nicht lange, bald waren das Marmeladenbrötchen und das Frühstücksei wieder zur Gewohnheit geworden, und niemand wunderte sich mehr über mein vorbildliches Verhalten. Dann wurde ich wieder unwillig und mürrisch, verkroch mich in Winkel und Ecken und fand alles grau, langweilig und verachtenswert. Dann war für mich wieder der Zeitpunkt für ein neues Training gekommen. Ich probierte, wie lange ich es ohne zu trinken aushalten kann. Manchmal versagte meine Stimme, und ich konnte kaum noch sprechen, so trocken war meine Kehle. Meine Eltern waren inzwischen an manche meiner Eigenartigkeiten gewöhnt. Nur einmal, als mich meine Mutter eines Nachts beinahe erfroren auf dem Balkon fand, verlor sie restlos die Geduld. Ich spürte die Kälte bereits nicht mehr. Schnee lag schon auf mir, als sie mich zufällig entdeckte. Sie legte meinen zusammengekrümmten, steifen Körper in heißes Badewannenwasser und rief verzweifelt: »Jetzt ist es genug! Ich mache das nicht mehr mit!« Kläglich hob ich den Kopf über den Rand der Badewanne und bat: »Nicht böse sein, ich wollte doch nur für die Antarktis trainieren.«

Es hat aufgehört zu regnen. Die Farben der Landschaft werden klar und intensiv. Variationen in Grün, getüpfelt vom Gelb des Ackersenfes und geflammt von Mohn. Ich freue mich, ein Schloß zu besitzen. Daß es nicht mehr bewohnbar und zerfallen ist, erhöht noch den Reiz, regt die Phantasie zu Traumbildern an.

In einem Mauerloch, nur zwei Meter von meinem Fensterplatz entfernt, entdecke ich ein Turmfalkennest. Die hell trillernden Bettellaute der Jungen sind nicht zu überhören. Das Männchen kommt erfolgreich vom Beutejagen zurück. Im Schnabel trägt es eine Maus. Der Kopf des toten Tieres hängt auf der einen Seite aus dem Schnabel, der lange Schwanz auf der anderen Seite. Obwohl ich mich nicht rühre, wagt es der Turmfalke nicht, zum Nest zu fliegen. Verunsichert durch meine Gegenwart, baumt er an einem Ast auf. Genau kann ich das Turmfalkenmännchen, das man auch Terzel nennt, sehen. Eindrucksvoll kontrastiert die satte Rostfärbung des Rückens mit dem blaugrauen Kopf und Schwanz. Vom Auge zieht ein schwarzer Streifen abwärts. Es sieht fast so aus, als trüge er einen Wangenbart. Die Bettelrufe der Jungen werden lauter. Der Terzel kann diesem fordernden Geschrei nicht mehr widerstehen. Er breitet die Flügel aus und pfeilt auf die Mauernische zu. Die Jungen begrüßen seine Ankunft mit schrillem Gekreisch. Er reagiert mit erregten, vibrierenden Tönen: »wrriiiihh, wrrriiiihiiii.«

Die Fütterszene kann ich nicht beobachten, da sie sich tief verborgen im Mauerwerk abspielt. Mit hellem »kikikikikikiki« fliegt der Turmfalke wieder aus der Bruthöhle heraus. Auffallend sind im Flug seine schmalen, bogenförmigen Schwingen. Der lange, blaugraue Schwanz wirkt wie ein auf den Bogen gespannter Pfeil. Der Terzel fliegt über die Wiesen und Felder im weiten Umkreis vor meinem Fensterplatz. Ich kann beobachten, wie er rüttelt. Das ist eine besondere, dem Turmfalken eigene Flugtechnik. Wie ein Fächer ist der Schwanz ausgebreitet, und die Flügel schlagen schnell und heftig in kurzen Schwingungen auf und nieder. So kann er sich fast auf der Stelle in der Luft halten. Plötzlich klappt er die Flügel eng an den Körper und stürzt wie ein Geschoß mit rasender Geschwindigkeit der Erde entgegen. Kurz über dem Boden fängt er sich und steigt im weiten Bogen wieder empor. Wahrscheinlich hatte sich das Beutetier, vielleicht eine Maus oder ein größeres Insekt, vor ihm schnell in Sicherheit gebracht. Nun rüttelt der Falke erneut an anderer Stelle und späht nach unten, ob sich dort ein anderes Lebewesen regt.

Ich habe so gespannt dem Terzel zugeschaut, daß ich gar nicht gesehen habe, wie das Weibchen herangeflogen kam. Sie bemerkte mich erst, als sie kaum noch eine Armlänge vom Fenster entfernt ist. Eine hastige Kehrtwendung, und auch sie baumt auf dem Ast auf, wie vorher der Terzel. Das Falkenweibchen ist schlichter gefärbt. Kopf, Rücken und Schwanz sind rotbraun mit vielen dunkelbraunen Tupfern und Flecken. Die lichtbraune Unterseite ist mit dunklen Einsprengseln verziert. Ihre großen, schwarzen Augen fixieren mich. Die Augen eines Greifvogels haben ein wesentlich besseres Auflösungsvermögen als die eines Menschen. Sie können noch winzige Details wahrnehmen, die für uns überhaupt nicht mehr sichtbar sind. Zwar hatte ich so ruhig gesessen, als sei ich ein Teil des Mauerwerks, aber wahrscheinlich hatte sie im letzten Moment an einer Kleinigkeit, vielleicht an meinem Lidschlag oder der Bewegung der Pupillen, erkannt, daß ich ein lebendes Wesen bin und ihr vielleicht gefährlich werden könnte. Doch bald wagt sie es, angespornt vom hungrigen Krakeelen ihrer Brut, zur Nisthöhle zu fliegen.

Schon bevor es Menschen auf der Erde gab, haben Turmfalken in Felswänden oder Baumhöhlungen gebrütet. Später, als die Menschen mehr und mehr seßhaft wurden und begannen, Häuser zu bauen, erschlossen sich den Falken neue Brutplätze. Die ursprünglich scheuen Vögel folgten den Menschen sogar in die Städte. Kirchtürme und andere hohe Gebäude wurden für sie zu einer Art Felsenlandschaft, bestens geeignet, dort ihre Nachkommen großzuziehen.

In stetem Wechsel fliegen die Eltern heran und lassen sich bald nicht mehr durch meine Anwesenheit stören. Im duftenden Holunder schlagen die Nachtigallen und ein gelbschwarzes Pirolmännchen läßt seinen melodischen »düdlüoh«-Ruf erschallen. Im nahen Dorf Guendulain bellt ab und zu ein Hund. Später höre ich Kirchenglocken. Mit abnehmendem Licht, einer hinter Wolken verborgenen Sonne, verändern sich die Farben. Die Bäume und Büsche werden fast schwarz und zwischen blaugrünen Feldern glänzt die Erde isabellenfarben.

Die Menschen, die früher in diesem Schloß gelebt haben, die Barone und Baronessen derer von Guendulain, wer waren sie wohl? Welches Schicksal mögen sie gehabt haben? Wurden sie von den Bewohnern des Dorfes gefürchtet oder verehrt? Das Schloß steht sicher schon seit Jahrzehnten leer, und im Dorf sind vielleicht nur noch ein oder zwei Häuser bewohnt. Die Erinnerung an die Vergangenheit erlöscht. Es gibt hier bald niemanden mehr, der die Geschichte an seine Enkel weitererzählen könnte.

Ich breite die Matte auf dem kühlen Boden aus, entrolle den Schlafsack, krieche hinein und blicke hinauf auf die leere Fensteröffnung. Kein Stern leuchtet.

In der Nacht wache ich auf, weil heftiger Wind durch die Fensteröffnungen hereinbläst. Es pfeift und heult schaurig durch die leeren Räume. Schlaftrunken ziehe ich Matte und Schlafsack in eine Zimmerecke, um vor dem Sturm besser geschützt zu sein. Aber immer wieder werde ich von den Geräuschen geweckt. Kurze Schlafphasen wechseln sich ab mit halbwachen Zuständen. Dabei sind die Träume so real, als würde ich es tatsächlich erleben. Plötzlich sitzt auf meinem Handrücken eine Riesenzecke. Ich sehe sie ganz deutlich. Das Tier ist blutrot und groß wie ein Zehnpfennigstück. Ich verspüre weder Angst noch Ekel, aber trotzdem möchte ich die Zecke entfernen, um ungestört weiterschlafen zu können. Sie läßt sich aber nicht einfach wegwischen. Gerade habe ich das Insekt mit meinen Zähnen abgebissen, da treten vier Männer in den Raum. Ich liege im Schloß Guendulain in meinem Schlafsack auf dem Boden und sehe, wie sie durch die Türöffnung hereinkommen. Sie sind alle vier mit ähnlich dunkelblauen Anzügen bekleidet. Ihre Gesichter sind maskenhaft starr. Sie tragen eine Bahre. Darauf liegt eine kranke oder tote Person. Sie stellen die Bahre neben meiner Schlafmatte ab. Da wechselt die Szene abrupt, und ich befinde mich vor einer Kommission, die die Teilnehmer für eine Expedition auswählt. Vor mir kommt Volker Huhle dran, ein Schulkamerad. Er beantwortet alle Fragen detailliert, und die Kommission ist von ihm begeistert. Ich höre kaum zu, denn die Fragen scheinen mir unwichtig. Dann komme ich dran. Ein Mitglied der Kommission, eine Frau, fragt mich: »Wie heißt die wissenschaftliche Bezeichnung für die Schuppen der Fische?« Ich sage ihr, da solle sie besser in einem Lexikon der Biologie nachschlagen. Ich wüßte zwar diesen Ausdruck nicht, könne aber anhand einer einzigen Schuppe das Alter des Fisches bestimmen. Dazu wäre nur ein Mikroskop notwendig, denn Fischschuppen haben Jahresringe wie Bäume, die man unter dem Mikroskop zählen kann.

Unbeeindruckt von meinem Wissen, werden mir weiterhin nur theoretische Fragen gestellt. Diese Fragerei finde ich blödsinnig und verliere schließlich die Geduld. Ich werfe der Kommission vor, sie würde nur Bücherwissen abfragen, doch um eine Expedition durchzuführen und zu überleben, wäre praktisches Wissen notwendig, vor allem müsse man schnell reagieren können und sich in jeglicher Situation selbst zu helfen wissen. Da wirft sich erneut der Sturm mit Macht gegen das alte Gemäuer des Schlosses. Wild faucht er und die Kommission wird hinweggewirbelt, die Traumszene erlischt und ich merke, daß ich von meiner Matte heruntergerutscht bin, der Wind treibt sie nun über den Boden. Ich fange sie ein, lege sie unter den Schlafsack und muß wohl bald wieder eingeschlafen sein.

6 Von Guendulain bis Lorca

Am Morgen verlasse ich »mein« Schloß. Vögel hatten mich geweckt, aber es hatte nicht lieblich geklungen, sondern aggressiv wie Kampfschreie.

Es regnet nicht, aber tiefliegende Wolken verhängen immer noch den Himmel. Sanftes Grün beiderseits des Weges. An den Getreideähren perlen Wassertropfen. Dorngrasmücken warnen mit gedehntem »wäd wäd tze tze« und lassen, wenn ich vorbeigegangen bin, wieder ihr rauhes, knarrendes Gezwitscher hören.

Auf dem Hang vor dem Ort Zariquiegui liegt ein Friedhof. Im Geviert eine hohe, weiße Mauer. In der Mitte wächst eine große Zypresse. Der Stamm des alten Baumes ist faserig und runzelig. Die Gittertür ist abgeschlossen, doch der Friedhof ist so winzig, daß ich ihn von der Tür aus durch die Gitterstäbe ganz überblicken kann. Ich sehe eingesunkene, mit hohem Gras bewachsene Gräber. Einfache Holzkreuze tragen den Namen des hier begrabenen Toten.

Hinter Zariquiegui führt ein fast völlig zugewachsener Pfad zum Monte Perdón hinauf, und ich muß aufpassen, den Weg nicht zu verfehlen.

Ich habe Durst und mir fällt wieder ein, daß ich in »meinem« Schloßzimmer eine Suppe gekocht und dabei alles Trinkwasser aufgebraucht habe. Ich wollte zwar meine Wasserflasche wieder füllen, fand aber keinen Brunnen und sah auch keine Menschen, die ich um Wasser hätte bitten können. Und so früh am Morgen an einer Haustür klopfen, wollte ich auch nicht gerne.

Der Durst wird immer quälender. Früher einmal soll es einem Pilger ähnlich ergangen sein. In großer Hitze schleppte er sich den steilen Weg auf den Monte Perdón hinauf. Als er den Durst kaum noch ertragen konnte, erschien ihm der Teufel! Er versprach dem Durstigen köstliches, kristallklares, kühles Wasser. Er müsse dafür nur Gott, die Jungfrau Maria oder wenigstens den Apostel Sant' Yago, wie der heilige Jakob auf altspanisch heißt, verleugnen. Der Pilger widerstand dem Teufel trotz des quälenden Durstes und hielt treu an seinem Glauben fest. Sant' Yago ließ zur Belohnung auf dem Gipfel eine Quelle entspringen. Und siehe da – sie sprudelt heute noch und stillt auch meinen Durst. Vorsichtshalber fülle ich gleich beide Trinkwasserflaschen. Von dem 1037 Meter hohen Bergkegel kann ich die navarresische Landschaft gut überblicken. Mir gefällt, wie die Dörfer gleich Burgen auf den Höhen liegen. Die Felder sind von Büschen umrahmt und werden von kleinen Waldflecken immer wieder unterbrochen – eine harmonische von Menschen geschaffene Kulturlandschaft. Die Ortschaften Uterga, Muruzubal und Obanos liegen vor mir. Der Rucksack lastet schwer auf meinen Schultern. Ich spüre jetzt jedes Kilo mehr an Gewicht, besonders auch die zwei Liter, die ich vorhin glaubte, mitnehmen zu müssen.

Bei Obanos mündet der Pilgerweg, der über den Somportpaß die Pyrenäen querte, in den von mir gewählten Pfad, der über den Paß von Roncesvalles führte. Von hier an gibt es nur noch einen einzigen Weg nach Santiago. »Y desde aqui todos los caminos a Santiago se hacen uno solo – ab hier vereinigen sich alle Wege zu einem einzigen nach Santiago« steht auf einer Tafel am Wegesrand unterhalb eines modernen Denkmales von 1965. Diese bronzene Pilgerstatue sieht Don Quijote sehr ähnlich.

Ich biege ein in den Pilgerweg, der vom Somportpaß kommt, und folge ihm etwa vier Kilometer. Es ist ein Umweg, aber ich will Santa Maria de Eunate sehen. Sie ist zwar nur eine kleine Kirche, soll aber etwas ganz Besonderes sein. Pappeln säumen den Weg, und dann, nach etwa einer Stunde, sehe ich sie, Eunate! Das Bauwerk hat tatsächlich eine intensive Ausstrahlung. Vielleicht, weil es einsam ohne eine benachbarte Ortschaft zwischen Wiesen und Feldern liegt, oder ist es die ungewöhnliche Form, die ihren Zauber ausmacht? Santa Maria de Eunate ist in Form eines Achtecks gebaut und sieht daher fast kreisrund aus. Im Osten schließt sich ein zierlich gegliederter Chor an mit vier bogenförmigen schmalen Fenstern. An einer Seite erhebt sich ein niedriges Türmchen und auf der Kuppel sitzt ein dreieckiger Glockenturm mit zwei offenen Fensterbögen. In einem seiner Bögen hängt noch eine Glocke. Im Abstand von drei Metern wird die Kirche von einem arkadenartigen Bogengang umrandet. Nur die Bögen, welche jeweils auf eckigen Pfeilern oder schlanken Doppelsäulen ruhen, sind noch vorhanden. Vielleicht war die Arkadengalerie einmal überdacht und hatte früher die Funktion eines Kreuzganges? Wer hat diese Kirche gebaut und wann? Und warum gerade hier, in vollkommener Einsamkeit? Der romanische Baustil, die schmalen mit Alabaster gefaßten Fenster, die Bandrippen der achtseitigen Kuppel und die Kapitelle, auf denen Ornamente, Fabelwesen und Dämonenhäupter dargestellt sind, sprechen für eine Bauzeit im 12. Jahrhundert. Doch niemand weiß, wer auf die Idee kam, ausgerechnet hier, so weit entfernt von jeder Siedlung, eine Kirche bauen zu lassen.

Ich erinnere mich, schon einmal eine achteckige Kirche gesehen zu haben, bei Segovia, einer Ortschaft nördlich von Madrid. Für diesen Bau hatten Mitglieder des Templerordens den Auftrag erteilt. Vielleicht ist auch Eunate von den Tempelrittern erbaut worden? Bis zum 13. Jahrhundert spielten die Ritter des Templerordens eine wichtige Rolle beim Schutz und Ausbau des Pilgerweges. Sie bevorzugten Zahlensymbolik und das Oktogon hatte ihrer Meinung nach magische Bedeutung. Während der Kreuzzüge nach Jerusalem waren die Templer mit orientalischer Kultur und Wissenschaft in Berührung gekommen, diese Kenntnisse brachten sie nach Europa und nutzten sie bei der Konstruktion ihrer Bauwerke. Die kleine Kirche aber bewahrt wohl für immer ihr Geheimnis. Sie ist voller Magie und Poesie. Ihre Proportionen ruhen im Gleichgewicht und strahlen für mich die vollkommene Harmonie aus.

Der helle, gelbe Sandstein betont die elegante Leichtigkeit und friedvolle Heiterkeit, die von dem Bauwerk ausgeht. Ich gehe noch näher an die Kirche heran. Nun erst wird deutlich, wie klein sie eigentlich ist: Bis zum Dachrand schätze ich sie kaum mehr als acht Meter hoch und mit der Kuppel zusammen vielleicht fünfzehn Meter. Der Sandstein ist natürlich im Laufe der Jahrhunderte vom Wind zerfurcht und vom Regen ausgewaschen und zerbröckelt. Die vielen Vertiefungen nutzen wilde Bienen und Schlupfwespen, um Nester für ihre Brut anzulegen. Sie schwirren emsig um das verwitterte Gemäuer. Langschwänzige Mauereidechsen liegen auf den sonnenwarmen Steinen. Im Dachgestühl nisten wahrscheinlich Eulen.

Eunate dient heute den Menschen nicht mehr als Kirche, aber ich bin überzeugt, sie ist zu einem Tempel der Natur geworden.

Eine Stunde Rückweg zu meinem Pilgerweg liegt vor mir, aber den Umweg bereue ich in keiner Weise. Aus einiger Entfernung blicke ich noch einmal zurück. Da steht sie, Santa Maria de Eunate, einfach mitten im Feld, in ihrer Einsamkeit voller Poesie. Ich verspüre plötzlich eine Sehnsucht, ohne zu wissen, wonach. Noch lange Wanderstunden vermischen sich in mir Freude und Traurigkeit.

Nach den vielen Bauerndörfern, an denen ich vorbeikam, ist Puente de la Reina wieder eine richtige Stadt. Sie hat sich aber manches aus früheren Jahrhunderten bewahrt. Gleich am Ortseingang gelange ich über buckeliges Kopfsteinpflaster, vorbei an dunklen Steinhäusern, zu einem niedrigen Gewölbebogen, der so gar nicht als Stadttor zu taugen scheint. Eng und dunkel ist er und vermittelt eher das Gefühl einer rituellen Einweihung, einer geheimnisvollen Initiation.

Vorsichtig, auf etwas Ungewöhnliches gefaßt, bewege ich mich durch den Durchlaß. Auf der anderen Seite versperren links die hohen Mauern eines Klosters die Sicht, rechts fällt mein Blick auf ein romanisches Portal. Es ist bereits stark verwittert, doch noch immer wirkt es mit seinen plastischen Figuren und den gestaffelten Bögen sehr eindrucksvoll. Gitterartig sind die Säulen mit Ornamenten überzogen. Mehlschwalben umflattern wie große, schwarze Schmetterlinge das alte Portal. Sie haben ihre halbkugelförmigen Nester über dem Tympanon gemörtelt.

»*Este es la iglesia del crucifijo* – das ist die Kreuzkirche« ertönt es laut hinter mir. Erschrocken zucke ich zusammen und drehe mich um. Hinter mir steht ein junger Mann: Schwarze Haare, schwarze Augen, ein zu einem breiten Grinsen verzogener Mund, die Hände in den Hosentaschen vergraben. »*Quiere Usted visitar la iglesia* – möchten Sie die Kirche besichtigen?« fragt er höflich, seine Augen aber mustern mich frech und herausfordernd. »Ich heiße Angel«, fügt er noch hinzu.

»*Si, esta abierta* – ja, ist sie offen?« frage ich leicht verwirrt.

»*No, pero yo tengo la llave* – nein, aber ich habe den Schlüssel«, und stolz zieht er einen großen Eisenschlüssel aus der Tiefe seiner Hosentaschen.

»*Vamos* – gehen wir!« verfügt Angel und schließt die Portaltür auf.

»Die Kirche wurde von den Tempelrittern gegründet«, erzählt er mit gedämpfter Stimme. »Die ganze Stadt gehörte ihnen. Sie waren einmal der mächtigste Orden, so mächtig, daß die anderen Angst bekamen, der Papst und die Könige, und deshalb eine Intrige anzettelten. Der Orden wurde verboten, seine Mitglieder verfolgt und viele verbrannt.« Als hätte er diesen Vortrag eingeübt, fährt er fort. »Dadurch verfiel auch diese Kirche. Erst 300 Jahre später, als sie schon eine Ruine war, wurde sie vom Johanniterorden wieder aufgebaut. Größer als vorher. Sehen Sie, hier gibt es jetzt zwei Kirchenschiffe, ursprünglich war nur eines vorhanden. Das Portal, das Sie vorhin bewunderten, stammt noch aus der Zeit der Tempelritter.«

»Woher wissen Sie das alles?« frage ich und würde gern noch mehr über die Templer erfahren.

»Nur so«, antwortet Angel lakonisch.

Nun bin ich erst recht neugierig und möchte wissen, wer dieser Junge ist.

»Sind Sie von Beruf Touristenführer?« versuche ich weiterzukommen.

Er lacht verschämt. »Nein, ich gehe doch noch zur Schule, aber mein Vater führt oft die Fremden hier herum. Deshalb weiß ich einiges. Da, sehen Sie, das ist das Kruzifix, nach dem die Kirche benannt ist.«

Das Kreuz hat die ungewöhnliche Form eines Y und sieht aus, als ob es aus einer Astgabel geschnitzt wäre.

»Sie sind doch una *Alemana*, eine Deutsche, *verdad* – nicht wahr?« vermutet er wohl wegen meiner Aussprache. »Also es heißt, dieses Kreuz hätten Pilger aus Deutschland hierher in unsere Kirche gebracht, aber genau weiß man es nicht. Mein Vater sagt, es stamme aus der Zeit um 1400.«

Wir verlassen die Kirche. Ich möchte mich verabschieden. Angel schaut sehr frustriert drein.

»Was, Sie bleiben nicht noch etwas länger hier, eine Nacht wenigstens?«

Der enttäuschte Gesichtsausdruck und sein bittender Ton irritieren mich.

»Der Weg nach Santiago ist weit«, antworte ich lakonisch. »Heute bin ich erst einen halben Tag gegangen. Ich muß noch bis Sonnenuntergang weiterlaufen.«

Angel öffnet staunend den Mund. Er starrt mich ungläubig an. »Sie gehen zu Fuß nach Santiago?« bringt er schließlich heraus. »Sind Sie eine Heilige?«

»Nein!« Jetzt muß ich lachen. Und weil er so kindlich verdutzt aussieht, duze ich ihn unwillkürlich. »Wie kommst du denn darauf? Oft waren es sogar Menschen, die eine schwere Schuld oder ein Verbrechen begangen hatten, die sich als Büßer auf den Weg nach Santiago machten.«

An seinem Gesichtsausdruck sehe ich, welche Gedanken er in seinem Kopf wälzt: Was mag die getan haben? Es juckt mich sehr, seiner Phantasie Nahrung zu geben und ihm eine Gruselgeschichte zu erzählen. Nur mühsam beherrsche ich mich. »Über dich muß ich mich doch sehr wundern, Angel«, sage ich statt dessen. »Du wußtest so gut Bescheid über die Kirche, aber über die Pilger weißt du gar nichts?«

»Doch, doch«, widerspricht er eifrig. »Dort«, sagt er und zeigt auf den barocken Klosterbau aus dem 18. Jahrhundert, »befand sich eine Pilgerherberge. Im Mittelalter bekamen die Pilger hier Brot, sogar Milch und Wein und ein schönes, weiches Bett«, sein Gesicht hellt sich erwartungsvoll auf, »und sie blieben zwei Tage, um sich auszuruhen.«

»Ich gehe weiter, Angel!«

»Heute macht das doch niemand mehr zu Fuß. Die Touristen, die mein Vater führt, kommen mit dem Auto oder mit dem Bus. Warum gehen Sie zu Fuß?«

Um die Antwort möglichst knapp zu halten, sage ich: »Ich will ein Buch schreiben.«

»Oh, dann komme ich auch drin vor?« fragt er eitel.

»Ja, versprochen!«

»Dann gehe ich noch ein Stück mit Ihnen!«

Mir ist seine Begleitung ganz angenehm. Nicht nur, daß er mir etwas über die Geschichte seiner Stadt erzählen kann – er ist auch ein hübscher Junge.

Er führt mich eine schmale, kopfsteingepflasterte Straße entlang, die *»calle mayor«*, wie er sagt, mit braundunklen Häusern beidseits. Die Straße verläuft so schnurgerade in Ost-West-Richtung, daß ich den Eindruck habe, sie gab es schon, bevor die Ortschaft hier gebaut wurde. Angel bestätigt meine Vermutung: »Sie ist ein Teil des alten Pilgerweges.« Er zeigt auf ein wundervolles, tiefgestaffeltes, romanisches Portal. *»Este es la iglesia de Santiago* – die Santiagokirche.«

»Das ist das schönste Portal, das ich bis jetzt gesehen habe!« rufe ich begeistert aus. Es wirkt sehr ungewöhnlich, ja erinnert eher an archaische, heidnische Darstellungen mit den Menschenköpfen aus Stein, die als Kapitelle oben die Säulen abschließen. Im Tympanon sind Rundbögen ins Halbrund gesetzt, kleine Hufeisenbögen, wie sie in der arabischen Baukunst oft zu sehen sind. Allerdings ist die

Verwitterung auch an diesem Portal schon weit fortgeschritten, und viele der kleinen Figuren auf den Kapitellen und Archivolten sind kaum noch zu erkennen.

Die Tür ist abgeschlossen. Diesmal vermag Angel keinen Schlüssel aus der Tasche zu zaubern.

»Ich möchte Ihnen gern die berühmte Santiago-Figur zeigen. Warten Sie einen Moment – *solamente un momento!*«

Ich mache mich auf eine längere Wartezeit gefaßt und will die Zeit nützen, um meinen Hunger zu stillen. Kaum habe ich Brot und Käse ausgepackt, kommt er wieder angerannt und schwingt lachend den Schlüssel. Das Innere ist viel reicher ausgestattet als die *»Iglesia del Crucifijo«*. Es gibt mehrere vergoldete Barockaltäre und einen Hochaltar mit einem szenenreichen Retabel, einem Altaraufsatz. Man merkt, daß die Kirche umgebaut und erweitert wurde, zuletzt im 18. Jahrhundert. Eigentlich stammt auch hier nur noch das Portal aus der Gründungszeit. Mir gefallen goldgeschmückte Kirchen nicht sonderlich. Doch die zwei Meter große, geschnitzte Figur des Apostels Jakobus ist sehenswert. Er ist als Pilger dargestellt mit einem langen Stab und einem faltenreichen, gerafften Gewand. In der Hand trägt er die Bibel. An seinem Hut befinden sich eine große und zwei kleinere Pilgermuscheln. Ein kunstvoll gelockter Bart fällt ihm auf die Brust. Das Gesicht ist geprägt von Askese und strahlt Ruhe und Überlegenheit aus.

»Die Holzplastik ist sehr wertvoll, sagt mein Vater. Sie wurde im 14. Jahrhundert geschaffen«, unterbricht Angel meine stille Betrachtung.

Draußen bedanke ich mich bei ihm, weil er sich auch noch bemüht hat, den Schlüssel zu besorgen, doch er will mich noch bis zur Brücke begleiten, sagt er.

Die *calle mayor* mündet in die Brücke ein. Sie überspannt den Rio Arga.

»*El puente de la reina* – die Brücke der Königin, nach dieser Brücke wurde die Stadt benannt«, sagt Angel. »Es heißt, die Brücke habe die Gemahlin von König Sancho Garces III. gestiftet. Sie hieß Doña Mayor. Mein Vater weiß genau, wann sie gelebt hat, so um 1000 war das, glaub ich. Aber Vater sagt, in Wirklichkeit sei die Brücke

Die Brücke der Königin

von ihrer Schwiegertochter der Doña Estefaní gestiftet worden. Wer weiß, wie das gewesen ist, aber bezahlen mußte sie sicher Sancho!«

»Bezahlt haben sie in jedem Fall die Menschen, die damals hier lebten mit ihren Steuern und Abgaben und die haben sie auch gebaut«, sage ich.

»Na ja, wenn Sie das so sehen, haben Sie auch nicht unrecht.« Und dann nimmt er noch einmal Anlauf. »*Vamos un poco al bosce* – gehen wir noch etwas in den Wald?« fragt er mich mit bittenden Augen.

Diese Direktheit verblüfft und amüsiert mich gleichzeitig. Ich sage ihm, es habe mir Freude gemacht, ihn kennenzulernen und betone, nun müsse ich aber weiter nach Santiago. Er hört gar nicht auf meine Worte, schaut an mir vorbei und geht dann wortlos weg. Doch dann dreht er sich noch einmal um und ruft mir nach und ich

72

höre an seiner Stimme wie enttäuscht und beleidigt er ist. »*Una santa! Solamente una santa!* – Eine Heilige! Doch nur eine Heilige!«

Bevor ich weiterwandere, betrachte ich die Brücke noch genauer – eine Bilderbuchbrücke! Mit sechs Bögen wölbt sie sich über den Fluß. Jeder einzelne Bogen ist so bemessen, daß er sich, zusammen mit der Spiegelung im Wasser, zu einem Kreis ergänzt. Die Baumeister im 11. Jahrhundert haben Fähigkeiten und Kenntnisse besessen, die meiner Meinung nach in späteren Jahrhunderten leider vergessen und verlorengegangen sind oder einfach ignoriert wurden. Dieses Bauwerk hält seit 900 Jahren allen Belastungen stand, sogar Autos rollten einige Jahrzehnte darüber – erst seit neuestem ist sie für Fahrzeuge gesperrt – und all die Jahrhunderte mußten nur unwesentliche Ausbesserungen vorgenommen werden. Im warmen Schein der Nachmittagssonne leuchten die Steine der alten Brücke honiggelb. Da erinnere ich mich an eine Legende: Manchmal, so erzählen sich die Leute, erscheint ein fremdartiger Vogel. Ohne sich von den Menschen und ihren betriebsamen Tätigkeiten einschüchtern zu lassen, fliegt er auf die Brücke und säubert mit seinem Schnabel die Steine. Er trägt sogar in seinem Gefieder Wasser vom Fluß herbei, das er auf dem Mauerwerk versprüht. Emsig putzt er das Gemäuer, bis es rein und glänzend ist. Dann wissen die Menschen, daß ihnen gute Jahre bevorstehen. Seit langem, so sagt man, ist der Vogel nicht mehr gesehen worden.

Inzwischen ist es Nachmittag und ich wandere weiter nach Westen. Die Sonne scheint mir jetzt warm ins Gesicht. Weit öffnet sich der Blick auf Getreidefelder, dazwischen Olivenbäume und Mandelbaumhaine. In flache Hügelketten eingebettet oder oben auf den Höhen liegen kleine Ortschaften.

Endlich eine Rast, denn gegessen habe ich den ganzen Tag kaum etwas – nur der eine Biß ins Weißbrot vor der Santiagokirche und ein Stück Käse, bevor Angel schlüsselschwingend angerannt kam. Weil ich allein wandere, bin ich nicht gezwungen, mich anderen anzupassen und kann meine Essenszeiten und Pausen frei bestimmen. Die Erde am Wegesrand ist sonnenwarm, der Wind streicht sanft über meine Haut. Silbern glänzt das Laub der Oliven, frisches Grün sprießt aus knorrigen Weinstöcken, die Erde dazwischen ist rotbraun. Eine Schafherde zieht grasend vorüber, begleitet von zwei Schäfern und ihren Hunden. Noch bevor ich mit dem Essen fertig bin, kommen die beiden Männer auf mich zu. Natürlich stellen sie wieder die Fragen nach dem Woher und Wohin und warum allein. Ein Schäfer schüttelt den Kopf und meint, er würde es nicht verstehen, der andere hingegen nickt bedächtig und behauptet, er verstehe das.

»Nein!« sagt der erste.

»Ja!« widerspricht der andere.

Eine Weile noch schauen beide schweigend auf die Erde. Dann wünschen sie mir Glück auf den Weg und stapfen mit schweren Schritten ihren Tieren hinterher.

Oben auf einem Hügel liegt Maneru. An einigen Hängen prunken alte Adelswappen. Auf einer Bank vor der Kirche sehe ich drei Mädchen. Wie Püppchen sitzen sie brav und still und wagen sich in ihrer Festtagskleidung nicht zu rühren. Weiß, rosa und rot sind die Kleider und dazu passend die Schleifen im Haar. Ich setze mich zu ihnen, um sie kennenzulernen. Es sind drei Schwestern, die jüngste in Weiß ist acht Jahre, die mittlere zehn und die älteste im roten Kleid ist zwölf Jahre. Von ihnen erfahre ich, daß heute Sonntag ist, deswegen hätten sie auch ihre schönen Kleider an. Sie sind sehr stolz auf ihre Gewänder und verzichten deshalb auf Spiele, bei denen sie sich schmutzig machen könnten. Sie präsentieren sich selbst wie kostbare Ausstellungsstücke und üben so ihre Rolle ein, die sie später als erwachsene Frauen spielen wollen, mittels äußerem Schein aufzufallen, damit sich ein Mann für sie interessiert. Mich mustern sie mit verblüfftem Ausdruck in den Augen. Sie sehen staubige Wanderschuhe, windzerzauste Haare und meiner alten Hose und dem ausgebleichten Baumwollhemd haften die Spuren von bereits fünf Wandertagen an.

Tief steht die Sonne im Westen, als ich eine Stunde später nach Cirauqui gelange. Auch diese Ortschaft liegt auf einer Anhöhe. Weißgekalkte Häuser, ausladende Balkone, geschnitzte Dachsparren, Toreinfahrten mit Adelswappen, Treppen, Fenster und Türbögen – ein idyllischer Ort, der die Vergangenheit bewahrt. Auf Stühlen und Bänken sitzen die Menschen in der Abendsonne vor ihren Häusern.

Cirauqui ist gestaffelt gebaut, ganz oben erhebt sich die Kirche San Román. Sie sieht unbedeutend aus, doch dann biege ich um die Mauer und stehe vor dem Portal und atme tief durch! Jedesmal wieder wirken diese romanischen Portale auf mich wie Erscheinungen, immer denke ich, nun habe ich das Schönste von allen entdeckt, um dann später von einem noch eindrucksvolleren überrascht zu werden. Dieses hier ist ganz besonders. Es öffnet sich weit nach außen, dann aber neigen sich die Säulen und Bögen zur Mitte und wie mit magnetischer Kraft wird man zum Eingang gezogen. Nur die romanische Baukunst schafft diese Sogwirkung. Auffallend bei diesem Portal ist der zehnfach ausgelappte und gezackte islamische Türbogen, ein deutlicher Hinweis auf den starken arabischen Einfluß selbst noch im 12. Jahrhundert.

Hinter Cirauqui ist der Pilgerweg plötzlich mit Steinen gepflastert, die durch die Benutzung während der Jahrhunderte rund und glatt geschliffen sind. Hier verlief einst eine Römerstraße und nur dieser Abschnitt ist erhalten geblieben. An ihrem Ende eine fast ganz zerfallene alte Steinbrücke. Auch sie soll von den Römern gebaut worden sein. Dann setzt sich der Erdweg fort, vorbei an dem schon seit 300 Jahren aufgegebenen Ort Urbe. Nur noch Mauerreste sind zu sehen und ich stelle mir vor, was hier früher geschehen sein mag. Die Sonne ist inzwischen untergegangen. Wolken sind wieder aufgezogen, und die Luft riecht nach Regen. In der Ferne sehe ich die Häuser von Lorca und beschließe, dort nach einem Quartier zu fragen.

Die Wirtin hat ein großmütterliches, rundes Gesicht und viele graue Löckchen auf dem Kopf. Klein und lebhaft läuft sie in der Gaststube hin und her, scherzt mit den Gästen, schenkt Wein aus, brutzelt gleichzeitig etwas in der Küche, holt Nachschub aus dem Keller und versorgt die Tiere im Stall. Sie brät für mich ein Omelette und stellt ein Glas Rotwein auf den Tisch. »Nein, in Lorca gibt es kein Refugio«, antwortet sie. Doch ich könne im Nebenraum auf dem Fußboden schlafen. Schnell mustert sie meinen Rucksack und stellt fest, ich hätte ja anscheinend alles dabei zum Übernachten.

Die Gaststätte ist klein, warm, dunkel. Zwölf Männer hocken an den Tischen. Der Alkohol rötet allmählich ihre Gesichter. Plötzlich, wie auf ein geheimes Kommando, öffnen sie die Münder und singen. An ihren Hälsen schwellen die Adern. Jorge, der Sohn der Wirtin, setzt sich mit seinem Weinglas an meinen Tisch. Er deutet auf die Sänger, lacht und sagt: »Früher wären Sie als Pilgerin hier nicht so ungeschoren davongekommen!«

»Wieso?«

»Nun, deren Vorfahren waren recht wilde Gesellen. Sie warteten unten am Fluß mit scharf geschliffenen Messern auf unerfahrene Pilger.«

»War Lorca denn ein Räubernest?«

»Ach wo, so schlimm waren wir nicht.« Jorge lacht wieder. »Nein, die Leute hier haben nur vom giftigen Wasser des Flusses profitiert.«

»Wie denn das?« frage ich verständnislos.

»Viele Pilger waren beritten und wenn die Pferde vom Wasser des Rio Salado tranken, krepierten sie bald. Darauf haben die Einheimischen nur gewartet. Im Nu waren sie zur Stelle, weideten die Kadaver aus und verteilten das Fleisch unter sich.«

»Na, dieses Fleisch hätte ich nicht essen wollen.«

»Wenn Sie Hunger gehabt hätten wie die Menschen, die damals hier lebten, hätten Sie es auch nicht so genau genommen. Das Fleisch war ja in Ordnung, die Pferde sind nur wegen der Salze im Flußwasser gestorben«, behauptet Jorge und erzählt weiter: »Allmählich sprach es sich natürlich unter den Pilgern herum. Sie warnten sich gegenseitig vor unserem Fluß. Da machten es sich die Frauen und Mädchen mit ihrem Strickzeug am Ufer bequem und sagten den Vorüberkommenden, dies sei noch gar nicht der Rio Salado, während die Männer in den Büschen mit gewetzten Messern warteten.«

Nun gönnt sich auch die Wirtin eine Ruhepause und nimmt auf dem dritten Stuhl an unserem Tische Platz. Sie heißt Carmen und freut sich, als ich ihr sage, ich hieße ebenso. Sie möchte gern wissen, wie dieser Name in meiner Sprache ausgesprochen wird, und ist etwas enttäuscht, daß es in Deutsch keine andere Aussprache dafür gibt. Sie fragt nach meinen Eltern und Geschwistern, fragt, ob ich verheiratet sei und wieviel Kinder ich habe.

»*Hijita* – Töchterchen«, so nennt sie mich, »da mußt du dich aber beeilen, ohne Kinder ist das Leben rein gar nichts wert.«

Sie selbst hat zwei verheiratete Töchter, die in Pamplona leben. Ihr Sohn Jorge, der Jüngste, dem sie zärtlich die Wange tätschelt, habe noch keine eigene Familie gegründet. »Jorge hat eine *novia*, eine Verlobte«, plaudert sie aus. »Es ist ein gutes Mädchen. Sie ist von hier, aus Lorca«, betont sie. »Jorge erbt mal die Gaststätte. Das ist wichtig, denn ein paar Leute müssen ja auch hierbleiben. Wo soll das hinführen, wenn alle in die Stadt abwandern?«

7 Von Lorca bis Torres del Rio

Den sechsten Tag bin ich nun schon zu Fuß unterwegs. Ungefähr 110 Kilometer habe ich zurückgelegt, das sind im Durchschnitt knapp 20 Kilometer am Tag. Etwa die achtfache Strecke liegt noch vor mir. Ich könnte größere Etappen bewältigen, es war mir jedoch wichtiger, für die Begegnungen mit den Menschen Zeit zu haben und für all das, was es am Weg zu sehen, zu hören, zu fühlen und zu denken gab. Aber die enthusiastische Stimmung, die mich bisher beflügelt hatte, ist verschwunden. Immer laufen. Es scheint endlos. Wozu? Die Füße tun weh. Der Rucksack hängt unerträglich schwer auf dem Rücken, drückt auf die Schultern und die Hüftknochen. Die Unbequemlichkeiten: das Schlafen auf hartem Boden, selten die Möglichkeit, sich am Abend oder Morgen zu waschen, und wenn, dann nur mit kaltem Wasser, die eintönige Ernährung, meist nur Brot, Käse, Tomaten, Zwiebeln, mal eine Suppe oder eine Büchse Fisch. Das alles stört mich ja eigentlich nicht, aber wozu nehme ich es auf mich? Es ergibt keinen Sinn – Santiago? Was will ich dort? Das ist doch kein Ziel für mich! Statt mich Kilometer um Kilometer vorwärts zu mühen, sollte ich lieber etwas Sinnvolleres tun. Ich habe keine Lust mehr.

Dabei hatte der Tag gut begonnen. Carmen, die warmherzige Wirtin, stellte mir gleich frühmorgens, als ich in die Küche kam, heißen Milchkaffee und Obst und Kekse auf den Tisch. In froher Stimmung begann ich meine Wanderung. Es hatte in der Nacht geregnet, und nun dampften aus dem feuchten Boden weiße Nebelschwaden. Die Sonne schien bläßlich durch den Dunstvorhang.

Lerchen stiegen empor und waren bald unsichtbar im Nebel, nur ihre jubilierenden Töne schallten herunter. Die roten Tupfen des Mohns waren behangen mit perlenden Tautropfen und leuchteten in den reifenden Kornfeldern. Die Luft war weich und samtig. Ich hatte das Gefühl, als sei die Erde gerade neu erschaffen worden. So friedlich, so rein, so schön. Menschen der umliegenden Dörfer begegneten mir. Geschultert trugen sie Hacken und Schaufeln. Sie gingen zu tiefgefurchten Feldern, um Spargel zu stechen. Bachstelzen, schwarzweiß, umflatterten die arbeitenden Menschen und pickten auf der rotbraunen Erde nach Würmern und Insektenlarven.

Doch bald war diese Idylle vorbei, der Pilgerweg mündete vor der Brücke über den Rio Ega in eine vielbefahrene Landstraße. Laster donnerten vorüber. Von der Brücke blickte ich auf den Rio Ega hinunter. Schmutzig wälzte er seine Wasser. Es roch faulig. Aus einem dicken Rohr floß offenbar ungeklärtes Abwasser in den Fluß. In einem Pilgerführer aus dem Mittelalter heißt es noch, daß das Wasser des Rio Ega kristallklar und sauber sei und unbedenklich von Mensch und Tier getrunken werden kann. Der Rio Ega fließt an der Stadt Estella vorbei, meiner nächsten Etappe. Estella, ein vielversprechender Name für eine Stadt. Wird das »E« am Wortanfang weggelassen, heißt es Stella, das bedeutet Stern. Bella, die Schöne, wurde Estella im Mittelalter genannt. Es soll eine blühende Metropole gewesen sein mit Kirchen und Palästen, lange Zeit die Residenzstadt der Könige von Navarra und wichtiges Handelszentrum mit regelmäßigen Wochenmärkten. Angetan von der märchenhaften Beschreibung erwartete ich, zumindest einen Abglanz des alten »Estella la Bella« vorzufinden. Doch durch die Altstadt mit ihren verwinkelten Gassen lärmen Touristen mit ihren Ansprüchen: Sie suchen hier Zerstreuung und Unterhaltung, Restaurants und Hotels, Weinstuben und Bars. Die Stadt strengt sich an, diesen Wünschen gerecht zu werden, hat alte Viertel abgerissen, um wie in vielen anderen Städten einem falsch verstandenen Fortschritt den Weg zu bahnen. Ich sehnte mich, kaum hatte ich die Stadt betreten, sogleich wieder nach den Feldern und Wiesen der navarresischen Landschaft. In Spanien gehören Dorf und Stadt zwei verschiedenen Zeitepochen an. Auf dem Land ist die Vergangenheit noch lebendig.

Als gäbe es keine Entwicklung, leben dort die Menschen auf eine seit Jahrhunderten fast unveränderte Weise. Den Städten dagegen versucht man mit aller Gewalt eine moderne Maske überzustülpen. Wer da vom Bewahren des Alten spricht, wird nur belächelt. Wahrscheinlich ist es dieser Kontrast, der heute meine Stimmung so negativ beeinflußt: Einmal das einfache, bescheidene Leben in den Dörfern und dann wieder dieser Fortschrittswahn in den Städten. Spanien hat diese zwei Fenster, durch eines kann ich in die Vergangenheit blicken, die mir wesensverwandt ist, durch das andere sehe ich eine Neuzeit, die mich abstößt. Ich mußte mich deshalb zwingen, wenigstens einige Stunde in Estella durch die Straßen und Gassen zu gehen, Brücken zu überqueren und hohe Treppen zu steigen, denn ich wollte die romanischen Kirchen und Paläste sehen, die von der mittelalterlichen Residenzstadt noch übriggeblieben sind.

Jetzt sitze ich hier oben bei der Kirche San Miguel. Treppenkehre um Treppenkehre bin ich emporgestiegen mit dem schweren Rucksack auf dem Rücken. Es hat sich gelohnt! Ich blicke hinab auf eine Szenerie von Dächern, Dachfirsten, Türmen und Kaminen. Keine Straßen, keine Fahrzeuge, keine Menschen sind zu sehen. Sorgfältig vermeide ich, die breite Umgehungsstraße direkt unter mir in den Blickwinkel zu bekommen. Mauersegler schießen pfeilgeschwind, spitze, helle Schreie ausstoßend, über die Dächer.

Die Kirche San Miguel beeindruckt mich zuerst gar nicht so sehr. Weder außen noch im gotischen Innenraum kann ich etwas entdecken, das mich anrührt, bis ich vor dem Nordportal stehe. Sofort möchte ich meinen Ausruf zurücknehmen, den ich in Puenta la Reina machte. Dieses ist nun wirklich das Portal der Portale! Schauen, schauen, schauen – es ist wie das Aufblättern eines phantastischen Bilderbuches. Figuren, Fabelwesen, Ornamente – diese Fülle an kleinen Szenen auf den Kapitellen und Archivolten. Auf beiden Seiten des Portals stehen große Apostelfiguren, lang und schlank in ihren herabwallenden Gewändern. Als plastisches Relief der Erzengel Michael – er kämpft seinen großen Kampf mit dem Drachen – und daneben auf einem zweiten Relief die drei Frauen am Grab Jesu, denen zwei Engel die leere Gruft zeigen. Der Künstler hat den drei Gestalten so viel lebendige Bewegtheit zu geben verstanden, daß sich in ihren Gesichtern und Haltungen eine ganze Gefühlsskala von Trauer, Erschrecken, Hoffnung und Freude widerspiegelt. Um das Jahr 1185 wurde dieses Bilderportal geschaffen. Lange stehe ich davor, entdecke in der Überfülle des Dargestellten immer noch Neues. Mir kommt der Gedanke: War ein Künstler im abergläubischen Mittelalter nicht gefährdet, wenn er die Fähigkeit besaß, aus Steinen »lebendige« Figuren zu schaffen? Lag es nicht nahe, ihn der Magie, der Verschwörung mit Dämonen, Hexen, Teufeln zu bezichtigen? Wir wissen heute kaum etwas über die Baumeister, Bildhauer und Steinmetze des Mittelalters. Ihre Namen sind selten überliefert und noch seltener Mitteilungen über ihr Schicksal.

Ich fühle mich hin und her gerissen zwischen dem Wunsch, die Stadt zu verlassen, und der Neugier, wenigstens noch den Königspalast zu sehen. Von der hohen Treppe der Kirche San Pedro de la Rua schaue ich hinunter auf die Plaza San Martin. Ein ruhiger, harmonisch geschlossener Platz, umgeben von historischen Gebäuden, dem Rathaus aus dem 16. Jahrhundert und dem Palast der Könige von Navarra. In der Mitte das runde Becken eines Springbrunnens. Zwei Mädchen in weißen Kleidern umkreisen ihn und spritzen mit ihren Händen kleine Wasserfontänen empor.

Der Königspalast ist eines der wenigen nichtkirchlichen Bauwerke der Romanik, das bis heute erhalten geblieben ist. Gegen 1160 ließ Sancho der Weise den Palast errichten. Sein Sohn war der über zwei Meter große Sancho *el fuerte*, der sein Leben lang kämpfte, aber keine Nachkommen zeugte. – Königspalast – Estella – Rolandssage . . . Auf einmal fällt mir wieder ein, was Pater Sampedro in Roncesvalles erzählt hatte. Hier soll der Kampf des Ritters Roland mit dem Riesen Ferragut abgebildet sein. Es ist ein viereckiger Bau aus hellen Sandsteinquadern. Das Wort »Königspalast« läßt ein anderes Gebäude erwarten. Gewiß, es ist ein herrschaftliches Haus, aber ein Palast . . .? Das Untergeschoß besteht aus einer einzigen Halle, die sich mit vier Arkadenbögen nach außen öffnet. Die vier Fenster im Obergeschoß werden jeweils aus drei schlanken Säulen gebildet. Nach oben schließen die Fenster mit vier Bögen ab.

An den kleinen Kapitellen der Fenstersäulen findet sich zierlicher Schmuck, aber nirgendwo die versprochene Kampfszene. Schließlich entdecke ich sie. Die Fassade wird beidseits von zwei übereinanderstehenden Halbsäulen begrenzt. Auf dem Kapitell der unteren linken Säule sind zwei Ritter zu Pferde zu sehen, die ihre Lanzen kreuzen. Trotz der Verwitterung des Gesteins ist noch deutlich das feingearbeitete Zaumzeug der Pferde zu erkennen, das Kettenhemd der Reiter und das Ornament auf den Schildern. Nichts deutet darauf hin, daß hier der Kampf zwischen einem Riesen und einem Menschen dargestellt sein soll. Pater Sampedro hatte recht, es sind zwei Ritter, die sich im tödlichen Entscheidungskampf befinden. Er meinte, der eine Reiter symbolisiere das Christentum, der andere den Islam.

Nach Estella ist der Pilgerweg über weite Strecken mit der Landstraße identisch. Ich atme auf, als er zum Kloster Irache abbiegt und wieder als Feldweg durch die Landschaft führt, doch nur zu bald mündet er zurück in die verkehrsreiche Straße. Es ist die Hauptverkehrsader. Ich studiere die Karte genau, um irgendeinen Umweg zu finden, doch es bleibt mir nichts anderes übrig, ich muß Kilometer um Kilometer auf der Asphaltstraße traben. Es ist gefährlich, denn die Fahrzeuge rasen hautnah an mir vorbei. Bei riskanten Überholmanövern springe ich vorsichtshalber schnell in den Straßengraben. Es ist ein sehr warmer Tag geworden. Der heißeste bisher. Der zarte Nebel des Morgens ist schon lange verdunstet. Jetzt prallt die Sonne herunter und bringt den Asphalt zum Kochen. Die feucht verschwitzte Haut verpappt mit dem aufgewirbelten Staub. Ich ärgere mich. So was Dummes! Das macht keinen Spaß mehr, und trotzdem gehe ich weiter. Warum, wozu? In den Pyrenäen vor sechs Tagen war es zwar anstrengend und mühsam, aber es hatte mir Freude bereitet, dem müden Körper meinen Willen aufzuzwingen. Da war die Natur ringsum, das wilde Spiel der Wolken mit Wind und Sonne, die kreisenden Bartgeier, die halbwilden Gebirgspferde und die in goldenes Licht getauchte Schafherde, die über die weiten Kämme zog.

Ich verfluche die Straße und gehe trotzdem weiter. Ich könnte ja einfach ein Auto anhalten und so weit mitfahren, bis der alte Pilgerweg wieder abzweigt. Allerdings habe ich mir nun einmal vorgenommen, nach Santiago zu Fuß zu gehen. Entweder ich lege jeden Kilometer aus eigener Kraft zurück oder ich breche das Unternehmen ganz ab und fahre gleich nach Hause. Also beschließe ich, so lange zu laufen, bis sich meine Stimmung wieder bessert. Doch schon bald muß ich mich in den Straßengraben setzen und die Schuhe ausziehen. Das feste Schuhwerk ist zwar gut als Halt für die Füße, zumal bei zusätzlicher Belastung durch den Rucksack, doch wenn es so heiß wie heute ist, können die Füße nicht abkühlen und reiben sich wund. Ich wechsle die Socken und befestige die feuchten am Rucksack zum Trocknen. Doch es war schon zu spät. Bei jedem Schritt spüre ich, wie sich die Druckstellen zu Blasen entwickeln. Nichts wie Schuhe aus! Denn die lange Strecke könnte ich nicht mit wunden Füßen gehen. Es ist ein ungewohntes Gefühl, barfuß mit Rucksack auf einer Landstraße zu laufen. Der Belag ist sehr grobkörnig und von der Sonne fast glühend aufgeheizt. In meine Fußsohlen prägen sich die spitzen Kiesel und Steinchen schmerzhaft ein. Meine Aufmerksamkeit wird jetzt ganz davon beansprucht, eine möglichst glatte Stelle für den nächsten Schritt zu finden. Auch den Pilgern früherer Zeiten machte die Fußbekleidung Schwierigkeiten. Oft hielten die Schuhe den Strapazen des Weges weniger gut stand als die Menschen. Ein Glückspilz, wer neue Schuhe auftreiben konnte und auch noch die richtige Größe erwischte! Sonst wird ihnen nichts anderes übriggeblieben sein, wie jetzt mir, als barfuß zu gehen. Immer habe ich Barfußgehen als Vergnügen empfunden und es so oft wie möglich getan, aber diesmal weiß ich bald nicht mehr, wie ich meine Füße noch aufsetzen soll. Manchmal versuche ich im Straßengraben oder im angrenzenden Feld meinen geplagten Füßen Abkühlung zu verschaffen. Aber die üppig sprießenden Disteln treiben mich schnell wieder auf den heißen Asphalt zurück. So bleibt mir denn nichts anderes übrig, als öfter eine Pause zu machen und mich einfach an den Straßenrand zu setzen.

Endlich sehe ich die Kulisse von Torres del Rio. Dort will ich bis morgen bleiben. Im Ort soll es ein Refugio, eine Pilgerherberge, geben, »Santa Barbara« genannt. Als ich ziemlich erschöpft und hinkend den Ortseingang erreiche, laufen aufgeregt einige Frauen auf mich zu: »*Que pasa contigo?* Mädchen, was ist denn mit dir passiert?«

Ich zeige auf meine wunden Füße. Geschwind holen sie alle möglichen Schuhe herbei. Ein Paar blaue Plastiksandalen passen schließlich. Eine Frau fragt mich, warum ich denn unbedingt nach Santiago gehen wolle. Das hatte ich mich selbst schon den ganzen Tag lang gefragt, als ich meine geschundenen Beine zum Weitergehen zwang und mir meine Schritte wie Wassertropfen erschienen, die in einer Wüste verdampften. Warum gehe ich gerade diesen alten Pilgerweg, gehe ihn ohne den Glauben, der die Pilger damals beseelte, der ihnen leuchtete und sie stärkte? Was soll ich der Frau auf ihre Frage antworten? Daß es mir Spaß macht, Strapazen zu erleben und zu überwinden, dem Körper Leistung abzuringen, wenn er vor Müdigkeit schreit und nur noch in kühle, unbewußte Dunkelheit sinken will? Das würde sie wohl kaum verstehen, sie, der Arbeit und Leben genug Strapazen und Mühsal bescheren. Oder würde sie begreifen, wenn ich ihr erzählte, wie glücklich es mich macht, so frei dahinzuziehen, am Morgen noch nicht zu wissen, wo man am Abend schläft, einzutauchen, zu verschmelzen mit der Landschaft, während sich die Konturen des eigenen Körpers verlieren, man sich aber zugleich innerlich geweitet bis zum Horizont erfährt? Schließlich antworte ich, nach Santiago ginge ich wegen des Weges. Es sei für mich wichtig, unterwegs zu sein.

»*Tu buscas el camino!* Ach so, du suchst noch den Weg!« ruft sie aus. »Du wirst bestimmt ankommen. Er wird dich hingeleiten, zur Seligkeit im Herrn; ich werde für dich beten.« Auf ihre Worte, mit soviel Herzlichkeit und Wärme gesagt, will ich nichts erwidern. Ich frage nach dem Refugio. »Zu Ramón Sostres willst du?« Sie schlägt entsetzt die Hände zusammen. »Da kannst du nicht hin! Der arme Ramón, er ist verrückt geworden. Sein eigenes Haus hatte er den Pilgern zur Verfügung gestellt, weil er immer so einsam war. Nun ist er ganz und gar verrückt. Nein, da darfst du nicht hingehen.«

»*Entonces, donde puedo dormir?* Wo kann ich sonst übernachten?«

»Torres del Rio ist nur ein armes Dorf, wir haben keine Herberge. Frage den *cura*, den Pfarrer, er wird dir helfen.« Die Dorfstraße steigt buckelig an. Die Häuser sind blendend weiß getüncht. Plötzlich sehe ich inmitten des Dorfes eine achteckige Kirche – sofort erinnere ich mich – achteckig, wie die Kirche von Eunate. Wohl ist die Eunatekirche schöner, auch weil sie rätselhaft allein auf freiem Feld steht, doch diese hier, Santo Sepulcro genannt, könnte immerhin derselben Bauepoche entstammen und auch den gleichen Auftraggeber gehabt haben – die Tempelritter? Immer wieder »begegne« ich diesem geheimnisvollen Orden, ohne Genaues über ihn erfahren zu können.

An dem achteckigen Zentralbau ist im Osten eine Apsis und im Westen ein Treppenturm angebaut. Wieder rührt mich die schlichte Einfachheit, der harmonische Zusammenklang der Proportionen und Formen. Da wird eine Pforte geöffnet, und der *cura* tritt heraus. Er bleibt stehen und mustert mich ernst und schweigend, als erwarte er eine Erklärung. Ich muß komisch aussehen, verschwitzt und staubig mit blauen Sandalen und den baumelnden Wanderschuhen und Socken am Rucksack, so beeile ich mich mit der Mitteilung, ich sei eine Pilgerin. Er nickt und winkt mir zu, ihm zu folgen. Wir gelangen in ein kleines Haus und dort in ein Kämmerchen. Es ist kühl und dunkel. Noch immer ohne ein Wort gesprochen zu haben, streckt er die Hand aus. Da ich nicht reagiere, fragt er schließlich: »Haben Sie keinen Pilgerpaß?«

»Ach so, natürlich!« Schnell hole ich den Ausweis, den ich in Roncesvalles erhalten hatte, aus dem Rucksack. Es ist das erste Mal, daß ihn jemand zu sehen verlangt. Der *cura* drückt einen Stempel auf das Papier. Weil er so schweigsam ist, wage ich nicht, ihn nach einer Übernachtung zu fragen. Statt dessen bitte ich ihn, Santo Sepulcro innen besichtigen zu dürfen. Er nickt wieder und sagt dann doch noch einen Satz: »Die Tür ist offen.«

Es dauert einige Zeit, bis ich im Dämmerlicht etwas erkennen kann. Nur wenig Licht fällt durch die schlitzartigen Öffnungen ins Innere. Dann haben sich meine Augen daran gewöhnt, und ich blicke hinauf zu dem ungewöhnlichsten Deckengewölbe, das ich je gesehen habe. Die Kuppel wird gebildet von vielfach sich überkreuzenden Rippen, die sich zu einem strengen symmetrischen Muster verbinden. Die von den Ecksäulen des Oktogons aufsteigenden

Bandrippen führen nur bis zum ersten Drittel der Kuppel. Auch alle anderen Rippen gehen stets an der Mitte vorbei, so daß dort eine runde Fläche frei bleibt. Deutlich ist wieder der islamische Einfluß erkennbar, die Kuppel erinnert mich eher an eine maurische Moschee als an eine christliche Kirche.

Die Ortschaft Torres del Rio, zu deutsch »Türme des Flusses«, beginnt im Tal, das von einem kleinen grünen Flüßchen, dem Linares, durchflossen wird und zieht sich verwinkelt eine Anhöhe hinauf. Auf der Kuppe sind keine Häuser mehr, dafür eine zweite Kirche. Dort sitze ich auf einer Mauer und lasse meine Beine in der Nachmittagssonne baumeln. Bis zur nächsten Ortschaft Viana sind es noch 15 Kilometer Fußmarsch. Nein, für heute bin ich genug gelaufen. Doch wo kann ich übernachten? Ich habe heute keine Lust, im Freien zu schlafen. Außerdem ist die Landschaft zu übersichtlich: Getreidefelder, Weinstöcke, Hecken, eine Baumreihe, nirgendwo ein sichtgeschütztes Plätzchen, wo ich mich mit meinem Schlafsack niederlassen könnte. Und ich bin ganz ehrlich zu mir – ich mag nicht einen Meter weit mehr gehen. Abschätzend betrachte ich die Kirche. Die Tür ist abgeschlossen, das habe ich schon ausprobiert, aber da ist das weit vorgezogene Dach, darunter könnte ich doch... Warum nicht hier mein Schlaflager einrichten? Im Schutze einer Kirche wird mich wohl niemand belästigen.

Lange bleibe ich nicht allein. Zuerst erscheinen die Kinder. Dann, eine nach der anderen, zu zweit oder in kleinen Gruppen, die Frauen des Dorfes. Bald stellt sich heraus, daß sie nicht wegen mir kamen, wie ich mir zuerst einbildete. Die Frauen lassen sich an der Westseite der Kirche auf dem Boden nieder oder auf Steinen und Holzstücken, lehnen den Rücken an die warme Außenmauer, legen die Hände in den Schoß, blicken über die weiträumige Landschaft, während die Sonne langsam untergeht, schwatzen mit der Nachbarin zur Rechten und zur Linken, rufen einen Scherz über alle Köpfe hinweg, trösten ein Kind, das sich beim Spiel sein Knie oder den Ellenbogen zerschrammt hat oder flechten dem anderen den aufgelösten Zopf neu. Jeden Nachmittag, wenn sie ihr Tagwerk beendet haben, sitzen sie hier und warten auf den Sonnenuntergang. Dann gehen sie nach Hause und kochen für die Familie das Abendessen.

»*Aqui siempre encontramos, cada tarde, aparte hay lluvia pero lluvia es muy raro.* Hier treffen wir uns immer, außer es regnet einmal, aber Regen ist sehr selten«, sagen sie. Den Frauen sieht man an, daß sie hart arbeiten müssen. Bauersfrauen, deren breitflächige Gesichter sonnengebräunt sind, bei den Jungen spannen sich geblümte Kittelschürzen über kräftige Körper.

»Es tut gut, miteinander zu sprechen, zusammenzuhalten, sich zu helfen«, erklären sie mir.

»Nicht alle im Dorf sind so wie wir«, redet eine der Frauen weiter. »Einige sind sehr einsam, sie kapseln sich ab, vor allem die alten Männer. Ramón Sostres ist so einer, krank ist er geworden, verrückt, weil er mit niemandem mehr sprach.«

»Auch die Brüder Valesco sind merkwürdig«, nimmt eine weitere Frau das Wort. »Vier Brüder sind es. Keiner hat geheiratet. Immer nur gearbeitet und gespart, nichts haben sie sich gegönnt. Der jüngste mag jetzt 80 Jahre alt sein, der älteste ist gewiß über 90.« Alle Frauen nicken bestätigend mit den Köpfen.

»Schmucke Burschen waren es gewesen und so fleißig«, bedauert die älteste der Frauen.

»Ach, ein Elend. Keine Frau, keine Kinder, keine Enkel. Ganz allein sind die Armen, jetzt wo sie alt sind«, rufen die Frauen durcheinander.

Die Sonne senkt sich rot auf die Kornfelder. Wie schwarze Pfeile jagen die Mauersegler in rasanten Schwüngen und Sturzflügen durch den Abendhimmel. Plötzlich läßt eine Frau ein warnendes Zischen hören. Das Geplauder bricht sofort ab, alle werfen die Köpfe empor, blicken in eine Richtung, der nächste Blick geht zu ihren Kindern – ja, sie sind alle noch da und in Sicherheit. Ihre Mienen entspannen sich und sie schauen zurück in die Richtung, aus der Gefahr zu drohen schien. Ich strenge mich an, aber ich sehe nichts, nur vier Jugendliche, die den Feldrain entlanggehen: Drei Burschen tragen Gerten, die sie durch die Luft schnalzen lassen, und ein Mädchen ist barfuß, mit langem Rock und wehenden schwarzen Haaren.

»Was ist mit denen, warum erschreckt ihr so?« frage ich in die Runde. Zuerst keine Antwort. Alle beobachten aufmerksam, welchen Weg die vier einschlagen. Erleichterung, sie gehen am Dorf vorbei.

»Das waren Zigeuner«, antworten die Frauen.

»Warum habt ihr Angst vor ihnen?«

»Angst haben wir nicht direkt, aber man muß aufpassen. Man weiß nie, was sie im Schilde führen«, betonen die Dorffrauen.

Ich liege schon im Schlafsack, da kommt Maria, die Frau, die mich gefragt hatte, warum ich nach Santiago ginge, noch einmal zur Kirche herauf. Sie sieht mich mitleidig an und fragt besorgt, ob es nicht zu hart sei auf dem Steinboden und ob ich mich nicht fürchten würde, so allein in der Nacht. Sie überreicht mir ein Essenspaket: Weißbrot mit einem Omelette dazwischen. Ich bin schon am Einschlafen, da erscheint wieder eine Frau, Aurora. Sie bringt mir ebenfalls Brote mit Ei und Wurst.

Gegen Mitternacht wache ich auf. Ein lauter Knall! Für einen Augenblick ist es taghell. Gleich darauf wieder ein dröhnender Donnerschlag. Gewitter! Blitz auf Blitz erhellt die Nacht und jedesmal gleich darauf der Donner, das Unwetter ist direkt über dem Dorf. Es ist faszinierend, das Unwetter so direkt erleben zu können, und ich bin froh über den ideal gewählten Übernachtungsplatz. Das Kirchendach bietet guten Schutz, auch vor dem Regen, der jetzt in Sturzgüssen herabprasselt. Die Blitze werden seltener, der Donner hallt schon von fern. Da sehe ich einen Lichtschein. Das Licht bewegt sich, wird größer, kommt näher – kommt direkt auf mich zu! Ich krieche schnell aus dem Schlafsack, um bereit zu sein, mich zu verteidigen.

»Haben Sie keine Angst, wir sind es«, sagt eine Frauenstimme. Ich erkenne sie, es ist Rosita, eine der Frauen, die mit an der Kirchenmauer gesessen hatte, begleitet von ihrem Mann, der den Regenschirm über beide hält.

»Wir haben uns Sorgen gemacht wegen des Gewitters und wollten Sie zu uns ins Haus holen. Irgendein Plätzchen findet sich da schon«, bietet Rosita an.

Es tut mir leid, daß sich die beiden vergeblich in Regen und Dunkelheit auf den Weg gemacht haben, denn ich möchte lieber unter meinem Kirchendach bleiben.

Ich wache auf, als es schon hell ist. Ein klarer, leuchtender Morgen. Wieder schwirren Mauersegler durch die Luft. Ein Tag, so recht zum Wandern! Schnell ist der Rucksack auf den Rücken geschwungen.

8 Von Torres del Rio nach Logroño

Jesus begegnete ich in Logroño. Er begrüßte mich mit dem alten Pilgerruf:»Santiago, Ultreia!«

Er erzählte viel und rauchte eine Zigarette nach der anderen. Was er erzählte, interessierte mich. Wir setzten uns im Park von Logroño auf eine Bank. Jesus war viermal in Santiago gewesen.

»In diesem Urlaub werde ich wieder pilgern. Ich nehme meine kleine Tochter mit. Sie ist zwölf. An den Wochenenden habe ich mit ihr geübt. Sie wird es schaffen.«

»Warum pilgerst du so oft nach Santiago, Jesus?«

»Ich weiß nicht. Ich muß es einfach immer wieder tun. Es ist schön. Es reinigt mich. Ich lebe nicht so gesund. Hier, die Zigaretten, und nicht nur das, manchmal trinke ich mehr, als ich sollte und esse zuviel, die Arbeit, der Ärger, all das ist ungesund. Nicht nur mein Körper profitiert von der Pilgerreise, auch innerlich, meine Seele, das ist wichtig. Und ich lerne dazu, treffe unterwegs Menschen, die mehr wissen als ich. Ich habe sogar Französisch gelernt, weil ich mich einer französischen Pilgergruppe angeschlossen hatte.«

Jesus ist vierzig Jahre alt. Er ist klein und untersetzt. Braune Haare hängen ihm strähnig in die viereckige Stirn. Die engen Augen verstecken sich unter vorgewölbten Augenbrauen. Der Mund ist farblos und besitzt keine Konturen, er hebt sich kaum von der übrigen Gesichtshaut ab. Seine Hände sind kräftig mit kurzen Fingern, an denen mir die eckig geschnittenen und vom Rauchen gelbgefärbten Nägel auffallen.

Ich betrachtete gerade die Kirche San Bartolomé mit ihrer expressiven Portalplastik, als er mich ansprach. Ich reagierte abwehrend, weil ich heute bereits öfter belästigt worden war. Bisher war ich vor zudringlichen Männern sicher gewesen. Die Bewohner der

Dörfer, die Bauern und Schäfer, denen ich begegnete, waren zwar neugierig, sie versäumten nie, nach dem Woher und Wohin zu fragen und wunderten sich, warum ich allein wanderte, keiner aber machte anzügliche Bemerkungen, als Frau war ich für sie ohne Bedeutung. Da ich mich als Pilgerin auf dem Weg nach Santiago befinde, bin ich in ihrer Vorstellung unantastbar wie eine Heilige. Nur Angel in Puente la Reina war eine gewisse Ausnahme. Seine Blicke und Anspielungen amüsierten mich, ja sie schmeichelten mir sogar, vielleicht weil er noch sehr jung war und sein Werben deshalb so unschuldig wirkte. Heute in der Frische des Morgens war ich von Torres del Rio zuerst einen Feldweg entlanggegangen. Der vom Gewitterregen aufgeweichte Boden gab bei jedem Schritt schmatzende Töne von sich, und dicke Batzen Lehm blieben an meinen Schuhen hängen. Heidelerchen saßen auf Grasbuckeln am Feldrain und sangen ihre Sehnsuchtslieder. Weinfelder, Mandelbäume, Oliven und Getreide waren durchflochten mit Mohn und Kornblumen. Ich hörte einen Wiedehopf rufen. Er blieb verborgen im hohen Gras, ließ aber unermüdlich seine dumpfen Töne erschallen. Weiße Haufenwolken türmten sich am Himmel. Dann kam wieder eine Fahrstraße, viele Kilometer weit. Sie war schmal, kaum zwei Wagen hatten nebeneinander Platz. Trotzdem fuhren die Autos mit großer Geschwindigkeit und sehr dicht aufeinander. Immer wieder sprang ich in den Straßengraben. Dringend suchte ich eine Abzweigung, aber es gab nur geschlossene Feldfluren. Einige Fahrer machten mir obszöne Handzeichen. Meine Wut steigerte sich, als andere ihr Fenster herunterkurbelten, langsam neben mir herfuhren und mich mit dreisten Worten aufforderten, einzusteigen. Es schien mir am klügsten, überhaupt keine Reaktion zu zeigen. Ich tat einfach so, als verstünde ich kein Spanisch, ja, als wäre da überhaupt niemand und ging starr geradeaus blickend meinen Weg. Verständlicherweise war ich deshalb sehr verschlossen, als sich dann Jesus mit mir unterhalten wollte. Da er sich aber für meine Pilgerreise interessierte, verlor ich bald mein Mißtrauen. Er wußte viel zu erzählen.

»Weißt du eigentlich, daß du dich jetzt in der Provinz Rioja befindest? Wir haben hier den besten Wein ganz Spaniens.«

»Was macht denn die besondere Qualität eures berühmten Weines aus?«

»Nun, wir haben die beste Erde, fruchtbares Land, das der Ebro bewässert und die Sonne, du merkst ja selbst, wie heiß sie herunterbrennt. Die Kunst des Kelterns lernten wir schon früh von den Kellermeistern aus Frankreich, die auf ihrem Weg nach Santiago hier durch unsere Gegend kamen. Manche blieben sogar für immer, wenn ihnen ein hübsches Mädchen begegnete.«

»Logroño ist durch den Pilgerweg groß geworden«, erzählt Jesus weiter, »vorher war es nur ein winziges Dorf. Dann kamen die Pilger und brauchten Unterkünfte, Essen und Kleidung. Es siedelten sich Handwerker und Händler an. Die Stadt wuchs und wuchs. Wenn du dir den Stadtplan ansiehst, erkennst du, wie sich Logroño linear von Ost nach West erstreckt, das ist die Richtung des Pilgerweges, *la ciudad como el camino*, die Stadt richtet sich nach dem Weg.«

»Wie ist das eigentlich mit Logroño? Ich habe gelesen, die Stadt sei oft zerstört worden?«

Jesus hackt mit der Schuhspitze ein kleines Loch in die Erde vor der Bank und läßt sich Zeit mit der Antwort. »Na ja, unsere Stadt lag eben an der Grenze zwischen den Königreichen Navarra und Altkastilien, da ist es halt dauernd zu Kämpfen gekommen. Oft blieb kein Stein auf dem anderen. Man sagt, deswegen habe Logroño keine Atmosphäre, kein Gesicht. Ich bin aber nicht dieser Meinung, ich finde, es ist eine schöne Stadt.«

»Entschuldige, Jesus, ich wollte Logroño nicht schlechtmachen.« Und schnell frage ich, um ihn abzulenken: »Was weißt du von Cesare Borgia?« Mir war plötzlich das Denkmal eingefallen, das ich in Viana gesehen hatte. Da gab es einen Widerspruch, in diesen klaren und edlen Gesichtszügen der Büste und den Beschreibungen, in denen er als gewissenloser Gewaltmensch, als Verderber der Menschheit geschildert wird. Weil man befürchtete, sein Begräbnisplatz in der Kirche Santa Maria würde die heilige Stätte entweihen, wurde die prunkvolle Tumba zerstört, als Viana an das Königreich Kastilien geriet. Seinen Leichnam verscharrte man vor der Kirchentüre.

»Ach, der Borgia!« ruft Jesus aus. »Ich weiß nicht viel. Nur daß er seine Schwester geliebt haben soll. Die Lucrezia muß ja ein schönes Weib gewesen sein! Aber sehr verrucht und verdorben!«

»Das kann doch nicht der Grund gewesen sein, weswegen man den Cesare so verteufelte?« bohre ich weiter.

»Man sagt, er habe seinen Bruder Giovanni ermordet, um dessen Besitztümer zu erben. Er muß äußerst machtbesessen gewesen sein und eine starke Kämpfernatur. Man nannte ihn *el toro*, den Stier.« Unwillkürlich klingt Bewunderung in Jesus Stimme. »Er war dabei, halb Italien zu erobern. Aber dann starb sein Vater, Papst Alexander VI. Als Papst hatte er nur eines im Sinn gehabt, nämlich die Macht derer von Borgia zu vergrößern. Damit hatte schon Papst Kalixt III., auch ein Borgia, angefangen, ein Großonkel des Cesare.«

»Sag mal, das verstehe ich nicht, wieso konnte sich Alexander VI. als Papst denn zu seinen Kindern bekennen? Das Zölibat hätte er wenigstens dem Schein nach wahren müssen?« frage ich.

»Kann ja sein, daß er die Kinder gemacht hat, bevor er Kardinal und später Papst wurde. Jedenfalls gab es große Empörung, als ausgerechnet der Borgia zum Papst ernannt wurde, weil dessen Lebenswandel alles andere als tugendhaft war.« Mir fällt auf, daß Jesus doch viel mehr weiß, als er vorher zugeben wollte, und ich frage ihn deshalb, woher er sein Wissen habe.

»Das hört man eben so. Ich will dir noch mehr erzählen. Als der Papst, Cesares Vater, starb – wahrscheinlich ist er vergiftet worden – war die Karriere des Sohnes vorbei. Er hatte viele Feinde, die ihm seine Erfolge neideten und lieber selbst an die Macht gelangen wollten. Der Cesare dachte aber nicht daran, mit seinen Eroberungen aufzuhören. Er unterwarf die Emilia Romagna, Umbrien, Siena und plante, sich auf die Städte Florenz, Bologna und Neapel zu stürzen. Doch da nahm man ihn gefangen und verschleppte ihn auf Befehl des Königs von Kastilien nach Spanien, um ihn dort in den Kerker zu werfen. Er war schon ein wilder Hund, un *corajudo*, gewesen, der Cesare, so einfach ließ der sich nicht unterkriegen. Er flocht sich ein Seil und stieg zum Turmfenster hinaus. Nur war das Seil zu kurz. Er hörte schon die Wachmannschaften rufen, die seine Flucht entdeckt hatten. Da blieb ihm nur der Sprung in die Tiefe, dieser Teufelskerl! *El tuve cojones,* er hatte Mut. Obwohl er sich schwer verletzte, gelang ihm die Flucht auf dem Rücken eines Pferdes, das ihm Getreue bereithielten.«

»Wie ging es denn dann weiter?«

»Das ist alles, was ich weiß. Mehr gibt es wohl auch nicht über ihn zu berichten, denn schon bald darauf wurde er mit nur 33 Jahren bei einem Kampf getötet. Das war im Jahr, warte mal, ja 1507 muß das gewesen sein.«

»So lange ist das schon her! Und da spricht man immer noch über ihn?« staune ich.

»Man spricht ja nicht über ihn. Ich habe nur berichtet, was ich wußte, weil du mich gefragt hast.«

»Du hast doch vorhin gesagt, du hättest darüber erzählen gehört.«

»Der Rafael Ojeda, das ist der *cura,* Pfarrer im Barrio Yague, der kennt die ganze Geschichte der Borgia-Familie, mit ihm unterhalte ich mich öfter. Der weiß eben alles! Den müßtest du kennenlernen. Don Rafael ist ein guter Mensch. Stell dir vor, in der schlimmen Franco-Zeit hat er vielen das Leben gerettet. Er versteckte die Leute, gab ihnen Geld und sorgte dafür, daß sie über die Grenze nach Frankreich flüchten konnten. Er ist wirklich ein richtig guter Mensch«, schwärmt Jesus.

Inzwischen ist es später Nachmittag geworden. Ich muß mir ein Nachtlager suchen. Zwar habe ich heute nur wenige Kilometer zurückgelegt, kaum zwanzig, aber das Gespräch mit Jesus war mir wichtiger. Ich will ja nicht in Rekordgeschwindigkeit ans Ziel gelangen, sondern mit den Menschen unterwegs in Kontakt kommen, einen Einblick gewinnen. Nun aber ist es zu spät, die Stadt heute noch zu verlassen. »Jesus, gibt es in Logroño ein Refugio? Ich will hier übernachten.«

»Nein, nur eine Unterkunft bei der Caritas. Da darfst du nicht hingehen. Man bestiehlt und belästigt dich dort. Es ist ein Unterschlupf für Leute, die keine Wohnung und keine Arbeit haben. Ich weiß etwas Besseres. Ich bringe dich zu Pater Rafael!«

Ich protestiere: »Nein, nein! Ich bin doch nicht hilfebedürftig. Da nehme ich lieber ein Zimmer in einer Pension.« Aber Jesus ist von der Idee, mich mit seinem Vorstadtpfarrer bekannt zu machen, nicht mehr abzubringen.

»*El es un hombre bueno! Un hombre tan bueno!* Es ist ein guter Mensch, ein wirklich guter Mensch«, wiederholt er immer wieder.

Das Barrio Yague ist ein Stadtviertel von Logroño. Die grauen, häßlichen, renovierungsbedürftigen Mietshäuser zeigen, daß hier der ärmere Teil der Bevölkerung lebt. Jesus begleitet mich und nutzt die Zeit, das Thema »Don Rafael« weiter auszuschmücken. »Er stammt nämlich aus einer sehr angesehenen Familie. Seine Eltern sind reich, wahrhaft reich, aber sie haben ihn enterbt, weil er sein Jurastudium abgebrochen hat und statt dessen Pfarrer bei den Armen geworden ist. Nun besitzt er weniger als die Leute hier. Wenn er etwas bekommt, verschenkt er es sofort.«

Inzwischen bin ich recht neugierig auf diesen Pfarrer. Jesus geht voran, in ein Haus mit abblätterndem Putz, das ebenso grau ist wie die anderen. Die Haustür ist ohne Farbanstrich und hängt schief in den Angeln. Ein dunkler, muffiger Treppenaufgang. Nach mehrmaligem Klopfen kommt von drinnen ein Murren. Wir treten ein. Flur, Küche, Zimmer – es sieht aus wie in einer abgenutzten Studentenbude. Auf einem Bett liegt apathisch ein junger Mann. Eine zierliche, schwarze Katze streicht um unsere Beine und steigt dann in einen Korb mit neugeborenen Kätzchen. Es klopft an der Tür. Zwei Frauen treten ein und wollen Don Rafael sprechen. Weil der Pfarrer nicht da ist, gehen sie in die Küche, spülen herumstehende Tassen und Gläser unter kaltem Wasser ab und brühen Pulverkaffee auf. Sie sprechen lebhaft und ihrer Intensität und Lautstärke nach geht es um Wichtiges. Ich kann den Zusammenhang nicht verstehen, nur daß es Probleme mit einer Kommission gibt. Jesus will etwas sagen: Er nickt, er schüttelt den Kopf, er hebt die Hände. Vergeblich, er kommt nicht zu Wort. Der Redestrom ist nicht zu unterbrechen. Es sind selbstbewußte Frauen. Man spürt, sie sind es gewöhnt, vor einer großen Menschenmenge zu reden. Die Dunkelhaarige mag Mitte Dreißig sein, ihre Züge zeigen noch die Spuren vergangener Schönheit. Sie macht einen ernsten, verbitterten Eindruck. Ihr Madonnengesicht ist herb geworden, wie einstmals blühendes Land, dem das Wasser fehlt, die hohe Stirn ist gefaltet und von den Nasenflügeln furchen sich tiefe Linien zu den Mundwinkeln. Die andere Frau ist klein mit aschblonden Haaren. Sie kommt mir bekannt vor. Ich brauche eine Weile, bis mir einfällt, daß so die Arbeiterfrauen ausgesehen haben, die ich bisher nur aus Filmen kannte. Filme, die in der Zeit spielten, als August Bebel und Karl Liebknecht die Sozialdemokratische Partei in Deutschland gründeten und Rosa Luxemburg und Clara Zetkin die Fabrikarbeiterinnen aufriefen, sich gegen Unrecht und Ausbeutung zu wehren.

Don Rafael tritt durch die Tür. Ich hatte versucht, mir vorzustellen, wie er wohl aussehen würde. Nur weil ihn die anderen so nennen, wird mir klar, daß er der *cura*, der Pfarrer, ist. Unwillkürlich hatte ich an einen großen, ernsten Mann gedacht, eine Mischung zwischen gütiger Vaterfigur und weisem Gelehrten. Doch durch die Tür wirbelt ein kleiner, rundlicher Kerl. Trotz seiner Beleibtheit ist er erstaunlich beweglich. Ich schätze sein Alter auf Ende Vierzig. Der runde Kopf ist fast ohne Haare. Der Blick aus dem Gesicht mit den Pausbacken und dem Doppelkinn drückt Wärme und Gutherzigkeit aus. Seiner Kleidung ist anzumerken, daß für ihn die äußere Erscheinung absolut keine Rolle spielt. Schnell hat er einen Kaffee aufgebrüht, ihn ebenso schnell ausgetrunken, den Jungen im Bett aufgemuntert, seinen Klagen aufmerksam zugehört, Jesus herzlich umarmt, den Frauen einige Anweisungen gegeben, mir einen Schlafplatz zugewiesen und gesagt, morgen früh wolle er sich über den Pilgerweg mit mir unterhalten, aber jetzt müsse er wieder fort. Schnell, schnell, schiebt er die zwei Frauen aus der Tür und ist verschwunden.

Ich frage Jesus, was mit dem Jungen im Bett los sei, der einen ganz willenlosen Eindruck macht.

»Ach, der hat Probleme. Don Rafael hat ihn aufgenommen, bis er wieder auf die Beine kommt. Ist ja auch schlimm hier, für die Jugendlichen in diesem *Barrio*, sie haben keine Arbeit, keine Orientierung und keine Zukunft. Statt dessen Alkohol und Drogen.«

Es ist schon dunkel, als sich Jesus verabschiedet.

Am nächsten Morgen besteht der Pfarrer darauf, daß ich mit ihm frühstücke. Die Küche sieht verheerend aus. Wahrscheinlich hatte man nachts hier noch gegessen und geraucht.

Trotzdem findet Don Rafael in einem Wandschrank sauberes Geschirr und deckt ein Tischchen in seinem Arbeitszimmer. Er braut einen Tee aus getrockneten Kräutern. Stellt Milch, Honig und Weißbrot dazu, schält sorgfältig einen Apfel, den er in kleine Stücke zerschneidet. Er setzt sich mir gegenüber, zwängt seinen fülligen Körper in einen kleinen Korbstuhl.

»Erzählen Sie, was beeindruckt Sie an dem Pilgerweg?« eröffnet er das Gespräch. Aufmerksam hört er zu. Sein Blick ist ungewöhnlich intensiv, als würde er jedes einzelne Wort in sich einsaugen wollen.

»Und die Bäume? Sprechen sie mit Ihnen, spüren Sie deren Energie?« Er behauptet, der Mensch bekäme Kraft von den Bäumen. Er nennt es »*el mundo vegetal*«.

»Diese vegetative Kraft ist sehr wichtig. Die Menschen schenken ihr meist keine Beachtung, aber wer sensibel ist, der spürt sie. Ich könnte meine Aufgabe hier in dem Viertel gar nicht erfüllen, wenn mir nicht die Bäume helfen würden.« Ich bin erstaunt. Ich hatte den Pfarrer bis jetzt eher als sachlichen, pragmatischen Menschen eingeschätzt.

»Auf der Meseta, das ist die Hochebene Kastiliens, gibt es nur wenige Bäume. Sie stehen da wie einsame Wächter in einer fast grenzenlos weiten Landschaft. Diese Bäume haben eine ungeheure Ausstrahlung. Ich hatte das Gefühl, sie ziehen mich magisch an.«

»Sie sind auch zu Fuß nach Santiago gepilgert?«

»Ja, zusammen mit Jesus und noch einigen anderen. In Galicien ist es dann ganz anders«, fährt er fort. »Dort sammeln die Bäume ihre Kraft in den Wäldern. Es ist ein rätselhaftes, geheimnisvolles Land. Dort gibt es drei Augen.«

»Drei Augen...?«

»Ich sage Ihnen nicht, wo sie sind. Man darf sie nicht suchen. Sie sehen einen an, wenn man offen dafür ist. Es sind drei Augen, vielleicht werden Sie von ihnen angeblickt.«

»Was kann es bedeuten, wenn ich sie entdecke?«

»Nicht Sie entdecken die Augen, sondern sie zeigen sich Ihnen.«

Da bin ich mir jetzt schon sicher, wenn ich nach Galicien komme, werden jene Augen gewiß ihre Lider geschlossen halten. Möglich, daß andere Menschen tatsächlich mystische Erscheinungen haben, mir jedoch ist noch nie etwas Unreales begegnet. Ich erlebe die Natur als sich selbst genügend, selbst erfüllend und gestaltend. Ich kann mir nicht vorstellen, daß sie ihre Erscheinungen auf die Menschheit ausrichtet, dann bekämen die Menschen ja eine Wichtigkeit, die sie ganz offensichtlich nicht haben. Gewiß hat die Natur eine Wirkung auf uns, ich merke es an der Euphorie, die mir beim Wandern ein Gefühl vermittelt, als würde ich vom Boden abheben. Mir ist aber bewußt, daß die Schönheit der Landschaft, die mich so anrührt, nichts mit mir zu tun hat. Sie ist, wie sie ist, egal ob ich sie als schön oder häßlich empfinde, ob ich davon beglückt werde oder aber gleichgültig bleibe. Sie ist unabhängig von meiner Existenz. Die Menschen nehmen sich selbst viel zu wichtig und glauben, die Welt sei für sie da und wegen ihnen. Sie wollen immerfort nur sich selbst widergespiegelt sehen. Zu mir spricht kein Gott und kein Geist, und es blinzeln mir auch keine Baumaugen zu, weil ich gar nicht glauben würde, daß sie mich meinen, statt dessen würde ich wahrscheinlich nur Astlöcher sehen. Ich bin bemüht, mir meine Skepsis nicht anmerken zu lassen, denn ich will Don Rafael nicht verletzen. Die Gelegenheit scheint mir günstig, ihn über die Tempelritter auszufragen. »Das ist ein Kapitel für sich«, antwortet er bedächtig. »Sie werden Ihnen unterwegs oft begegnen, überall haben sie ihre Spuren hinterlassen. Sie waren sowohl Ritter als auch Geistliche. Ihren Orden gründeten sie während der Kreuzzüge nach Jerusalem um das Jahr 1119. Zweihundert Jahre lang beeinflußten sie die Geschichte Europas, denn sie besaßen Macht und Wissen. Die Tempelherren hatten Bücher aus dem Orient mitgebracht, sie experimentierten mit Alchemie und magischen Zahlenquadraten, schließlich wurde der Orden 1312 verboten und viele Templer wegen Ketzerei, Teufelsspuk, Hexenkunst und was weiß ich noch angeklagt und auf dem Scheiterhaufen verbrannt. Das können Sie alles nachlesen. Dahinter verbergen sich aber noch viele Geheimnisse, Rätsel, Magie. Vielleicht gibt es sogar heute noch Templer, die sich aber öffentlich nicht als solche zu erkennen geben. Wissen Sie übrigens, daß früher nicht Santiago das Endziel war, sondern finis terre?«

»Finisterre, wo ist das?« frage ich.

»Es ist eine Landzunge, die in den Atlantik ragt. Es bedeutet das Ende der Welt, denn die Menschen des Mittelalters konnten ja nicht wissen, daß sich jenseits des Meeres ein weiterer Kontinent anschließt.«

»Warum sind die Leute denn bis finis terre gepilgert?«

»Nun, einmal ist der Legende nach das Schiff mit dem Leichnam des Jakobus an dieser Küste gelandet. Das muß aber einige Kilometer südlicher bei der Ortschaft Padron gewesen sein. Eher glaube ich, daß es die große Faszination, dieser kaum zu ertragende Schauder war, auf dem am weitesten ins Meer ragenden Zipfel Land zu stehen, am äußersten Rand des Irdischen, und in die Unendlichkeit blicken zu können. Das war das große Ziel, das allerletzte, die Ewigkeit.«

»Dann sind also die Pilger, nachdem sie Santiago erreicht hatten, noch bis finis terre gegangen?«

»Nein, natürlich nicht alle. Für die meisten war in Santiago Schluß. Es waren nur wenige, die eine von der Allgemeinheit abweichende Religiosität hatten, Mystiker, die anders fühlten, anders dachten, die ihren Gott nicht am Altar, sondern in der Natur fanden.«

»Sie selbst sind auch bis finis terre gegangen?«

»Selbstverständlich! Und wissen Sie, was ich dachte, als ich das anbrandende Meer sah? Ich wußte plötzlich, daß finis terre als Pilgerziel viel älter als Santiago ist, denn bevor es Kirchen gab, hat Gott durch die von ihm geschaffene Natur zu den Menschen gesprochen. Und ich bin sicher, ihm selbst gefällt es besser so.«

Don Rafael führt mich aus dem Viertel heraus bis zur Abzweigung des Pilgerweges.

»So ist es einfacher, als wenn ich es Ihnen erst langwierig erklären würde, außerdem tut mir Bewegung gut.«

Uns begegnen viele Leute, alle grüßen den Pfarrer. Er stellt Fragen, macht Scherze, spricht ein aufmunterndes Wort, gibt einige Ermahnungen. Man spürt, daß er für die Menschen in diesem Viertel eine Hoffnung verkörpert, einen Halt, eine Hilfe. Er sagt: »Es gibt keine sozialen Institutionen, die diese Aufgaben übernehmen. Da kommen sie eben mit ihren Sorgen und Problemen zu mir, ich helfe ihnen, so gut ich kann. Ich glaube, das ist wichtiger, als eine Predigt zu halten. Aber ich kann nicht wirklich etwas ändern, ich meine, ich kann die Voraussetzungen nicht ändern, damit die Menschen hier einen Sinn in ihrem Leben sehen und sich nicht mit Alkohol und Drogen betäuben. Da, sehen Sie, diese furchtbare Fabrik, vor fünf Jahren gab es sie noch nicht, jetzt verpestet sie die Luft und vergiftet die Erde.«

»Aber sie gibt den Menschen doch wenigstens Arbeit«, sage ich.

»Solche Arbeit brauchen sie nicht. Sie zerstört das Leben.«

»Aber was soll man tun?« frage ich.

»Das meine ich eben. Wir können die industrielle Entwicklung nicht rückgängig machen. Man kann nichts tun, nur helfen, die schlimmsten Nöte lindern. Zu allen Zeiten gab es Probleme, früher war das Leben nicht leichter und besser als jetzt, nur anders. Niemand kann die Welt ändern. Sie ist, wie sie ist. Aber dem einzelnen kann man helfen. Wen Gott zu mir führt, für den bin ich da.«

Das sind die Abschiedsworte Don Rafaels. Er gibt mir die Hand, legt die zweite darüber, drückt sie warm und kräftig. Er sagt nichts. Blickt mir in die Augen, gutmütig, wissend, schalkhaft. Mit einem Kopfnicken verabschiedet er mich. Als ich schon weit entfernt bin, blicke ich mich um. Da steht er noch an der gleichen Stelle, klein, rundlich, einsam. Ich winke. Er hebt nicht die Hand.

9 Von Logroño nach Nájera

Elf Kilometer sind es bis Navarette auf einem Feldweg. Nicht mehr das Gelbgrün des reifenden Korns, sondern Wein, Wein, Wein! Knorrig stecken die Rebstöcke in rotbrauner Erde. Frischgrüne Blätter treiben üppig aus der trockenen Rinde. Lange noch denke ich an die Begegnung mit Pfarrer Rafael Ojeda. Eigentlich sind es Widersprüche, sein Glaube an die Bäume, an die mystische Kraft des »el mundo vegetal«, die sonderbare Geschichte mit den drei Augen in Galicien und dann wiederum sein tatkräftiger Einsatz für die Bewohner des Vorstadtviertels Yague und die ganz unsentimentale

Einschätzung seiner Möglichkeiten, der Pragmatismus seiner Ansichten. Einerseits die Hilfe für Revolutionäre und Verfolgte während der Franco-Diktatur, andererseits sein Glaube an Gott und die Unveränderbarkeit der Welt. Hier die Aufgabe jeglichen Privatlebens – in seiner Wohnung gehen die Menschen aus und ein, schlafen, essen, diskutieren – dort seine Einsamkeit, sein Verlorensein in der Welt.

Im Rhythmus des Gehens verschmelzen die beiden gegensätzlichen Aspekte seiner Person für mich allmählich zu einer Einheit.

Ein heftiger Wind treibt mich vorwärts und beschwingt meine Schritte. Ich atme den Duft von Thymian, Disteln und trockener Erde. Die Ortschaften liegen in der Rioja nicht mehr auf den Erhebungen der Landschaft, sondern sind eingebettet in den Senken.

Navarette muß einstmals eine wohlhabende und bedeutende Stadt am Pilgerweg gewesen sein. Betrachte ich die Fassaden der ehemaligen herrschaftlichen Häuser, die heute vor sich hinbröckeln, kommt in mir eine merkwürdige, traurige Stimmung auf. Zu sehr spüre ich das Vergehen der Zeit, die Vergänglichkeit alles Irdischen, das hier zu einer seelenlosen Atmosphäre geführt hat. Außerhalb, am Ortsrand, ein überraschender Anblick: Links an der Straße steht ein Portal. Ein Portal, ganz für sich allein, ohne Kirche. Nach innen gestaffelte Säulen, darüber maurische Zackenbögen in vollkommenem Halbrund. Auf den Kapitellen Kleinplastiken. Naive, derbe Figuren, manche in ihrer drastischen Eindeutigkeit unfreiwillig komisch wirkend, wie die Szene, wo Kain den vor ihm knienden Abel am Haarschopf packt, in der erhobenen Faust den Stein. Die Geste wirkt wie mitten in der Bewegung eingefroren. Sie erinnert mich an das Märchen von Dornröschen, als der Koch dem Lehrling eine Ohrfeige geben wollte, aber seine Hand, zum Schlag erhoben, erstarrte, hundert Jahre lang. Wollte der Künstler mit der Art seiner Darstellung die Tötung Abels aufhalten, eine Frist setzen? Er hat die letzte Sekunde vor dem Tötungsakt in Stein gebannt. Er gab Kain eine Bedenkzeit, die bereits 800 Jahre andauert.

Durch die Kunst der Bildhauer wurde Vergangenes bewahrt und den Menschen übermittelt, denn damals konnte fast niemand lesen. Die Vorstellungswelt wurde deshalb nicht von Büchern geprägt, sondern von Portalplastiken, den Skulpturen und Gemälden in den Kirchen. Diese nährten Phantasie und Imagination, gaben bildhaft Kenntnis von der Geschichte und wirkten gleichnishaft und symbolträchtig auf Moral und Wertvorstellungen. Allmählich verwittern nun diese einprägsamen in Stein geschlagenen Bilder. Sie werden nicht mehr benötigt. Was sie erzählen, hat kaum noch etwas mit uns zu tun, vieles können wir überhaupt nicht mehr deuten, es ist rätselhaft und unverständlich geworden. Wenn die Konturen der Steine unkenntlich verwittert sind, löst sich der Bann, der auf dem erhobenen Arm lag, dann wird Abel erschlagen, aber es wird niemanden mehr geben, den das interessiert.

Ohne Kirche wirkt das Portal seltsam allein gelassen, von beiden Seiten wird es von einer anschließenden Mauer gestützt. Ich erkenne erst, als ich näher trete, daß das Portal weiterhin als Einlaßpforte dient, allerdings nicht mehr in eine Kirche, sondern in einen Friedhof. Säulengleich ragen die dunkelgrünen Zypressen empor, dazwischen weiße Steinkreuze, geschmückt mit Bildern Verstorbener, Sarkophage, Monumente, Inschriften, Blumen in Vasen und Töpfen. Der marmorweiße Gesamteindruck kontrastiert mit dem Dunkel der Lebensbäume. Mit einer Schubkarre fährt ein Mann durch die Gräberreihen, sammelt vertrocknete Blumen und Kränze ein. Ich möchte von ihm gern etwas über das Portal erfahren und spreche ihn deshalb an. Er versteht nicht, was ich will: Ja, das ist der Eingang, ob etwas nicht in Ordnung sei? Das Portal sei alt, ja, na und? Ein anderer Mann, den ich hinter den Grabaufbauten nicht wahrgenommen habe, hört den Disput und mischt sich ein: Natürlich sei es romanisch, aus dem 12. Jahrhundert. Vor hundert Jahren habe man es hier aufgestellt. Selbstverständlich sei es vorher Teil einer Kirche gewesen. Es habe zu der Pilgerstätte des Ordens San Juan de Acre gehört. Leider seien davon nur noch Ruinen vorhanden, am anderen Ende von Navarette könne man die eingestürzten Mauern sehen. Nur dieses Portal konnte gerettet werden. Nach dieser knappen, präzisen Auskunft verschwindet er wieder hinter den Gräbern. Ich frage den Mann mit der Schubkarre, wer das gewesen sei.

»Nie gesehen, der ist nicht von hier«, knurrt er und schiebt seine Karre zum Abfallhaufen.

Nach dem Friedhof von Navarette schließt sich für mich ein zweistündiges Martyrium an, denn wieder ist der Pilgerweg zur Straße ausgebaut. Die Männer in ihren Autos drücken wild auf die Hupen, blenden die Scheinwerfer auf, schneiden Grimassen, halten an, fahren vor und zurück. Ich fühle mich wie die heilige Jungfrau von Orleans, die Imponier- und Drohgebärden prallen ab, als trüge ich ein schützendes Kettenhemd. Endlich zweigt der Pilgerweg nach rechts ab. Als ich die Straße nicht mehr sehe und höre, lege ich mich auf die Erde. Ich spüre, wie hart sie ist. Wegen der Trockenheit ist sie zersprungen in viele kleine Schollen. Ein warmer Wind weht über meinen ausgestreckten Körper. Es duftet nach würzigen Kräutern. Langsam weicht der Druck, und ich kann wieder befreit atmen.

Spät erreiche ich Nájera, nach 28 Kilometern Tagesmarsch. Zuerst einige Fabriken, dann gesichtslose Neubauten. Die Altstadt befindet sich jenseits des Flusses Najerilla, mit schmalen Straßen und Gassen, heimeligen Plätzen, Kirchen und altehrwürdigen Gebäuden. Auch Nájera war königliche Residenzstadt. Das schönste Bauwerk ist das Kloster Santa Maria la Real. Ich läute an der Klosterpforte. Ein Mönch öffnet. Er schüttelt den Kopf, nein, es sei jetzt keine Besuchszeit mehr. Ohne viel Hoffnung auf Erfolg sage ich, ich wäre eine Pilgerin, zu Fuß unterwegs nach Santiago. Als hätte ich ein Zauberwort gesprochen, hellt sich sein Gesichtsausdruck auf. »*Una peregrina, verdad* – eine Pilgerin, tatsächlich? Na, dann kommen Sie mal herein.«

Er führt mich zu einem Raum. »Sie können den Rucksack abstellen und auch hier übernachten. Sie haben ja sicherlich alles Nötige dabei.«

Ich bin überrascht. So ein Angebot! Als Fremder und noch dazu als Frau darf ich im Kloster schlafen. Ich war der Meinung, die Mönche würden sich vor allem Weltlichen und besonders Weiblichen so weit wie möglich fernhalten, und nun wird mir ganz selbstverständlich ein Nachtlager angeboten. »Es ist eine Tradition, der wir verpflichtet sind«, sagt der Mönch, ein Franziskaner. »Früher, als alle Menschen noch zu Fuß gingen, war es Aufgabe der Klöster, den Pilgern Unterkunft und Essen bereitzustellen. Heute kommen nur noch wenige. Sie sind eine Ausnahme. Deswegen

Der Kreuzgang im Kloster Nájera

können wir leider auch nicht extra für Sie kochen. Nun folgen Sie mir, ich will Ihnen unser Kloster zeigen.«

Der Mönch steigt mit mir hinab in die Krypta. Eine Lampe leuchtet in einer Wandvertiefung.

»Das war die Stelle, an der die Jungfrau Maria dem König Garcia Sanchez III. erschien«, sagt der Franziskaner. Garcia war der Sohn von Doña Mayor, die die Brücke von Puenta la Reina stiftete. Verheiratet war er mit Doña Estefanía, die auch als Stifterin der gleichen Brücke gilt. Der Mönch erzählt mit einfachen, monotonen Worten die Legende: »Eines Tages befand sich König Garcia auf der Jagd. Er sah eine Taube und warf seinen Falken empor, um sie zu erjagen. Die Taube entfloh in eine Höhle, der Falke setzte im Jagdeifer hinterher. Der König ritt heran, stieg vom Pferd und trat in die dunkle Grotte ein. In der Tiefe leuchtete ein Licht. Garcia tastete

102

sich vorwärts und erblickte Maria, die Muttergottes. Nachdem sie ihm aufgetragen hatte, ein Kloster zu errichten, verschwand sie. Zurück blieb eine Holzplastik – eine Madonna mit Kind. Zu ihren Füßen, friedlich beieinander, saßen der Jagdfalke und die Taube.

Wunder mußten sich damals entweder auf der Jagd oder bei Kriegszügen ereignen, den Hauptbeschäftigungen des Adels. Eine Kirche oder ein Kloster, die gewissermaßen im Auftrag einer Heiligen errichtet wurden, waren angesehener und erhöhten den Einfluß seines adligen Stifters, besonders wirkungsvoll, wenn der Himmel gleich einen verehrungswürdigen, heiligen Gegenstand mitlieferte.

»Die *Virgen de la Terraza* ist im Retabel am Hochaltar angebracht. Sie ist zu kostbar, um sie hier unten zu lassen. Als Ersatz haben wir eine spätere, gotische Marienfigur hergestellt«, sagt der Franziskaner.

Als heiliger Ort diente die Kirche als Begräbnisplatz für viele Könige Navarras, Kastiliens und Leóns. Nebeneinandergereiht füllen die Sarkophage das Pantheon. In der *Capilla de la Cruz* weist der Mönch besonders auf den Sarkophag der Doña Blanca hin. Sogleich vermute ich, diese Doña Blanca sei die Schwester des Sancho del fuerte, der in Roncesvalles bestattet liegt. Doch der Mönch klärt mich auf, mit den spanischen Adligen sei es sehr schwierig, denn über Generationen hinweg haben sie ihren Kindern immer die gleichen Namen gegeben, so daß man sich heute kaum noch zurechtfindet mit den Blancas, Urracas, Sanchos, Garcias, Alfonsos und Fernandos. »Diese Doña Blanca war die Tochter des Königs Garcia Ramirez von Navarra. Sie wurde mit dem König von Kastilien, Sancho III., verheiratet und starb im Jahr 1156 in Toledo bei der Geburt ihres ersten Kindes«, berichtet der Mönch.

Ich denke mir, daß sie wahrscheinlich noch sehr jung gewesen war, eigentlich ein Kind, nach unseren heutigen Maßstäben. Meist wurden die Mädchen bereits mit knapp fünfzehn Jahren verheiratet. Doña Blanca erfüllte die von ihr verlangte Aufgabe, gebar einen Sohn und starb, ohne selbst richtig gelebt zu haben. Das Kind überlebte die schwere Geburt, bestieg nach dem Tode seines Vaters als Alfonso VIII. den Thron und regierte bis 1214.

Auf der Sarkophagwand sieht man die Sterbeszene: Die Tote sinkt zurück, Engel empfangen ihre Seele. Links und rechts jammern Klageweiber. Auch der König ist als Trauernder dargestellt.

Der mir zum Schlafen zugeteilte Raum ist leer bis auf ein Marienbild an der Wand. Ich bin noch nicht müde. Warum soll ich nicht mal meine karge Ernährung mit einem üppigen Mahl in einem Restaurant aufbessern? Bisher habe ich mir wenig gegönnt, nur das »Pilgeressen« in Roncesvalles und das Omelette in Lorca. Restaurants gibt es viele in der Altstadt, doch alle öffnen erst nach 21 Uhr. Die Wartezeit verbringe ich auf einem kleinen, sehr sauberen Platz, dessen Boden mit Kacheln gefliest ist. Im Viereck sind Bänke angeordnet, okkupiert von Frauen mit ihren Kindern. Die Frauen sind übermäßig geschminkt: knallrote Lippen, schillernde Lidschatten, die Haut mit Make-up zugepappt. Sie tragen modische Kleidung, und die Pfennigabsätze klappern, wenn sie, meist einen Kinderwagen vor sich herschiebend, im Kreis gehen. Die lauten Stimmen der Frauen und das Kreischen der Kinder bricht sich an den Häuserwänden ringsum und schallt vielfach zurück. Groß ist der Kontrast zwischen den kalten Gruftkammern der königlichen Vergangenheit von Nájera, wo ich eben noch weilte, und der Quirligkeit dieses kleinstädtischen Platzes.

Alle Stühle in der Gaststätte »Paraiso« sind noch unbesetzt. Länger kann ich nicht warten, wegen meines Hungers und weil ich nicht zu spät an der Klosterpforte um Eintritt bitten will. Ich bestelle eine *trucha*, Forelle. Es ist komisch, der einzige Gast zu sein. Der Fisch ist gut, will mir aber trotzdem nicht recht schmecken. Ich fühle mich einsam. Ich esse schnell und verlasse das Lokal. Die Belegschaft des kleinen Platzes hat gewechselt. Statt der Mütter und Kinder besetzen jetzt junge Pärchen die Bänke oder spazieren im Kreis herum. Lebhaftes Schwatzen, Kichern und Lachen hallt durch die Nacht. Die Häuser drücken sich dicht an das Kloster heran. Seine starken Mauern aber halten den betriebsamen Lärm fern. Weltabgeschiedene Ruhe. Langsam schreite ich durch die hohen Gänge, öffne leise die schwere Tür zum Kreuzgang. Freude durchströmt mich. Noch nie konnte ich nachts in einem Kreuzgang sein. Eine geheimnisvolle Stille. Das Dunkel wird von den schimmernden Säulen aufgehellt. Das Mondlicht verfängt sich in dem zarten Steinfiligran der Arkadenbögen. Gebannt stehe ich da und schaue. Die stille Schönheit durchdringt mich wie ein Rausch. Gleich einem Geist wandle ich die Säulengänge entlang und streichle mit der Hand sacht über die Steine. Fast schon glaube ich, selbst ein Wesen zu sein aus längst vergangenen Zeiten, das der Mond zu somnambulem Leben erweckt hat.

10 Von Nájera nach San Millán de la Cogolla

Eine heiße Dusche, ein mehrgängiges Essen: Suppe, Gemüse, Kartoffeln, Leber, Nachtisch und Obst, Rotwein aus einem grünbäuchigen Krug. Ein weißbezogenes Federbett in einem holzgetäfelten Raum . . . Nicht, daß ich meinem kargen Pilgerdasein untreu gewor-

Das Kloster von San Millán de Yuso

den und mich in einem teuren Hotel eingemietet hätte – nein, ich bin zu Gast bei den Augustinern im Kloster San Millán de Yuso. Die

Mönche bestürmten mich mit soviel Herzlichkeit, da konnte ich nicht widerstehen. Nun liege ich in dem breiten, weichen Bett in einem Zimmer für Gastnovizen und denke zurück an den Tag, der so besonders ereignisreich gewesen war:

Die Nacht zuvor, in Nájera, war das Lager hart und kalt auf dem steingefliesten Boden. Sehr früh erwachte ich. Die Morgendämmerung erlebte ich im Kreuzgang. Er gehörte mir nun nicht mehr allein. Mönche, schwarzgekuttet, schritten die Gänge entlang, eiligen Schrittes die einen, andere gemächlich, während sie ihr Brevier lasen.

Rote Felsen umgaben das Kloster. Hier war in Vorzeiten Garcia zur Jagd geritten. Viele Höhlen waren in den roten Lehmhang eingegraben, Schattenplätze für das Vieh.

Der Pilgerweg verlief zwischen Weinfeldern und Getreide. Zementkanäle auf Stelzen zerschnitten häßlich die Landschaft. Zur Bewässerung ließ sie Franco installieren, um den Ertrag dieser fruchtbaren Gegend zu erhöhen.

Mein nächstes Ziel, das Dorf Azofra, war nur zwei Wanderstunden vom Kloster Santa Maria la Real entfernt. Azofra hat heute knapp 500 Einwohner. Früher, als noch Tausende von Pilgern nach Santiago strömten, soll es hier Raststätten und Hospitäler gegeben haben, aber nicht einmal Ruinen sind übriggeblieben. In der Dorfkirche, hörte ich, gibt es eine Holzfigur, die Jakobus als Pilger darstellt. Noch vom Sonnenlicht geblendet, betrat ich den dunklen Kirchenraum. Ich dachte gerade daran, daß wohl der Künstler damals unter den vielen Pilgern ein Modell für sein Werk ausgewählt haben wird, als sich plötzlich jemand direkt hinter mir räusperte. Ich fuhr herum. Da saß der Pfarrer im Dunkel der Bankreihen und beobachtete mich, sicher schon von Anfang an. Er hatte gesehen und gehört, wie ich staubig und verschwitzt eintrat, wie ich den schweren Rucksack nicht gerade sanft absetzte und ihn bedenkenlos gegen das Gestühl krachen ließ und wie ich in meinen Wanderschuhen zum Altar polterte und die Schnitzfigur fixierte, ganz so wie jemand, der etwas für sich in Besitz nimmt, schnell, anmaßend, rücksichtslos. Ich schämte mich. Widergespiegelt in den Augen eines anderen Menschen wurde mir bewußt, wie unsensibel und ungehörig ich mich verhalten hatte. Aber eigentlich hätte ich das vorher merken müssen, mein Verhalten also selbst kontrollieren sollen und nicht erst dann, wenn man von anderen beurteilt wird. Verwirrt stand ich da und wäre am liebsten noch mal eingetreten, diesmal ganz anders, leise, an der Tür abwartend stehengeblieben, bis der Raum bereit wäre, mich aufzunehmen.

Der Pfarrer unterbrach meine Erstarrung.

»*Extranjera?* Sind Sie Ausländerin?« Ich spürte, er wollte mir eine Brücke bauen, um mir meine Verlegenheit nicht noch peinlicher werden zu lassen.

Ich versuchte, mich in ein besseres Licht zu stellen, indem ich etwas murmelte von: weitem Weg, Sonne, Staub, Hitze, Erschöpfung.

Er lächelte. »So, so, nach Santiago also. Und warum? Sie sind nicht katholisch!« Es klang nicht wie eine Frage, eher wie eine Feststellung.

»Nein«, antwortete ich.

»Evangelisch?«

»Nein, ich bin nicht gläubig.«

Schweigen. Ich wartete auf seine nächste Frage.

»Aus sportlichem Interesse also?«

»Nein, auch nicht. Ich will einfach unterwegs sein.«

Er schwieg. Es gäbe vieles zu sagen, vieles zu fragen. Unterwegs sein ist wie auf der Flucht sein, vor sich selbst und vor den Pflichten des Lebens. Keine Verantwortung tragen, bevor eine Bindung, eine Abhängigkeit entstehen kann, ist man schon weiter, woanders.

Der Pfarrer entschied sich offenbar schnell, nicht weiter in meinem Seelenleben zu forschen. Er wechselte das Thema und sagte in bestimmendem Ton: »Gehen Sie nach San Millán de Suso! Es ist ein kleines Kloster in den Bergen, zwanzig Kilometer von hier entfernt. Es liegt nicht direkt auf dem Pilgerweg, aber es kann für Sie wichtiger sein als Santiago. San Millán de Suso, merken Sie sich den Namen.«

Ich verließ den Pilgerweg und folgte einer kaum befahrenen Landstraße. Nach einer Stunde kam ich nach Cañas. Wenige geduckte Bauernhäuser, überragt von dem gotischen Bauwerk eines

Nonnenklosters. Der Tag war sehr heiß und ich füllte eben meine Wasserflasche am Klosterbrunnen, als eine Frau mit blauer Kittelschürze geradewegs auf mich zukam.

»Wenn Sie möchten, zeige ich Ihnen die Klosterkirche, das Museum und die Schätze«, bot sie an. Sie sei von der Äbtissin beauftragt, Fremde zu führen, gegen eine kleine Spende, die dem Kloster zugute komme. Ich folgte der Frau. »Im Jahr 1170 gründeten Zisterzienser das Kloster«, dozierte die Frau. Sie gebärdete sich tatsächlich wie eine Fremdenführerin, spulte den auswendig gelernten Text herunter. Ich spürte ihre Ungeduld, wenn ich mir Zeit nehmen wollte, um die Atmosphäre auf mich wirken zu lassen. Ich gab auf. Sie stürmte voran, zeigte hierhin und dorthin, leierte Zahlen, Namen, Begriffe herunter. Nur das Grabmal der Doña Urraca López de Haro ist mir in Erinnerung geblieben. Ich weiß nicht, wer sie war, nur daß sie 1170 bis 1262 gelebt hat, also 92 Jahre alt geworden ist. Damals wie heute ein langes Menschenleben, doch vergangen und fast vergessen, würde nicht der Sarg an sie erinnern. Die Skulptur auf dem Sargdeckel zeigt sie in Lebensgröße, jung und schön mit einem grazilen Körper, den ein faltenreiches Gewand umhüllt. Ihr Gesicht ist zart und lieblich und doch auch von Ernst und Trauer geprägt. Leider werde ich nie erfahren, wie ihr Leben war.

Die Eingangspforte zum Kloster blieb für mich verschlossen. Nur ein winziges Fenster öffnete sich in der schweren Holztür. Ich entrichtete meinen Obulus für die Führung. Die Nonne, deren Gesicht ich kaum durch die Öffnung sah, bedeutete mir, einen Moment zu warten. Ich hörte trippelnde, sich eilig entfernende Schritte. Stille. Das Trippeln kam wieder. Heftiges Atmen. Eine Hand streckte sich durch das Türfensterchen. Die Hand hielt mir eine Tafel Schokolade hin. Ich rührte mich nicht. Die Hand mit der Schokolade zog sich zurück. Statt dessen sah ich den blassen Mund der Nonne.

»Nehmen Sie doch«, bat sie. »Die Schokolade habe ich extra für Sie aufgehoben, für jemanden, der soviel Kraft und Mut hat, nach Santiago zu pilgern. Bitte, ich möchte Sie Ihnen so gern schenken.«

Der Mund verschwand. Wieder wand sich die Hand mit der Tafel mir entgegen und wedelte auffordernd. Ich griff nach der Schokolade, gleichzeitig schoß mir die Röte ins Gesicht. Die Nonne drückte ein Auge an das Türloch. Ich hörte sie flüstern.

»Danke, Sie machen mir eine große Freude.«

Hätte sie mir doch Brot oder ein Stück Kuchen, einen Apfel oder eine Apfelsine gegeben, ich hätte es gern und dankend angenommen. Aber dieser Gabe fühlte ich mich nicht würdig. Ich spürte, die Schokolade stellte für die Nonne eine Kostbarkeit dar, die sie selber nicht wagte anzurühren. Es war ein Irrtum, gerade mich damit auszuzeichnen, denn ich bin keine Pilgerin auf Gottes Wegen, wie sie annahm, sondern nur auf meinen eigenen Spuren unterwegs. Fast erwartete ich, als Betrügerin entlarvt zu werden, die einer gutherzigen, mitleidvollen Nonne deren vielleicht kostbarsten Besitz wegnahm. Und richtig, oder täuschte ich mich? Die Führerin flüsterte nun dicht am Fensterchen mit der Nonne, dann bedeutete sie mir, ihr zu folgen. Sie führte mich in eine Kapelle, zeigte auf die Bankreihen und sagte: »Setzen Sie sich. Sie werden gleich kommen«, und ließ mich allein. Der karge Raum war zweigeteilt. Auf meiner Seite fünf Reihen Bänke aus hellem Holz. Weißgekalkte Wände. Weiter nichts. In der Mitte trennte den Raum ein schweres Eisengitter bis hoch zur Decke. Dahinter dunkelbraunes Chorgestühl. Als ich noch die seltsame Räumlichkeit betrachtete, mir Gedanken machte, warum und auf wen ich hier warten sollte, öffnete sich eine mir vorher verborgen gebliebene Tür jenseits des dunklen Gitters. Lautlos wie ein Geist glitt eine weißgekleidete Frau mit Kopfhaube und schwarzem Umhang herein. Wie schwebend näherte sie sich einem Kruzifix, kniete nieder, erhob sich schwerelos und ließ sich auf einem Sitz im Chorgestühl langsam niedersinken. Ihr folgten eine zweite, und nach und nach, in stetig fließender Bewegung, sechzehn Frauen. Als sie alle saßen, erhoben sie ihre Stimmen und begannen zu singen. Sie sangen hell und klar, nur ihre Laute erfüllten den Raum. Seltsam war mir zumute. Sechzehn Nonnen saßen, durch ein Gitter von mir getrennt und sangen. Und ich, eine ihnen Fremde, durfte an dieser intimen Zeremonie teilhaben. Welche mochte die mit der Schokolade sein? Ich hatte durch das Fensterchen nur Teile ihres Antlitzes gesehen, und ihre einheitlichen schwarzweißen Trachten und die Kopfhauben, die die Gesichter eng umschlossen – keine Haarsträhne lugte hervor –, erschwerten ein individuelles Unterscheiden. Doch da war eine, sie trug noch keinen schwarzen Umhang, sehr jung noch, vielleicht eine Novizin, ganz in Weiß gekleidet, weiß auch ihr Gesicht, klar und rein, aber irgendwie fast leblos. Mit ihrer in Demut erstarrten Haltung machte sie auf mich den Eindruck einer Gefangenen, nein, eher wie jemand, der sich freiwillig zur Opferung entschlossen hat und sich schon weit vom Irdischen dieser Welt entfernt hat.

Plötzlich eine tiefe Stimme. Männergesang mischte sich in den ätherischen Klang der Frauenstimmen. Das geschah so unverhofft, und der Kontrast zwischen den Stimmen war so gegensätzlich, daß eine Gänsehaut meinen Körper überlief. Nie habe ich deutlicher die verborgene Erotik in einem katholischen Ritual gespürt wie in diesem Moment, als der Priester seinen männlichen Gesang mit dem weiblichen mischte. Zuerst war er noch fern, seine Stimme wehte von draußen herein. Wie eine anbrandende Welle schwoll sie allmählich, wurde lauter, umspülte besitzergreifend die hohen Töne des Frauengesanges. Der Priester kam durch die vordere Tür, durch die ich auch hereingeführt worden war. Singend schritt er den schmalen Gang zwischen Bänken und Wand entlang. Volltönend jetzt der Gesang. Er war ein sehr großer, kräftiger Mann. Über dem gewaltigen Brustkorb spannte sich sein Ornat. Singend kniete er nieder, singend neigte er den Kopf, erhob sich und nahm seinen Sitz, getrennt von den Nonnen, außerhalb des Gitters ein. Sein Canto überwand mühelos diese Trennung, es umhüllte, umfing die Frauen, drang gleichsam in sie ein. Rein äußerlich bemerkte ich bei den Nonnen keine Regung, aber seit sich das männliche Timbre, zuerst von weit, dann unaufhaltsam anschwellend in ihren Gesang mischte, veränderte sich die Klangfarbe ihrer Stimmen. Die tiefen männlichen Laute gaben den sich immer höher schwingenden weiblichen Tönen Halt und Bestimmung. Mir erschien dieser Gesang wie die unverfälschte Ausprägung des männlichen und weiblichen Elementes, sublimiert in einem heiligen Choral. Noch jetzt, viele Stunden später, im Kloster San Millán de Yuso, erinnere ich mich lebhaft daran und spüre noch die Erregung, die von ihm ausging. Ich bemühe mich, das Erlebte richtig einzuordnen. Ich finde es bewundernswürdig, wie manche Menschen ihre Gefühle und Triebe so weit beherrschen und abstrahieren können, daß sie diese nicht mehr real erleben müssen, sondern sie in vergeistigter Form zum Ausdruck bringen – sie in Kunst verwandeln. Dann sehe ich aber wieder das bleiche Gesicht der Novizin vor mir und frage mich zweifelnd, wie frei sie in ihrem Entschluß wohl war, sich für das Leben im Kloster zu entscheiden, in dem Liebe nur noch in sublimierter Form als Anbetung und Verehrung des Göttlichen existieren darf. Vermutlich werde ich es nie erfahren. Aber – bin ich denn in meinen Entscheidungen schon deshalb frei, nur weil ich auf der anderen Seite des Gitters stehe? Bin ich nicht – wie wir alle – von wiederum anderen Gesetzen abhängig und damit fremdbestimmt, ohne es zu merken?

Im Kloster Cañas fiel mir auch wieder die Fülle der Mariendarstellungen auf. Ich habe mich schon oft gewundert, wie der Marienkult bis in unser aufgeklärtes Zeitalter hinein überlebte, und ich denke darüber nach, wie die Rolle der Frauen seit Jahrhunderten von der katholischen Kirche geprägt wurde. Und bis heute gilt noch immer die von Lust und Begierde freie, unbefleckte Empfängnis als Ideal. In Spanien, wo die Kirche noch stärkeren Einfluß hat als in Deutschland, ist Maria, die als Jungfrau ein Kind gebar, das unerreichbare Vorbild. Denn die gläubige katholische Frau muß, wenn sie Mutter werden will, ihre Unschuld aufgeben und wird, nach dem von der Kirche geprägten Verständnis, durch die Befruchtung »beschmutzt«. Später wird sie, gewissermaßen als Dank für ihr Opfer, die Liebe ihrer Kinder einfordern. In ihnen sieht sie deshalb ihren wichtigsten Lebensinhalt.

Sicher, dieses Frauenbild wurde von Männern entwickelt. Männer, die glaubten, nur so ihre Ängste vor dem Weiblichen und ihre Begierde nach der Frau bewältigen zu können. Die Frauen sind es jedoch, die sich dieses Bild zu eigen machten. Sie richten nur zu oft ihr Verhalten in Gesellschaft und Familie danach. Meine Begegnungen mit Spanierinnen sind leider zu kurz gewesen, um genügend Vertrauen zu entwickeln, über solche subtilen Dinge zu sprechen. Aber ich beobachte das Verhalten der Frauen, ihre Bewegungen und Blicke geben mir einigen Aufschluß. Immer wieder sehe ich, wie insbesondere Söhne von ihren Müttern vergöttert werden. Und die Mutterrolle ist für viele Frauen wichtiger als die Beziehung zu ihrem Mann. Zu ihm besteht mitunter eine große Distanz. Nicht wenige Frauen, die verheiratet sind, bemühen sich nun nicht mehr, attraktiv für ihren Mann zu sein, sie kleiden sich unauffällig, oft sogar nachlässig, und ihre Figur verändert sich unvorteilhaft. Wahrscheinlich würde ich auch bei sehr vertrauten Gesprächen nicht mehr erfahren als durch Beobachtungen. Ich glaube, diese Verhaltensweisen sind so verinnerlicht, daß sie den Frauen selbst nicht bewußt sind. Für einen Jungen, der zum Mann heranreift, muß diese Situation erst recht schwierig sein. Er wird so erzogen, daß die Frau einerseits für ihn etwas Heiliges, Unberührbares ist wie die Mutter, oder rein und unschuldig wie die Jungfrau Maria. Diesen Frauentypus darf er nicht begehren. Durch seine Begierde würde er ihre Unschuld beflecken und sich selbst das schöne Bild verderben. Also muß er, wenn er seine Lust stillen will, das Gegenteil suchen, statt der Heiligen die Hure. Mir fällt ein, mit welch tiefem Ausdruck der Enttäuschung mich Angel als *santa* bezeichnet hatte. Und die Autofahrer ... Aus ihrer Sicht ist es zu verstehen, wenn sie mich belästigen. Eine anständige Frau läuft ihrer Meinung nach nicht allein auf der Landstraße herum, wer das tut, kann nur eine Hure sein, *una puta*. Und ein richtiger Mann darf sich, bei seiner Ehre, so eine Gelegenheit nicht entgehen lassen.

Vom Kloster Cañas war ich weitergewandert auf einer kaum befahrenen Landstraße. Die Weinfelder liegen hinter mir im Ebrotal. Beidseits meines Weges nach San Millán dehnten sich wieder Getreidefelder, das Korn reifte jetzt schon Ende Mai der Ernte entgegen. Saftig grün die Bachniederungen. Der Straßenrand war mit buschigen Hecken bewachsen, und auf den herausragenden Ästen saßen Schwarzkehlchen mit Mohrenkopf und rostroter Brust.

Auf und ab über wellige Landschaft mit Feldern und Waldflecken führte mich die Straße in vielen Windungen dem Gebirgszug, der »Sierra de la Demanda«, entgegen. Die Straße war nun fast so schmal wie ein Fahrradweg. Bäche sammelten Feuchtigkeit in den Tälern. Die Berge drängten näher. Wolken, weißgehäuft, quollen am zuvor makellos blauen Himmel. Bauern ritten von ihren Feldern heimwärts. Kleinste Dorfflecken wie Badarán und Berceo, schienen fast von der Welt abgeschnitten. Dann endete die Straße. Die letzte Ortschaft: San Millán de la Cogolla. Ursprünglich Cogulla, abgewandelt in Cogolla, bezeichnet die Mönchskutte.

Neben dem Dorf im Talgrund ein mächtiges Kloster: San Millán de Yuso. In das warme Licht der Abendsonne getaucht, sah ich hinter hohen Umfassungsmauern Gebäude im klassischen Renaissancestil, eine Barockkirche und Wirtschaftsgebäude.

»Yuso« bedeutet im Altspanischen: das untere – der Pfarrer in Azofra hatte allerdings gemeint, ich solle nach »Suso« – zu dem oben im Wald gelegenen Kloster – gehen. Dennoch wollte ich nicht versäumen, das große Kloster im Tal kennenzulernen. Nur sieben Augustinermönche leben in der riesigen Anlage, erfuhr ich. Kaum zu glauben, wie sie das weiträumige Gebäude instandhalten können.

»Das schaffen wir schon, der Tag ist lang. Und in den Sommerferien kommen die Novizen.« Sie lächeln, sie schmunzeln, sie strahlen. Sieben alte Männer in braunen Kutten.

»Kommen Sie herein. Sie sind den ganzen Tag gelaufen – da wird eine warme Dusche sicher eine Wohltat sein.«

Hatte ich richtig verstanden? Mönche im Kloster, ich eine Frau, und da sollte ich mich ausziehen und duschen?

Der Prior winkte einem Bruder und der führte mich durch Hallen und lange Gänge, Treppen empor und wieder durch Gänge zu einem weißgekachelten Badezimmer. Er warf den Wassererhitzer an, lächelte und verschwand.

So nötig wäre eine Dusche gar nicht gewesen, dachte ich, nachdem ich mich ja am Morgen im Kloster von Nájera an einem Becken mit fließendem Wasser waschen konnte. Aber das heiße Wasser war dann doch eine Wohltat.

Wohlriechend und mit noch nassen Haaren erschien ich wieder an der Pforte. Bruder Nikolas stand bereit, mir das Kloster zu zeigen.

»Unser Orden ist 1878 hier eingezogen, nachdem das Gebäude 43 Jahre leer stand. Vorher lebten hier Benediktiner, aber die wurden während der Karlistenkriege verjagt. Der Grundstein wurde ja schon 1030 gelegt und zwar im Auftrag des Garcia III., der auch in Nájera das Kloster Santa Maria la Real bauen ließ. Auch hier gab es ein Wunder. Als man die Gebeine des Heiligen vom Bergkloster herabtrug, konnten sich die Träger plötzlich nicht mehr bewegen. Das war genau die Stelle, an der heute das Kloster steht. So hat der Heilige selbst den Ort bestimmt. Von diesem frühen Bauwerk ist aber nichts mehr vorhanden. Alle Einrichtungen stammen aus dem 16., 17. und 18. Jahrhundert.«

Er zeigte mir dann die Kirche, die Bibliothek mit den Handschriften und Büchern aus dem 16. Jahrhundert, manche so schwer, daß sie ein einzelner nicht zu tragen vermag, und die größten Kostbarkeiten des Klosters, seine Elfenbeinschnitzereien aus den Jahren um 1080.

»Leider wurden auch viele Schätze zerstört«, berichtete der Mönch Nikolas. »Besonders von Napoleons Soldaten, die 1809 unser Kloster heimsuchten und plünderten. Vieles ist für immer verloren, anderes ist in Museen von Leningrad, Berlin, New York, Madrid und Florenz wiederaufgetaucht.«

Ich erzählte Nikolas vom Rat des Pfarrers in Azofra, nach Suso zu gehen. Daraufhin führte mich der Mönch zu einem Kreuzgang und zeigte auf 25 große Tafelbilder, die bis zur Decke die Wände schmückten.

»Da ist das Leben des San Millán dargestellt«, und er erläuterte mir die Legenden vom Leben des Heiligen. »Er wurde Aemilian genannt und war der Sohn eines Hirten. Während er heranwuchs, hütete er die Herden. Nun geschah es, daß ein Eremit sich des Knaben annahm. Aemilian erwies sich als sehr gelehrig, und so wurde sein Lehrer, der Einsiedler Felix, nicht müde, den Jungen auszubilden. Als er ihn nichts mehr lehren konnte, zog Aemilian in die Berge und hauste dort in einer Höhle, um durch Gebet, Entsagung und Einsamkeit zu Erkenntnis zu gelangen. Er begann Wunder zu vollbringen und prophezeite den Menschen ihre Zukunft, gab ihnen Rat, Trost und Seelenfrieden. Viele Besucher kamen, manche wurden seine Jünger, und als er genau einhundert Jahre geworden war, erschien ihm ein Engel, der ihm verkündete, seine Lebensfrist sei jetzt abgelaufen. Daraufhin legte sich San Millán lächelnd zum Sterben nieder und hauchte seinen Atem aus. Selbst nach seinem Tod im Jahr 574 entströmte seinem Leichnam noch der Duft von frischen Rosen.«

»In welchem Jahr?« fragte ich, denn ich glaubte, die Jahreszahl falsch verstanden zu haben. Doch der Mönch blieb dabei, es sei in Schriften verbürgt. Aemilian wurde zu jener Zeit geboren, als die Westgoten in Spanien einfielen. Mit ihnen erst begann die Verbreitung der christlichen Religion im ganzen Land. Ich nehme an, die Bedeutung von San Millán rührt daher, weil er einer der ersten Einheimischen war, der das Christentum nicht nur verkündigte, sondern auch vorlebte.

Ich schulterte meinen Rucksack und verabschiedete mich von den freundlichen Augustinern.

»Wo wollen Sie denn jetzt noch hin? Es wird bald schon dunkel sein«, meinten sie.

Ich hätte nicht sagen sollen, daß ich nach Suso wollte, denn sie protestierten entschieden. Das ginge nicht, dort sei niemand. Suso wäre ganz und gar verlassen. Es reizte mich aber gerade, ein Kloster für mich allein zu haben, doch zu verführerisch war das in Aussicht gestellte Mahl. Ich würde einfach einen Tag länger bleiben und morgen in Suso übernachten.

Das Essen habe ich dann nicht mit den Mönchen eingenommen, was mich auch sehr gewundert hätte, sondern in der Küche, zusammen mit dem Wirtschafterehepaar.

Später, die Nachtwolken verdunkelten den Himmel und die Fledermäuse zickzackten über uns, erzählte Nikolas auf einer Bank im Hof aus seinem 87jährigen Leben. Und gerät ins Schwärmen, als er mir begeistert und mit viel ausschmückenden Worten von seiner Zeit als junger Missionar in Peru berichtet.

Das Bett ist zu weich und zu warm. Ich kann nicht einschlafen. Warum meinte wohl der Pfarrer, für mich sei San Millán de Suso ein wichtiger Ort? Weil der Heilige einer der ersten Verkünder des Christentums war? Glaubte er, einer wie er würde noch am ehesten die Seele einer Gottlosen erreichen? Wie auch immer, sein Ratschlag hat mir die Erlebnisse in dem Nonnenkloster Cañas geschenkt und die Aufnahme bei den gastfreundlichen Augustinern dazu.

11 San Millán de Suso

Ich schaue aus dem Fenster der »Klosterzelle«, einem rustikalen Gästezimmer. Die Bergkette leuchtet klar in der Morgenluft und die höchste Erhebung, der San Lorenzo, ragt in das Himmelsblau. Alljährlich, zum Tag des heiligen Lorenzo, wird auf dem Gipfel eine Messe gefeiert, hatte mir Nikolas erzählt.

Später bei der Verabschiedung sagt der Prior, vor mir seien noch nie Gäste in ihrem Kloster beherbergt worden. Wenn schon mal jemand komme, um das Kloster zu besichtigen, dann sind es nur Touristen, die mit dem Auto anreisen und danach gleich wieder wegfahren.

Auch nach Suso gibt es eine Fahrstraße, aber ich finde einen Wanderpfad. Eingesponnen in Waldeseinsamkeit liegt am Berghang das kleine Kloster. Es ist wirklich sehr klein und erinnert mit seinen drei übereinandergestaffelten Dächern entfernt an eine Pagode. Auf einer ist eine Vorhalle mit einer Arkadenreihe angebaut. An den Wänden stehen Steinsarkophage. Durch ein Portal mit arabischen Hufeisenbogen betrete ich das kleine Kloster. Innen ein einziger Raum mit Säulenreihen, wieder mit Hufeisenbögen untereinander verbunden, die nach oben zwei Tonnengewölbe abstützen. Der Boden ist mit Steinfliesen ausgelegt. Wände und Decke sind unverputzt, der warme Ton der gelben Steinquader macht einen anheimelnden Eindruck. Gegensätzliches hat sich zu einer Einheit verbunden. Der Raum, obwohl er klein ist, wirkt derb, kantig und wuchtig und doch gleichzeitig auch leicht, beschwingt und graziös. Zwei sich ausschließende Elemente sind miteinander verschmolzen: Das kriegerische Rittertum der westgotischen Christen und die elitäre, hochstilisierte Kultur der Araber.

Dort, wo sich das Gebäude an den Fels anlehnt, führen drei Aushöhlungen tiefer in den Berg hinein. In einer Höhlung befindet sich das ehemalige Grab San Milláns, dessen Gebeine die Mönche mitgenommen haben, als sie 1053 nach Yuso umzogen. Im Dämmerdunkel erkenne ich einen Steinsarg, den eine schwere Platte abschließt. Unter ihr ducken sich vier muskulöse, gnomenhafte Männer, als würden sie die Platte tragen. Obenauf liegt der Heilige als Skulptur, die ihn als ernsthaften, bärtigen Mann zeigt und mich glauben läßt, er könnte auch wirklich so ausgesehen haben. Allerdings weiß ich, daß dieses Grabmal erst 600 Jahre nach dem Tod Milláns geschaffen wurde. Auftraggeber waren die Mönche von Yuso, die die Knochen des Heiligen von hier zum neuen großen Kloster im Tal mitgenommen hatten und vielleicht versuchten sie, mit diesem kostbaren Grabmal den Geist des Toten zu versöhnen. In dieser Höhle soll Millán viele Jahre seines Lebens zugebracht haben. Erst nach seinem Tod errichteten seine Anhänger ein kleines Heiligtum. Diese westgotische Kapelle wurde beim Einfall der Araber erstmals zerstört. Den Wiederaufbau beweist die Einweihungsurkunde aus dem Jahre 984. Doch bereits im Jahr 1001 soll der arabische Feldherr Almansor das Kloster erneut verwüstet haben. Im 11. Jahrhundert wurde es wieder aufgebaut, und nun sind die arabischen Einflüsse im Baustil unverkennbar. Dieser Zusammenklang arabischer und frühromanischer Elemente wird als mozarabischer Stil bezeichnet. Nur noch drei weitere mozarabische Bauwerke sind auf dem Pilgerwege erhalten geblieben: San Miguel de Escalada in der Nähe von León, Santo Tomas de las Ollas und Santiago de Peñalba bei Ponferrada. Auf irgendeine Weise hatte der Pfarrer von Azofra recht, mich berühren diese frühesten Bauwerke des Christentums seltsam und geheimnisvoll. Vielleicht, weil sie so sehr im Dunkel der Vergangenheit liegen, sind diese Bauwerke für mich wie Gefäße der Phantasie, in denen Sagen und Mythen ihre unsichtbaren Schwingungen aussenden.

Es ist noch früh am Morgen. Mir steht aber nicht der Sinn danach, weiterzuwandern. Ich möchte einen Tag lang hierbleiben, die Stimmung in mich aufnehmen, die Stille. Nachdenken, träumen, phantasieren. Mir vorstellen, wie San Millán lebte, was er dachte, was er fühlte. Wie er als Knabe Aemilian die Tiere hütete und seine erste Begegnung mit dem Einsiedler Felix hatte – vielleicht dem einzigen Menschen, der den verträumten, grüblerischen Jungen verstand, der ihm zu Einsichten verhalf, von denen er bisher nur eine verschwommene Ahnung hatte. Aemilian öffnete ihm sein Herz, er liebte ihn mehr als den wortkargen Vater, mehr als seine mit den jüngeren Geschwistern beschäftigte Mutter. Felix, der Einsiedler, wurde sein Lehrer. Es gab Probleme. Er vernachlässigte wegen des Unterrichtes seine Pflichten als Hütejunge, doch die Eltern brauchten ihn als Arbeitskraft. Sie machten ihm Vorwürfe, die Mutter weinte. Aemilian schlief kaum noch. Er versuchte, die Anforderungen der Eltern und die des Lehrers gleichzeitig zu erfüllen. Da erkrankte er schwer. Nur langsam genas der Junge. Danach war er verändert, kein Kind mehr, sondern ein nachdenklicher, junger Mann. Er verließ die Eltern und sein Dorf, widmete sein Leben ganz den Lehren, die ihm Felix vermittelte. Ich denke ihn mir als einen schlanken Jüngling, der durch die Arbeit als Hirte flink und zäh geworden ist, braungebrannt von der Sonne. Schwarze Locken fallen ihm bis auf die Schultern. Er hat ungewöhnliche Augen. Groß und schwarz, wen er anblickt, der fühlt sich durchschaut, aber auch verstanden.

Eigenartigerweise schaffe ich es nicht, ihn älter werden zu lassen. Er bleibt für mich der unfertige Jüngling, der noch sucht, der mit sich kämpft, dem es schwerfällt, sich zu entscheiden und der dennoch weiß, daß er die Familie und seine Freunde verlassen muß, weil ihm ein anderes Leben vorgezeichnet ist. In meiner Phantasie nehme ich selbst die Gestalt verschiedener Figuren an. Zuerst bin ich Felix, der Einsiedler. Diese Rolle macht mir Spaß. Ich freue mich an der Wißbegier und Intelligenz des Jungen. Natürlich kann ich mir nur schwer vorstellen, ihn das Christentum zu lehren, aber ich bringe ihm bei, die Tiere des Waldes zu verstehen, lehre ihn die Sprache der Vögel. Nicht nur, daß jede Vogelart ihren eigenen Reviergesang hat, man kann aus ihrem Gezwitscher und den Rufen viel mehr heraushören: Sie warnen vor Gefahren, sie teilen sich mit, ob sich ein Fuchs anschleicht, ein Marder im Gebüsch lauert oder ein Sperber sie bedroht. Ihr Gesang zeigt an, ob das Nest schon gebaut ist oder erst noch ein Nistplatz gefunden werden muß, ob das Weibchen bereits Eier gelegt hat und brütet oder die Jungen schon geschlüpft sind. Sogar, ob es regnen oder am nächsten Tag die Sonne scheinen wird, kann man aus dem Vogelgesang erfahren.

Aemilian ist ein guter Schüler, sein Gehör ist sogar besser als meines, so kann er die feinen Töne noch genauer unterscheiden. Während ich die liebevolle Achtung und Anbetung des Jungen genieße, den ich nicht wie einen Schüler, sondern wie einen Sohn in mein Herz schließe, merke ich, daß ich lieber selbst Aemilian sein würde. Wie oft habe ich mir als Kind gewünscht, wenn ich in den Wäldern meiner Heimat Freyburg umherstreifte, in den tiefen Buchenwäldern des Rödels, jemandem zu begegnen, den ich alles fragen könnte, der mir alles erklären würde. Ich mußte alles allein begreifen und lernen. Kein Wunder, daß ich mir in der Welt meiner Kindheit einsam und verloren vorkam, denn es gab niemanden, der mir Rat und Trost geben konnte.

Ich wechsle also von der Person des Einsiedlers in die eines Dorfbuben über und bin nun der Freund des Aemilian. Aber wir sind uns zu ähnlich. Ich bringe keinen Gegensatz zu Aemilian zustande. Der Bub ist wie das jüngere Abbild von Aemilian. Er bewundert den Älteren, folgt ihm überallhin und ahmt ihn so lange nach, bis sie eins werden. Besser gelingt mir da schon das Mädchen. Sie ist fremd im Dorf. Niemand kennt ihre Eltern. Sie wurde als Kleinkind im Wald gefunden und von der Familie des Dorfältesten aufgenommen. Aber sie bleibt die Fremde, der man mißtraut, weil ihre Herkunft unbekannt ist. Als ich noch klein bin, leide ich sehr darunter, nicht so wie die anderen zu sein. Ich bin traurig und weine oft. Ich will geliebt sein und in die Gemeinschaft passen. Allmählich merke ich aber, daß mir mein Fremdsein nicht nur Leid bringt, sondern auch Freiheit und Unabhängigkeit, die die Dorfleute nicht besitzen. Ich kann tagelang durch die Wälder streifen, und niemanden kümmert meine Abwesenheit. Ich brauche nicht die schwere Feldarbeit und die eintönige Arbeit im Haus abzuleisten, ich gehe einfach meiner Wege. Die Dörfler schimpfen mich ein unnützes Frauenzimmer. Mich stört ihre Mißachtung wenig, hatten sie mich doch auch nicht beachtet, als ich mich noch um ihre Liebe bemühte. Bei einem meiner Streifzüge begegne ich Aemilian. Er gefällt mir, weil er nicht wie die anderen ist. Seine Lehrzeit bei dem Einsiedler hat er beendet und haust nun allein in seiner Höhle. Ich bleibe bei ihm. Später versuche ich, ihn zu überreden, mit mir zu kommen, hinaus in die Welt. Ich bin neugierig zu erfahren, was es hinter den Wäldern noch zu entdecken gibt. Er aber will nicht mitkommen und behauptet, er müsse bleiben, da ihn die Menschen hier brauchen würden. Das ärgert mich sehr und wir streiten uns. Ich kann nicht verstehen, daß er sich für diese boshaften Menschen aufopfern will. Niemand von denen verdient meiner Ansicht nach seine Hilfe. Ich kann auch nicht einsehen, warum er stundenlang betet. Wenn mir Aemilian von seinem Gott erzählt, der wie ein Vater sei, blickt er so schwärmerisch, daß ich ihn rütteln und schütteln muß, um ihn wieder zur Vernunft zu bringen. Ich mißtraue diesem Gott, wie ich allem mißtraue, was ich nicht selbst entscheiden und tun kann. Ich will niemandem das Recht zugestehen, über mein Leben zu verfügen.

Ich frage meinen schwarzgelockten Freund ein letztes Mal, ob er nun mitkäme, aber er hat nur noch seinen Glauben im Sinn und betet unentwegt. Da verlasse ich ihn und gehe allein fort.

Aber ich kann nicht mehr froh sein. Traurig irre ich umher. Gerade, als ich angestrengt überlege, ob ich zu Aemilian zurückgehen soll oder wie ich meine Geschichte zu einem glücklichen Ende bringen könne, höre ich Autolärm. Tatsächlich, zwei Autos! Noch mal Gas geben, Bremsen quietschen, Türen schlagen. Ich finde mich kaum zurecht. Zwar hatte ich die Straße gesehen, aber nicht vermutet, daß sie auch wirklich benutzt wird. Die Leute, die aus den Fahrzeugen steigen, lärmen mit lauten Stimmen, verbreiten Hektik und zerstören damit den Zauber des Ortes. Beim Klicken der Verschlüsse ihrer Fotoapparate springe ich auf, um die Flucht zu ergreifen. Sie entdecken mich noch, wie ich aus dem Heiligtum entweiche und den Berghang hinauf flüchte. Ich sehe noch ihre offenen Münder und höre einen stottern: »Was, was war denn das?«

Ich finde eine Quelle, die ringsum mit Blumen eingewachsen ist. In der Felswand hängen Farne und Moose. Das hätte der romantische Ort sein können, an dem ich als Dorfmädchen Aemilian das erste Mal begegnet bin. Ich steige die Berge hinauf. Der San Lorenzo lockt mich. Er ist so hoch, daß er noch jetzt, im Mai, mit Schneefeldern bedeckt ist. Als ich über die Baumgrenze gelange, erkenne ich aber, daß es bis zum San Lorenzo noch mehrere Täler und Höhen zu

überwinden gilt, sicherlich eine Dreitageswanderung. Auf meinem
Pilgerweg bin ich erst ungefähr 200 Kilometer vorangekommen.
Die Abzweigung nach San Millán zählt schon 50 Kilometer mehr, da
will ich nicht noch eine unwegsame Bergtour anschließen. Aber so
ohne Ziel habe ich keine Lust, durch die Gegend zu stapfen, also
suche ich mir auf einer Almhöhe einen Platz mit gutem Überblick,
um einen Tag auszuruhen. Ringsum kahle Berge, die Täler mit
dichten Wäldern gefüllt. Die Almwiese ist mit kurzstieligen Trok-
kengräsern bewachsen, zwischen denen Blumen leuchten, von
Wildbienen, Schmetterlingen, Schwebfliegen und Goldwespen um-
schwirrt. Und Grillen zirpen ihre Lieder. Abgelenkt von der Vielfalt
der Natur, gelingt es mir nicht, weitere Aemilian-Geschichten aus-
zudenken. Es ist zehn Uhr abends, als die Sonne glühend hinter den
Bergen versinkt und orangerote Farben über den Himmel fließen.
Jetzt weht ein kalter Wind über die Bergkuppe, und die Temperatur
kühlt ohne Sonnenstrahlung rasch ab. Ich will ins Waldkloster
absteigen und dort übernachten. Erst als es schon Nacht ist, erreiche
ich wieder das Kloster Suso. In der Dunkelheit wirkt das alte Gebäude noch geheimnisvoller als am Tage. Im Innenraum riecht es
dumpf und modrig. Der Schein meiner Taschenlampe fällt auf die
Schädel und Gebeine, die in den Höhlungen der hinteren Lehmwand
liegen. Vielleicht sind es die Knochen von Pilgern, die hier oben
gestorben sind? Ich hatte sie bereits am Morgen gesehen und auch
jetzt im Dunkeln fürchte ich mich nicht. Dennoch wähle ich draußen den Vorbau als Schlafplatz, dort ist die Luft besser. Auch hier
bin ich von Toten umgeben. Aneinandergereiht stehen links und
rechts Särge. Ich rolle Matte und Schlafsack zwischen diesen Steinsärgen aus. In sieben dieser Sarkophage sollen die Infanten von Lara
ruhen, über deren Schicksal ich eine dramatische Geschichte gelesen habe. Sie spielt im 10. Jahrhundert, etwa zur gleichen Zeit, als
dieses Heiligtum eingeweiht wurde. Das Geschlecht der Lara war
eines der vornehmsten der Gegend. Die sieben Brüder nahmen an
der Hochzeit ihres Onkels Ruy Velasquez teil. Jedoch die Braut,
Doña Lambra, konnte ihre zukünftigen Neffen nicht ausstehen. Sie
stiftete deshalb ihre Spaßmacher an, die Laras zu beleidigen. Um
seine Ehre wiederherzustellen, zog einer der Infanten sein Schwert

und tötete den Lakai, der sich zu Füßen der Doña Lambra geflüchtet hatte. Verärgert, weil es ihr nicht gelang, den Spaßmacher zu schützen, überredete sie ihren Gemahl, die Tat zu rächen. Der aber wollte sich die Hände nicht schmutzig machen. Deshalb sorgte er dafür, daß die sieben Brüder von den Arabern gefangen wurden. Den Arabern ließ er die Nachricht zukommen, die Jünglinge seien gefährliche Missetäter, die sofort getötet werden müßten. Um nicht die Rache des Vaters auf sich zu ziehen, schickte er seinen bis dahin noch ahnungslosen Schwager Gonzalo Gustíos mit einem diplomatischen Sendschreiben zum maurischen Feldherrn Almansor, jener, der San Millán de Suso zerstört haben soll. In dem Brief stand, der Bote sei auf der Stelle umzubringen. Nun durchschaute Almansor die List. Den ersten Auftrag hatte er noch ausführen lassen, aber als er bemerkte, daß der Überbringer des Schreibens der Vater der zuvor Getöteten sei, ließ er ihn leben. Vielleicht weniger aus Mitleid, sondern um ein Druckmittel gegen Ruy Velasquez in der Hand zu behalten. Viele Jahre war Gonzalo Gustíos ein Gefangener von Almansor. Die Schwester Almansors verliebte sich in den gefangenen Christen und gebar einen Sohn. Ihr Kind, Mudarra, wuchs mit dem brennenden Wunsch seines Vaters auf, die Halbbrüder zu rächen. Und Mudarra ruhte nicht, bis er Ruy Velasquez und Doña Lambra aufspürte und tötete.

Die Überreste der sieben Brüder liegen hier neben mir in ihren Särgen. Sie hatten ein kurzes Leben und einen schnellen Tod durch einen Schwerthieb. Was aber mag mit Mudarra geschehen sein, nachdem er das Rachegelübde seines Vaters erfüllt hatte? Ich könnte mir denken, daß er schon bald in einem der Kämpfe zwischen Christen und Arabern getötet wurde. Auf wessen Seite wird er gestanden haben und wie mag er mit dem Konflikt fertig geworden sein, von Geburt halb Moslem, halb Christ? Und die schöne Schwester Almansors, wie ist ihr Leben verlaufen? Durfte Gonzalo als Greis endlich nach Hause? Was ist aus seiner ersten Frau, die sieben Söhne gebar und wieder verlor, geworden? Ich bekomme eine Gänsehaut, wenn ich mir die vielen Menschen vorstelle, die grausame Schicksale ertragen mußten. Wieviel Verzweiflung und Haß, wieviel Leid, Tränen und Flüche hat es schon auf der Erde gegeben.

Verglichen mit dem Mittelalter ist unser Leben scheinbar gesittet und geregelt und die Leidenschaften sind weitgehend gebändigt. Damals jedoch entzündeten sich die Emotionen schnell am verletzten Ehrgefühl. Gekränkte Ehre konnte nur durch den Tod des Gegners wiederhergestellt werden. Jedes Unrecht forderte Rache. Unrecht gebar Gegenunrecht. Tod um Tod! Aber sind wir wirklich anders? Auch wir führen weiter Kriege und zerstören die Umwelt. Unsere Zivilisation, auf die viele so stolz sind, ist nur wie eine dünne Schale, die kaum verdeckt, daß auch unser Leben von den elementaren Naturgesetzen bestimmt wird.

In der Nacht wache ich immer wieder auf. Im Mondlicht schimmern die Steinplatten der Särge neben mir. Ich träume von einer wilden Schlacht, wache wieder auf und sehe beruhigt den Mond durch die Arkadenbögen schimmern. Ich bin müde, doch kann ich lange nicht wieder einschlafen. Am Morgen erwache ich mit einem schweren Kopf und dem Gefühl der Enttäuschung. Nichts ist geschehen! Was hatte ich denn auch erwartet? Natürlich glaube ich nicht an Visionen, San Millán hätte mir aber trotzdem erscheinen können, aber nicht einmal im Traum hat er zu mir gesprochen. Hatte nicht der Pfarrer in Azofra versprochen, in San Millán de Suso würde ich Wichtiges über mich erfahren? Zwei volle Tage habe ich für diesen Abstecher aufgewendet, und heute sind es noch einmal zwanzig Kilometer zurück zum Pilgerweg. San Millán! Er hat sich mir nicht gezeigt und mir keinen Rat gegeben.

12 Von San Millán de Suso nach Santo Domingo

Die ersten Schritte sind mühsam. Die Füße fühlen sich klumpig an; die festen Wanderschuhe zwängen sie ein. Gestern bin ich barfuß oder in den blauen Sandalen gelaufen und hatte gehofft, der Ruhetag würde meinen Füßen guttun, das Gegenteil ist der Fall. Jetzt spüre ich erst richtig, wie mitgenommen sie nach elf Wandertagen sind. Oder schiebe ich die leidigen Füße als Grund vor, um nicht weitergehen zu müssen? Mir scheint, ich bewege mich im Kreis. Ich

hatte geglaubt, ich müsse einfach nur aufbrechen, mich aus ver-
brauchten, beengenden Bindungen befreien, dann würde sich schon
etwas Neues, Sinnvolles ergeben. Aber ich habe kein Ziel. Das ist es!
Ich wandere durch mein Leben, ähnlich wie auf diesem Pilgerweg,
nehme Strukturen der Landschaften in mich auf, beobachte Tiere
und Menschen, freue mich an Blumen und Bäumen, bewundere
Kirchen, Brücken und Klöster, fühle Wind und Sonne auf meiner
Haut, höre den Vögeln und dem Wasser zu und rieche den Duft der
Erde. Aber ich selbst bin gar nicht richtig da. Die Umwelt dringt
zwar durch meine Sinnesorgane in mich ein, aber ich selbst, wer bin
ich? Ich habe das Gefühl, uralt zu sein und alles schon erlebt zu
haben, aber dennoch immer von neuem dieselben Qualen erleiden
zu müssen, immer weiter, ohne Ruh wie Ahasver. Als ob ein
Kindheitserlebnis mein ganzes Leben bestimmen würde. Die Erinnerung ist so frisch und deutlich, als wäre ich damals nicht erst drei
Jahre alt gewesen. Vielleicht ist das Bild deshalb so klar, weil ich zum
ersten Mal die Umwelt bewußt wahrnahm. Ich sah eine Landschaft,
ähnlich wie ich sie jetzt auf dem Pilgerweg erlebe. Ich spürte den
warmen Sommerwind. Auch an den Geruch erinnere ich mich
genau, es roch wie hier zwischen den spanischen Feldern. Mein
Vater hatte mich auf einen Spaziergang mitgenommen. Emporgehoben auf seinen Schultern und von seinen Schritten gewiegt,
wurde ich plötzlich meiner selbst bewußt. So, als sei ein Vorhang
vor mir weggezogen worden. Zuerst sah ich die helle Sonne, die alles
überstrahlte. Der Himmel war blau und weit. Dann erblickte ich den
grünbewachsenen Feldweg und die wogenden Kornfelder, Mohn
und blaue Kornblumen zwischen den Ähren. Und dort, wo Erde und
Himmel zusammenstießen, dorthin wollte ich gehen, in diese
Ferne! Ich wußte plötzlich, daß ich lebte, um immerzu durch die
Welt zu wandern, fernen Horizonten entgegen. Mein erstes Gefühl
war zunächst Freude, hellauf jauchzende Freude – ich war bereit!
Sofort! Gleich! Aber ich mußte erst erwachsen werden. Später, als
ich älter wurde, kamen allmählich die Fragen: Warum, wozu, weshalb sollte ich durch die Welt ziehen? In mir selbst fand ich Antworten: Ich wollte Zeuge sein, Beobachter, alles sehen, hören, fühlen,
schmecken und in mich aufnehmen. Ich bereitete mich intensiv vor.

Übte mich schon als Kind, bewußt wahrzunehmen und meine Beobachtungen aufzuschreiben und ich trainierte meinen Körper für die zu erwartenden Entbehrungen. Ich hütete mich vor allzu engen Bindungen, um niemanden im Stich lassen zu müssen. Als ich dann losgehen wollte, waren die Grenzen meiner Heimat inzwischen geschlossen. Ich studierte Biologie, mit der festen Überzeugung, als Wissenschaftlerin Sibirien und die Mongolei erforschen zu können. Ich hätte wissen müssen, daß ich niemals die Möglichkeit dazu erhalten würde. Manchmal wünschte ich, diese Sehnsucht nach der Ferne möge verschwinden.

Das Biologiestudium war beendet und meine Träume waren scheinbar nicht zu verwirklichen. Aber ich konnte sie nicht aufgeben und ein normales Leben wählen. Mit einem Neoprenanzug gegen die Kälte geschützt, schwamm ich 36 Stunden durch die Ostsee, um aus meinem Land zu flüchten, das für mich keinen Horizont mehr hatte, sondern nur noch Grenzen. Endlich in Westdeutschland angekommen, sollte sich nun erfüllen, wovon ich seit meinem dritten Lebensjahr geträumt hatte! Jetzt wollte ich losgehen! Aber wohin? Alle Himmelsrichtungen waren nun für mich offen. Das war wie ein Schock und ich war unfähig, mich von der Stelle zu rühren. Ich brauchte Zeit, um mich neu zu orientieren, und bewarb mich an einem Forschungsinstitut. Keine feste Anstellung, nein, dazu war ich nicht bereit, aber ein auf drei Jahre begrenztes Promotionsstudium. Das bedeutete natürlich zunächst wieder einen Aufschub. Danach sollte es aber losgehen. Aber die Jahre vergingen, während ich mich mit vielen Dingen beschäftigte, Völkerkunde studierte, um noch besser auf meine Aufgabe vorbereitet zu sein und auch einige Reisen unternahm. Aber zu der großen Fahrt, die ich mir als Kind fest als Lebensaufgabe vorgenommen hatte, brach ich nicht auf. Damals hatte ich mir eine Expedition in unbekannte Gebiete vorgestellt, ich wollte Pflanzen und Tiere entdecken, die noch nie zuvor ein Mensch gesehen hatte, und fremde Völker aufsuchen, bei ihnen wohnen und ihre Lebensweisen kennenlernen. Doch auf der Erde gibt es keinen Ort mehr, der noch unentdeckt ist.

Ich bin schon weit von San Millán de Suso entfernt. Wenn ich mich umschaue, sehe ich im klaren Morgenlicht die blauen Berge in den Himmel ragen. Vor mir erstrecken sich Felder, gemustert mit grünen Wiesenflecken. Kein Autolärm stört. Ein Bauer zockelt mit einem Pferdefuhrwerk das Sträßchen entlang. Laut schmettert er ein Lied in den frischen Morgen. Stunden später steht die Sonne im Zenit. Sie brennt herunter und verströmt ihre Hitze bis zum Abend. Müdigkeit und Erschöpfung werden mir kaum bewußt, und ich beende die Etappe erst, als ich Santo Domingo de la Calzada erreiche. In Santo Domingo ändert sich abrupt meine Situation. Da sind sie, die anderen! Es wird mir erst jetzt bewußt, wie allein ich bisher war. Zwar gab es die interessanten Gespräche mit den Pfarrern und Mönchen und die Begegnungen mit Dorfbewohnern, aber gegenseitiger Austausch war nicht möglich. Und die Gesprächspartner mußten zurückbleiben, während ich weiterging. So war ich ein einsamer Wanderer, der eine verrückte Idee verwirklichte. Plötzlich sind sie da, die anderen Pilger: Da ist Atze, ein Holländer, Justin, ein Franzose und Gerda aus Deutschland. Später kommen noch Tomas, ein Italiener, der Pole Pavel und der Spanier Sergio dazu.

Mein Rucksack und die Wanderschuhe kennzeichnen mich in Pedros Augen als Pilgerin. Pedro ist der Herbergsvater. Gestikulierend stürzt er hinter mir her, als ich einen Weg einschlage, der aus Santo Domingo hinausführt, um unter freiem Himmel ein Nachtlager zu finden. Er meint, das ginge auf gar keinen Fall! Er sei ein Pilgervater, und da hätte ich auf ihn zu hören. In Santo Domingo gibt es die *amigos del camino*, einen Verein, der die historischen Traditionen wieder aufleben läßt. Um das Pilgern zu fördern, stellen die *amigos* unentgeltlich in einem historischen Gebäude *la casa de peregrinos* eine komfortable Unterkunft zur Verfügung mit mehreren Zimmern, Küche, Aufenthalts- und Waschräumen. Und Pedro macht es sich zur Aufgabe, jeden Pilger auch tatsächlich in die Herberge zu lotsen. Justin und Gerda sind bereits da. Dann stürmt Atze herein. Ich sehe zuerst nur seine langen Beine, und da der Holländer kurze Hosen trägt, kann ich muskulöse Waden bewundern. Der hat es gut, denke ich neidisch, denn mühelos rennt er mit diesen langen Beinen bis Santiago.

»Von woher kommst du heute?« frage ich.

»Logroño.«

»Was?« Mir bleibt der Mund offen. Logroño ist 50 Kilometer entfernt! Das ist eine Leistung!

»Ach«, erwiderte er, »ich habe schlimme Probleme beim Laufen. In Logroño mußte ich einen Arzt konsultieren und habe zehn Tage lang die Füße gesalbt, massiert und mit Binden umwickelt. Schließlich kaufte ich ein gebrauchtes Fahrrad. Aber diese 50 Kilometer mit dem Fahrrad waren noch schlimmer. Mit dem schweren Rucksack auf dem Rücken konnte ich kaum das Gleichgewicht halten. Statt auf dem Fußweg mußte ich auf der Straße fahren. Eine Qual, sage ich euch! Ständig die Lastwagen, fast haben sie mich überfahren.«

Der zweiundzwanzigjährige Junge mit der hellblonden Igelbürste macht einen sehr verzweifelten Eindruck.

»Ich glaube, ich muß aufgeben.«

Justin klopft ihm auf die Schulter. »Nur Mut, das schaffen wir schon. Du schenkst dein Fahrrad den *amigos*, und wir gehen zusammen zu Fuß.«

Justin ist ein kleiner, dunkler Franzose mit kurzen Beinen und rundem Bauch. Er wird in vier Monaten 60 Jahre alt. Wir sprechen spanisch miteinander.

Durch die Unterhaltung mit den anderen wird mir deutlich, daß der Pilgerweg die Grenzen zwischen den Menschen aufhebt. Nation, Alter, Religion, Herkunft, Ausbildung, Beruf werden unwichtig. Doch obwohl wir alle das gleiche Ziel haben, folgt jeder seinem eigenen Weg.

»Es ist Zeit. Laßt uns zur Messe in die Kathedrale gehen«, sagt Justin.

Von weitem sehen wir den 70 Meter hohen Glockenturm. Der Kirchenraum hat hallenartige Ausmaße, es sind drei Schiffe, von mächtigen Pfeilerbündeln abgestützt und von Netzgewölben überspannt.

»Seht die Hühner dort.« Justin zeigt auf einen Käfig, in dem sich tatsächlich ein weißer Hahn und eine Henne befinden. Seltsam, Hühnerhaltung in einer Kirche?

»Sie sind hier wegen des Hühnerwunders. Kennt ihr diese Legende?« fragt Justin und erzählt sie uns gleich: »Ein Ehepaar aus

Deutschland wallfahrte mit seinem achtzehnjährigen Sohn Hugo-nell nach Santiago. In der Herberge von Santo Domingo verliebte sich die Wirtstochter in den hübschen Jungen. Warum auch immer, der junge Deutsche ließ sich nicht verführen. Das Mädchen war sehr gekränkt und ihre Liebe verwandelte sich in Haß. Sie versteckte einen Silberbecher im Gepäck des Jünglings. Der »Diebstahl« wurde entdeckt und der Richter sprach das Urteil: Tod durch Erhängen, eine damals durchaus übliche Bestrafung von Dieben.«

Justin blickt in die Runde, ob wir uns von seiner Erzählung fesseln lassen. »Paßt auf, nun beginnt das Wunder. Als seine Eltern auf der Rückkehr von Santiago wieder am Richtplatz vorbeikamen und weinend am Galgen niedersanken, hörten sie plötzlich die Stimme ihres Sohnes Hugonell: »Seid nicht betrübt, liebe Eltern. Ich lebe! Der heilige Santiago hat mich gerettet, weil ich unschuldig bin. Bittet den Richter, er soll mich abschneiden lassen.« Doch dieser hatte sich gerade zu Tisch gesetzt und rief zornig: »Euer Sohn ist so lebendig wie diese zwei gebratenen Hühner hier. Da begannen Hahn und Henne mit den Flügeln zu schlagen, der Hahn krähte, die Henne gackerte, und sie flogen von der Tafel auf. Die Unschuld des jungen Hugonell war erwiesen.«

»Na, Justin, glaubst du die Geschichte?« neckte ihn Atze.

»Natürlich! Als Beweis dienen ja die Hühner dort«, erwiderte verschmitzt lächelnd der Franzose.

»Ich denke, daß im Laufe der Zeit immer mehr dazugedichtet wurde«, mischt sich Gerda ein.

Der Gottesdienst beginnt. Die Bankreihen sind voll besetzt. Mich macht es verlegen, wenn die Gläubigen während der Predigt niederknien. Atze und ich sind die einzigen, die sitzen bleiben. Das erinnert mich an eine mißliche Situation, als ich sechs Jahre war. Die Mutter hatte mich in Dresden in den Zug gesetzt, mit einem Papp-schild, auf dem mein Name stand, denn die Großeltern in Lübeck hatten mich noch nie gesehen. Das Erkennen verlief problemlos, aber dann nahm mich die Großmutter unvorbereitet mit in einen Gottesdienst. Das war das erste Mal, daß ich eine katholische Messe erlebte. Ich erschrak heftig, als unvermutet alle Menschen nach unten auf die Knie sanken. Ich kleiner Knirps überragte nun alle.

Santo Domingo mit seinen Hühnern

Der Priester, der für mich zuvor durch die Leute verdeckt gewesen war, schaute mir in die Augen. Ich erstarrte und fühlte mich ertappt. Ohne den Grund zu erkennen, flößte mir der Blick des Pfarrers Schuldgefühle ein. Es schien eine Ewigkeit zu dauern, bis endlich die Gläubigen nach oben kamen und ich wieder in ihrer Mitte verschwand. Ich atmete gerade auf und die Erstarrung löste sich, als sie wieder nach unten tauchten. Und erneut war ich dem prüfend strafenden Blick des Geistlichen ausgesetzt. Aber so oft auch die Leute noch niederknieten, ich kam nicht auf die Idee, es ihnen nachzumachen. In mir sammelte sich Groll an, der sich danach beim Mittagessen mit den Großeltern entlud. Ich weiß den Auslöser nicht mehr, wahrscheinlich war es das Tischgebet des Großvaters. Ich erhob meine Stimme und erklärte kategorisch, es gebe keinen Gott! So ein dummer Quatsch sei das, das wüßte bei uns schon jedes Kind. Alle starrten mich an. Totenstille herrschte.

»Bitte verlasse den Tisch und gehe in dein Zimmer«, befahl die Großmutter.

Ich weiß nicht, wie lange ich dort gesessen haben mag, jedenfalls lange genug, um mich in eine verbitterte Anklage zu steigern. Ich würde es denen schon zeigen, wer hier im Recht ist. Nur weil ich die Wahrheit gesagt hatte, ließen sie mich hungern. Ich würde überhaupt niemals mehr essen, bis sie sich bei mir entschuldigt hätten. Lange müßten sie mich um Verzeihung bitten. Als die Großmutter ins Zimmer trat, war ich wütend und widerborstig. Aber sie sprach gar nicht über den Vorfall, sondern erzählte von ihrer Flucht aus Oberschlesien, wie schwer und furchtbar das gewesen war. »Siehst du«, sagte sie, »als es gar nicht mehr zu ertragen war, half uns Gott. Er steht uns jeden Tag bei, wenn uns das Herz brechen will, weil wir unsere Heimat verloren haben.«

Ich schaute sie groß an und begriff langsam. Die Großeltern taten mir nun sehr leid. Ich hatte nicht erwartet, daß sie immer noch jemanden brauchten, wie ein Kind, das bei den Eltern Hilfe findet. Erwachsensein bedeutete für mich, ganz allein mit sich selbst und seinen Problemen fertig zu werden. Und ich übte schon sehr entschlossen, ohne Eltern zurechtzukommen. Ich fühlte mich der Oma und dem Opa überlegen. Wenn ich groß bin, dann würde ich niemanden um Rat und Hilfe anflehen müssen, so wie sie ihren Gott.

»Du hast dem Opi sehr weh getan«, sprach sie weiter. »Er leidet schon genug, weil sein Sohn, dein Vater, Gott verlassen hat. Opi hatte sich auf dich gefreut, und nun lästerst du Gott. Geh und entschuldige dich.«

Ich war nun sofort bereit, mich zu entschuldigen. Denn ich hatte Mitleid mit den Großeltern, sie schienen mir hilfebedürftig zu sein, beinahe wie Kranke, mit denen man sehr rücksichtsvoll umgehen mußte, und ein bißchen schämte ich mich, daß ich, ein Kind, ihnen überlegen war. Das Erlebnis prägte mich. Nie wieder war ich später in der Lage, einen Disput über Glaubensfragen zu führen. Immer entstand sofort das Gefühl, dem anderen, dem Schwachen, nicht weh tun zu dürfen. Wer Gott braucht, der mag eben an ihn glauben. Ich werde nicht mit ihm streiten, denn es gibt keine Wahrheit an sich. Jeder Mensch hat seine eigene Wahrheit, so viel Wahrheit, wie er zulassen kann, um das Leben auszuhalten.

Der Gottesdienst ist zu Ende. Wir verlassen die Kathedrale. Ein Mann spricht uns an: »*Peregrinos?* Seid ihr Pilger? Ich gehöre zu den *amigos del camino*. Bitte, kommt doch mit, ich möchte euch mit den anderen bekannt machen.« Er führt uns in ein Haus. An einer langen Tafel sitzen die *amigos* und heben begrüßend ihre Rotweinkrüge. »Willkommen! Setzt euch!« schallt es uns herzlich entgegen. Wir müssen immer wieder bestätigen, das Refugio in Santo Domingo sei das Beste des ganzen Weges. Ob wir das Grabmal des heiligen Domingo in der Kathedrale bemerkt hätten? Natürlich, wie hätten wir es übersehen können. Santo Domingo ist der Namensgeber und Patron der Stadt. Die 15 *amigos* übertreffen sich gegenseitig an Lautstärke und Wissen, uns über Leben und Taten dieses großen Heiligen zu informieren. Es ist die verblüffende Geschichte, wie einer, mit gewiß großartigen Leistungen beim Brücken- und Straßenbau, Karriere als Heiliger machte. Es heißt, er sei Eremit gewesen, aber er kann kein sehr einsames Einsiedlerdasein geführt haben, denn für seine Bauwerke benötigte er die Hilfe zahlreicher Menschen. Im elften Jahrhundert, als Domingo lebte, führte der Pilgerweg durch eine unsichere Grenzlandschaft, jederzeit war mit

Überfällen arabischer Reiterabteilungen zu rechnen oder mit maro-dierenden Straßenräubern. Der Weg bestand aus der verfallenden römischen Straße oder aus kaum gebahnten Pfaden. Besondere Schwierigkeiten bereitete das Überqueren der Flüsse. Manchmal mußten sie durchwatet werden oder die Pilger waren auf Fähren angewiesen. Zuerst baute Domingo eine Brücke über den Fluß Oja, mit 24 Bögen überspannte sie den oft gefährlich angeschwollenen Fluß. Domingo schuf sich eine Bleibe östlich der Oja, wo sich heute die Stadt befindet, die nach ihm benannt wurde und konstruierte fleißig weitere Brücken, Wege und Pilgerherbergen. Wegen seiner Verdienste zum Wohle der Pilger wurde Domingo heiliggespro-chen. Er starb im Jahr 1109. Übrigens sind die *amigos* der Meinung, es sei Santo Domingo gewesen, der den blonden Hugonell vor dem Tod am Galgen bewahrt habe.

13 Von Santo Domingo nach Juan de Ortega

Justin und Atze hatten wie ich ihren Pilgerweg in St.-Jean-Pied-de-Port begonnen, Gerda in Pamplona, weil sie nicht allein das Gebirge überqueren wollte. Rund 200 Kilometer lang sind wir uns nicht begegnet. Atze hatte den größten Vorsprung. Doch er verlief sich in den Pyrenäen und überanstrengte sich, weshalb er in Logroño pau-sieren mußte. Ich habe durch den Abstecher nach San Millán Zeit eingebüßt. Als letzter war Justin gestartet. Durch größere Tages-etappen gelang es ihm, Gerda, die zwei Tage voraus war, einzuho-len. Jeder von uns hatte sich bisher als Alleingänger auf dem Weg gefühlt. Jetzt war es irritierend zu erfahren, daß vor mir und hinter mir noch andere waren. Was ich als einmaliges Erlebnis für mich verbuchte, das hatte vor mir Atze schon gesehen, und nach mir stand es Gerda und Justin bevor. Bei den Gesprächen wandelte sich das irritierende Gefühl bald in eines von Verbundenheit. Ich freute mich, daß auch die anderen vom einsamen Eunate berührt und ebenfalls von den romanischen Portalen begeistert waren und in Puenta la Reina die Brücke bewundert hatten. Die Empfindungen stimmten überein. Jeder hatte außerdem noch seine eigenen Erlebnisse. Wir hörten von Dingen, die auf dem Weg zu finden gewesen waren, aber für die nur einer von uns die richtigen Augen gehabt hatte. So erlebten wir die Strecke vierfach.

Es ergibt sich von selbst, daß wir am Morgen gemeinsam die *casa del peregrinos* verlassen. Eine Etappe fast nur auf der Landstraße steht uns bevor. Zusammen ist es ertragbarer. Mir scheint, meine Weggenossen empfinden den Lärm, den Gestank und den Rückwind der Fahrzeuge nicht so schlimm wie ich, oder finden sie sich nur besser in das Unvermeidliche? Es gelingt ihnen sogar, sich zu unterhalten, als ob die Tage des Alleinwanderns den Rededrang aufgestaut haben. Ich höre ihnen zu, denn es interessiert mich zu erfahren, warum die anderen den Pilgerweg gehen. Gerda erzählt mir von ihrem Leben. Sie macht auf mich einen sehr weichen, unselbständigen und zaghaften Eindruck. Von vornherein hätte ich ihr nicht zugetraut, daß sie eine derartige Strapaze unternimmt und noch dazu den Mut findet, allein aufzubrechen. »Eine Freundin hatte mir versprochen mitzugehen«, erklärt sie, »dann hat sie aber einen Rückzieher gemacht, und ich habe niemanden mehr finden können. Da bin ich allein los, denn ich hatte mich zu sehr auf den Pilgerweg innerlich eingestellt.«

Gerda ist 48 Jahre alt. Im Gespräch merke ich bald, daß sie sich in einer Krise befindet.

»Das ist halt so«, sagt sie, »wenn man drei Kinder hat und sie sind dann plötzlich erwachsen und gehen von zu Hause weg. Ich habe immer verzichtet, was mir nie schwerfiel, denn es war ja für die Kinder. Nun, da sie ihr selbständiges Leben beginnen, merke ich, daß ich selbst gar kein eigenes mehr habe. Ich wollte Malerin werden, hatte sogar einen Studienplatz. Da kam Norbert, mein erster Sohn. Zuerst besuchte ich noch mit Baby die Kurse, hatte zwischen Wickeltisch und Küchenherd den Skizzenblock liegen. Es kam nicht viel dabei heraus. Ich verglich meine kümmerlichen Versuche mit den Fortschritten der Studienkollegen. Es war deprimierend, nahm mir den Mut. Ich war ständig müde und nervös. Da gab ich auf. Als dann noch meine Kinder Georg und Christian geboren waren, hatte ich genug zu tun und dachte kaum noch ans Malen.«

Gerda kam nicht einmal mehr dazu, Ausstellungen zu besuchen. Sie hatte die Malerei völlig aus ihrem Leben gestrichen. »Aus dem ganz tiefen Tief bin ich heraus«, sie lächelt zaghaft, »das war, nachdem Christian, mein Jüngster, mit seiner Freundin zusammenzog. Können Sie sich vorstellen, was das für eine Mutter bedeutet, die drei Söhne allein aufgezogen hat und plötzlich ist niemand mehr da, der einen noch braucht? Als ich so verzweifelt war, hörte ich zufällig von dem Pilgerweg. Ich weiß nicht wieso, aber da war dieser Gedanke, wenn du es schaffst bis nach Santiago, dann hat dein Leben noch einen Sinn. Und ich sage Ihnen, seitdem ich mich auf die Pilgerreise vorbereitete, ging es mir besser. Ich besuchte einen Malkurs, und jetzt mache ich unterwegs Skizzen. Ich fange wieder neu an.«

Sie sagt es nicht triumphierend, es klingt vorsichtig, als würde sie sich noch nicht recht trauen können, ihre blaßblauen Augen aber lächeln selbstbewußter, als es der Klang ihrer Stimme vermuten läßt.

Auch bei Justin ist ein Lebensabschnitt zu Ende gegangen. Er war jahrelang als Montagearbeiter für Erdölfirmen tätig, hat Raffinerien im Kongo und in Lybien mit aufgebaut.

»Nach der harten Arbeit nun diese plötzliche Ruhe«, erklärt er. »Seit einem halben Jahr bin ich bereits in Rente. Gehöre ich etwa schon zum alten Eisen? Nein, jeder Kilometer, den ich zurücklege, gibt mir mehr Kraft!« verkündet er optimistisch. »Ich habe noch viel vor. Was? Vielleicht erfahre ich es durch den Pilgerweg.«

Die Lebensprobleme des jungen Holländers sind komplizierter. Er weiß sehr gut, was er nicht will, aber er kann sich nicht entscheiden, was er will. Mal taumelt er hierhin, mal dorthin. Atze hat ein Ingenieurstudium begonnen, obwohl ihm alles Technische zuwider ist. Er grübelt nach über den Sinn des Lebens und faßt mitunter extreme Beschlüsse. Weil er meint, durch die Medien falsch beeinflußt zu werden, liest er keine Zeitung, hört kein Radio und sieht kein Fernsehen mehr. Er ist von den Dingen der Welt gleichzeitig abgestoßen und angezogen. Dabei leidet er unter einem rigorosen Absolutheitsanspruch: Er will die eine einzige, richtige Wahrheit finden. Er erlebt Phasen, in denen er sich selbst haßt, dann schließt er sich tagelang ein und ernährt sich nur von Konserven, dann wieder stürzt er sich in hektische Aktivitäten.

»Wenn ich durchhalte bis Santiago, dann habe ich das erste Mal in meinem Leben etwas fertig gebracht. Keiner meiner Freunde glaubt, daß ich es schaffe.«

Ein Auto hupt und hält an. Zwei Spanier steigen aus, winken und kommen auf unsere Seite. Sie schütteln uns enthusiastisch die Hände und umarmen uns begeistert. Sie sind *amigos del camino* und fahren geradewegs zu einem Treffen nach Burgos. Dort wollen sie beratschlagen, wie der Pilgerweg noch attraktiver zu gestalten sei.

»Neue *refugios* müssen gebaut werden!« rufen sie aus. »Nach jeder Tagesetappe muß es eine Unterkunft geben. Keine primitiven ohne Wasser wie bisher, sondern solche wie in Santo Domingo. Nicht wahr, dort hat es Ihnen gefallen?«

Wieder werden wir umarmt, Küsse auf die Wangen, schon sitzen die beiden *amigos* wieder im Auto, noch mal hupen, winken, »*suerte por el camino* – Glück auf den Weg« und da brausen sie davon.

Der Pilgerweg wird seine Wirkung verlieren, wenn tatsächlich eine Kette komfortabler Refugios aneinandergereiht werden. Es ist dann ein Fernwanderweg wie jeder andere. Pilgern bedeutet auch, Entbehrungen auf sich zu nehmen, also die Mühsale des Weges zu ertragen: Hunger, Durst, Kälte, Hitze, ein hartes Lager, Erschöpfung. Wer sich diesen Plagen stellt und sie überwindet, erfährt eine Art Läuterung und Bewußtwerdung. Selbstverständliches ist plötzlich nicht mehr selbstverständlich. Man merkt, wieviel Kraft es kostet, mit Unbequemlichkeiten fertig zu werden, aber nach der Überwindung erhält man vielfache Kraft zurück. Es sind elementare Erlebnisse, die so im Alltagsleben nicht erfahrbar sind. Deswegen ist der Pilgerzug für jeden eine seine Persönlichkeit beeinflussende Erfahrung. Darum sollten Herbergen wie in Santo Domingo eine Ausnahme bleiben.

»Nichts bleibt, wie es ist«, sagt Justin. »Seien wir froh, daß wir den Weg noch auf diese Weise erleben können.«

»Es werden mehr und mehr Leute nach Santiago pilgern«, prophezeit Atze. »Die Spanier verdienen an dem Pilgerstrom und bauen dann viele Unterkünfte. Und dadurch kommen noch mehr Menschen. Puh, ein schlimmer Kreislauf.«

»Es bleibt jedem freigestellt, wo er übernachtet«, meint Gerda.

»Wer schwimmt schon gegen den Strom«, gibt Justin zu bedenken. »Ich nicht – wenn es bequeme Unterkünfte jetzt schon überall gäbe, ginge ich nicht vorbei. Da wäre ich ja bescheuert. Aber da es sie nicht gibt, war ich in Los Arcos bei einem Pfarrer zum Abendessen eingeladen, und in Cirauqui habe ich bei einer Familie übernachtet. Wenn es zukünftig genügend Herbergen geben wird, werden sich die Kontakte zu den Menschen nicht mehr so einfach ergeben.«

»Durch das Pilgern bin ich selbstbewußter geworden«, sagt Atze. »Schade, wenn der *camino* zu einem touristischen Wanderweg ausgebaut wird, können die Menschen in einigen Jahren nicht diese Erfahrungen machen wie wir jetzt noch.«

»Für mich ist es anstrengend genug, jeden Tag zu laufen«, widerspricht Gerda. »Da bin ich dankbar, wenn ich am Abend ein Quartier vorfinde und duschen und mich erholen kann.« Atze bleibt bei seiner Meinung: »Das Einmalige des Pilgerweges, ein Weg zu sein zu sich selbst, ginge verloren. Nur durch Überwindung von Schwierigkeiten wird man sich der eigenen Kraft bewußt, das lerne ich jeden Tag auf dem *camino*.«

Die Straße führt durch eintönig grüne Felder. Die Grenze zwischen Rioja und Altkastilien verläuft hier. Der Boden scheint in Kastilien weniger fruchtbar zu sein als in der Provinz Rioja. Das Getreide wächst spärlich.

Wir erreichen Redecilla del camino, ein eher armseliges Dorf. Dabei deutet der Zusatz »*del camino*« darauf hin, daß Redecilla einstmals eine wichtige Station des Pilgerweges war. Die Kirche birgt eine Kostbarkeit, ein romanisches Taufbecken. Aus einem einzigen großen Stein gehauen, hat er die Form eines Kelches. In die Außenwand des Kelches sind Häuser mit Balkonen, Türmen und Fenstern gemeißelt. Sie stellen das himmlische Jerusalem dar.

Als wir aus der Kirche heraustreten, ziehen gerade Kühe zum abendlichen Melken nach Redecilla ein. Die Herde füllt die Dorfstraße aus, schiebt und drängelt braunweiß aneinander vorbei. Jede sucht ihre eigene heimische Stalltür, vor der sie geduldig stehenbleibt, bis sie von den Menschen eingelassen wird.

Wir gehen noch gemeinsam bis Belorado, wo die anderen vom

Abends sitzen die Dorfbewohner vor ihren Häusern

Pfarrer ein Matratzenlager zugewiesen bekommen. Ich wandere allein noch zwei Stunden weiter bis in die Oca-Berge. Das Land steigt an, langsam, unaufhörlich. Das Abendlicht ist mild und weich. Grauammern trillern monoton. Ich genieße es, wieder allein zu sein und die Natur zu spüren. Das Zusammensein mit Menschen lenkt ab und die Gespräche strengen an, ich brauche dann wieder Distanz.

Vor den Bergen liegt Villafranca *de Montes de Oca*, so benannt nach den Franzosen, die sich hier wie vielerorts in Spanien ansiedelten. Heute ein armes Nest, war Villafranca einstmals Bischofsstadt. Die mächtige Kirche erinnert an den ehemaligen Glanz und Reichtum. Die Tür ist abgeschlossen. Dorfleute erzählen, den Schlüssel hätte nur der Pfarrer. Eine Frau will mir behilflich sein und klopft heftig gegen eine Holztür, zuckt dann die Schultern und meint:

»Nicht da!« Niemand weiß, wo der Pfarrer sein könnte. Sehenswert sollen eine Santiago-Figur sein und eine riesige Muschel von den Philippinen, die als Weihwasserbecken dient.

Nur noch Spuren künden von der vornehmen Schönheit des Pilgerhospitals San Anton. Es wurde 1380 gegründet und war bis zum 18. Jahrhundert in Betrieb, jetzt ist es eine zerfallende Ruine.

Außerhalb von Villafranca ein Friedhof. Im Viereck die weißen Mauern. Gräber mit eisernen Kreuzen, halbversunken im Boden, von Gras überwuchert. Holzkreuze liegen zerbrochen auf der Erde und vermodern langsam. Bluthänflinge schwätzen und Goldammern prunken mit ihrem knallgelben Gefieder. Die Berge steigen bis 1200 Meter an. Einsam ist es, und eine stille Schwermut liegt über dem Land. Zu Zeiten der großen Wallfahrt waren die Oca-Berge wegen der Banditen gefürchtet, die in dieser Bergwildnis eine Zuflucht fanden und die Pilgerzüge ausraubten. Zwischen Wacholder und Erika, Kiefern und Kermeseichen richte ich mein Lager. Die Erde ist hart und trocken. Wahrscheinlich war das Klima früher feuchter, denn hier soll es dichte, schier undurchdringliche Wälder gegeben haben. Im lichten Trockenwald von heute finde ich nur mit Mühe ein sichtgeschütztes Nachtlager. Blumen, die mit wenig Wasser auskommen, bedecken den Boden: gelber Hasenklee, weißes Hornkraut, Blutwurz, Heide und Aphodill.

In ferner Zeit ereignete sich in den Oca-Bergen ein Wunder. Ein Jüngling, der plötzlich gestorben war, wurde von Sankt Jakob wiedererweckt. Eigentlich verdankt er dem Heiligen das Leben gleich zweimal. Denn als sich sein Vater, der Herzog der Gascogne, vermählte, blieb diesem während vieler Jahre der ersehnte Erbe versagt. Der Herzog unternahm eine Wallfahrt nach Compostela. Er kehrte zurück, und übers Jahr gebar seine Gemahlin das Wunschkind. Als der Junge 15 Lenze zählte, brach diesmal die gesamte Familie zur Pilgerreise auf, wie es der Herzog gelobt hatte. In den Oca-Bergen erkrankte der Knabe plötzlich und starb. Bei der Beerdigung schrie die Herzogin wie wahnsinnig: »Seliger Jakobus! Da dir Gott, der Herr die Macht gegeben hatte, mir einen Sohn zu schenken, so bitte ich dich, gib mir mein Kind zurück. Tust du es nicht, so töte ich mich!« Da erhob sich der Junge, als sei er aus einem tiefen

Schlaf erwacht und erzählte, wie der Apostel zwei Tage lang die vom Körper getrennte Seele an seiner Brust gewärmt und sie dann auf ein Zeichen des Herrn dem Körper zurückgegeben hatte. Aber, sagte der Wiederbelebte traurig: »Dort oben ging es mir viel besser. Ich wollte, ich hätte nicht zur Erde zurückkehren müssen.«

Wunderlegenden waren ein beliebter Erzählstoff, um sich am Abend oder bei einer Rast die Zeit zu vertreiben. Sie unterhielten nicht nur, sondern gaben Mut und Hoffnung. Mit jeder Wiederholung wurden die Geschichten glaubhafter.

Ich schlafe fest und ohne Störung bis zum Morgen. Im lichten Wald glüht es Orange, flammt es in Rot, als wäre ein Feuer ausgebrochen. Es ist die Sonne, sie geht auf. Bald erreiche ich eine Wasserstelle: »*Fuente de Mojapán*«. Die Bezeichnung bedeutet »Quelle, wo das Brot angefeuchtet wird«. Hier rasteten erschöpfte Pilger, holten das harte Brot ihrer Wegzehrung hervor und weichten es mit diesem kristallklaren Wasser auf. Mir ist noch nicht nach Frühstücken, dafür tut mir die erfrischende Morgendusche gut. Eine prickelnde Gänsehaut überzieht meinen Körper, als ich mich mit dem kühlen Naß übergieße. Ein gelber Lehmweg führt durch den Wald. Es ist einsam. Kein Vogel singt in dieser Trockenheit. Andere Pfade kreuzen meinen, ob ich wohl noch auf dem richtigen bin? Stunden vergehen. Die Sonne brennt. Die dürren Bäume spenden keinen Schatten. Die Hitze ist bedrückend. Wie wenig kann der Mensch ertragen! Einige Grade über dem Normalen und die Kräfte schwinden. Das Wasser ist auch aufgebraucht, alles bis auf einen Notschluck. Zwei Liter, kaum hatte ich sie getrunken, schwitzte ich sie wieder aus. Im flimmernden Licht sehe ich ein zentimeterbreites dunkles Band, es liegt quer über dem Lehmweg. Ich schaue genauer hin. Das Band bewegt sich. Es sind Schmetterlingsraupen, viele, viele, die den Weg queren, Raupen des Prozessionsspinners. Treten sie in großen Mengen auf, fressen sie die Bäume kahl. Vom Totalverlust der Blätter oder Nadeln erholen sich manche Bäume nicht. So kann ein kleiner Nachtschmetterling mitunter Wälder vernichten. Doch das kommt in Mischwäldern selten vor, denn die Prozessionsspinner sind jeweils nur auf eine einzige Baumart spezialisiert. Diese hier sind auf dem Weg, einen Eichenbaum zu finden. Es sieht aus, als würden die meisten Raupen unterwegs umkommen – verhungern, vertrocknen, verdorren. Eine Prozession Sterbender unter sengender Sonne. Die ersten haben keine Ahnung, wo ein neuer Futterbaum steht. Sie kriechen aufs Geratewohl in einer Richtung, wobei sie die einmal eingeschlagene Richtung auch Hindernissen zum Trotz beibehalten. Dabei orientieren sie sich nach dem Sonnenstand, wie mit einem Kompaß. Entweder kommen sie alle um, oder die Widerstandsfähigsten überleben und finden eine Eiche. Mich berührt diese selbstmörderische Prozession der Raupen. Wie ein Symbol weckt sie archaische Empfindungen. Eine Erinnerung an Vorzeiten, als sich die Menschen auf den Weg machten, neue Siedlungsgebiete zu finden. Wenn die Nahrung nicht mehr für alle ausreichte, wanderte ein Teil des Stammes oder der ganze Stammesclan weiter. So besiedelte die Menschheit allmählich, wahrscheinlich von Afrika aus, die ganze Erde. Immer wieder brachen sie ins Ungewisse auf. Viele gingen zugrunde wie bei den Spinnerraupen, aber es genügte, wenn nur ein paar überlebten. Auch die Pilgerbewegung gründete sich, obwohl sie religiös motiviert wurde, auf den dem Menschen innewohnenden Trieb, der ihn ins Unbekannte aufbrechen läßt. Noch eine andere Vorstellung entsteht beim Anblick des Raupenzuges. Ich sehe verdurstende Lebewesen, die durch eine ausgetrocknete Gegend irren und sich dennoch an die Hoffnung klammern, dem Sterben zu entkommen. Ein Sinnbild für Wüstenmärsche verzweifelter Menschen. Der Zug, den Moses anführte, ist ein Beispiel. Die Israeliten gelangten letztendlich ins »Gelobte Land«. Andere grausame Bilder drängen sich mir auf: Vom Todeszug der Armenier, als die Türken ein ganzes Volk zur Vernichtung in die Wüste trieben, oder von dem der Herero, als nach dem großen Aufstand die Überlebenden, Frauen und Kinder, von kaiserlich-deutschen Truppen erbarmungslos in die Kalahari-Wüste gejagt wurden. Das Raupenband wird dünner. Nur noch einzelne kriechen dem großen Zug hinterher. Ein hauchfeiner Seidenstreifen bedeckt den Boden, gesponnen von den Vorauseilenden, als Ariadnefaden weist er auch noch dem letzten den Weg.

Die Eremitage von Valdefuentes liegt über einem Wiesengrund. Ahornbäume spenden Schatten. In einem Teich quaken Frösche.

Nach der wüstentrockenen Wanderung erscheint mir der Ort als Oase. Von hier sind es noch knapp zwei Stunden bis San Juan de Ortega. Am frühen Nachmittag erreiche ich dann das Kloster. Nun

Die Klosterkirche von San Juan de Ortega

habe ich viel Zeit, mich zu erholen, denn ich will die Verabredung einhalten und hier auf Gerda, Justin und Atze warten. Die Abtei steht in einer Talsenke inmitten von Feldern und wird nicht mehr von Mönchen bewirtschaftet. Dennoch ist es wieder Tradition, Pilgern hier Unterkunft zu geben.

Sonnendurchglüht strömt der freie Platz zwischen Kirche und Wirtschaftsgebäuden Hitze aus. Die Luft schmeckt nach Staub und Trockenheit. Kein Lebewesen ist zu sehen oder zu hören. Nach Stunden des Wartens im Schatten eines Baumes nähern sich drei Gestalten. Die Rucksäcke fallen zu Boden. Endlich da! Wasser! Wo gibt es Wasser? Ein Krächzen aus trockenen Kehlen. Ich hatte es günstiger als die drei Freunde getroffen, weil ich den anstrengenden Bergpfad zum Teil noch in der Morgenfrühe gehen konnte.

Als hätte er nur gewartet, bis alle da sind, ruft uns der Pfarrer ins Haus. Die Suppe sei fertig. Als einziger Bewohner der Abtei betreut er die Pilger und kocht sogar für sie. Wir löffeln die würzige Gemüsesuppe. »Das Gemüse habe ich selbst im Klostergarten gezogen«, sagt stolz der Pfarrer. Ich bin überrascht von den praktischen Tätigkeiten, die Geistliche in Spanien ausüben.

»Das hat eine lange Tradition«, antwortet der Pfarrer. »Zum Beispiel unser San Juan de Ortega. In dem kleinen Dorf Quintaortuno ist er geboren. Das Leben eines Bauern wäre ihm bestimmt gewesen, wenn er nicht durch besondere Begabung aufgefallen und deshalb in einem Kloster erzogen worden wäre. Nach der Priesterweihe reiste er nach Jerusalem, danach lebte er als Einsiedler in den Oca-Bergen. Später gründete er hier ein Pilgerzentrum, konstruierte die Kirche und die Herberge, legte Wege an und baute Brücken über viele Flüsse. Alles praktische Tätigkeiten. Mit 83 Jahren starb er im Jahr 1163.«

»Das klingt, als sei er ein zweiter Santo Domingo gewesen? Haben sich die zwei gekannt?« fragt Atze.

»Natürlich kannten sie sich«, antwortete der Pfarrer. »San Juan de Ortega war doch ein Schüler des Santo Domingo gewesen.«

Der Priester zeigt uns die romanische Kirche. Innen das prunkvolle Schaugrab des San Juan de Ortega. Eine liegende Alabasterfigur ist von einem spätgotischen Baldachin überdacht. Von Isabella der Katholischen wurde das Grabmal 1474 in Auftrag gegeben. Damals war Boabdil, der letzte arabische Sultan in Granada, besiegt und die fast 800 Jahre dauernde islamische Herrschaft beendet worden. Die Katholischen Könige Isabella und Ferdinand befehligten nun ganz Spanien. Der rechte Moment, sich auf die Vergangenheit zu besinnen und die Taten der Wegbereiter wie San Juan de Ortega zu rühmen, damit augenfällig wurde, daß der Kampf gegen die Mauren und die Wiedereroberung Spaniens ein gottgefälliges Werk war.

»Der Name Ortega ist umstritten«, sagt der Pfarrer. »Manche behaupten, er stamme von Ortiga, was Brennessel bedeutet. Ich glaube aber, mit Ortega ist das Birkhuhn gemeint. Früher gab es viele Birkhühner in den Oca-Bergen.«

»Klingt etwas komisch, nicht wahr«, flüstert mir Atze ins Ohr, »der heilige Juan vom Birkhuhn.«

Das Grabmal des San Juan

»Ich finde, der Heilige von der Brennessel ist noch lustiger«, gebe ich zurück.

Das ehemalige Kloster, das die Augustiner nach dem Tode San Juans in seiner Einsiedelei errichteten, ist nicht so gut erhalten wie die Kirche. Das Dach hat viele Löcher und die Mauern zerbröckeln.

»Sobald genug Geld da ist«, prophezeit der Pfarrer, »wird das Kloster restauriert und zum Parador ausgebaut.«

Die Paradores sind teure Hotels, bei denen trotz aller Originalität Geschichte nur noch Fassade ist, die benützt wird, um reiche Gäste anzulocken. Auch in Santo Domingo wurde das ehemalige Pilgerhospiz zum Parador Nacional umgebaut. Ich ging hinein. Tatsächlich, da war noch die alte Bausubstanz: meterdicke Steinmauern, Säulen und Gewölbe. Dennoch wirkte alles künstlich in Szene gesetzt. Argwöhnisch beäugte mich der Mann an der Rezeption, was jemand in meinem Aufzug wohl in seinen heiligen Hallen verloren hätte. Mißtrauisch schickte er mir einen Lakaien hinterher. Ich hoffe, es möge noch lange kein Geld für den Ausbau des Klosters

143

vorhanden sein und bin dann auch sehr geizig mit meiner Spende für Übernachtung und Verköstigung. Denn wie in alten Zeiten gibt es keinen festen Satz, sondern die Bezahlung ist dem Gewissen und dem Geldbeutel des einzelnen anheimgestellt. Wenn hier ein Parador entsteht, dann wird auch eine Straße nach San Juan de Ortega gebaut werden. Jetzt atmet der Klosterhof noch die Stille vergangener Zeit. Bald werden hier Autos parken und die Luft mit ihren Abgasen verpesten.

Es ist Nacht. Eine schmale Mondsichel. Dunkel hebt sich der Glockenturm gegen den bestirnten Himmel ab. Deutlicher als am Tag erkenne ich hoch oben an der Kirche archaische Fratzengesichter, mystisch vom schwachen Mondlicht beschienen.

14 Von San Juan de Ortega bis Silos

Herb, stolz, abweisend, kahl und karg, das sind Assoziationen, die sich mir beim Wandern in Kastilien aufdrängen. Weit nach Süden bin ich vom Pilgerweg abgewichen, vielleicht, um der Stimmung in Burgos zu entgehen oder auch nur, um es den Pilgern im Mittelalter gleichzutun, die das berühmte Kloster Silos besuchten.

Es muß an mir liegen, daß mir die Städte regelrecht zur Katastrophe werden. Pamplona war der Auftakt der Negativerfahrungen: nach der Pyrenäeneinsamkeit und dem Frühlingserwachen eine lärmende Qual. Estella, dieser Zwiespalt zwischen romanischen Kapitellen und Fortschrittswahn. Logroño bewältigte ich dank Jesus' Hilfe, statt mich dem Häuser- und Straßengewirr auszusetzen, lauschte ich seinen Erzählungen über Cesare Borgia im Park und ließ mich zu Don Rafael bringen. In Burgos half mir niemand und diese Stadt war gräßlicher als die vorherigen.

San Juan de Ortega verließen wir zu viert – bis Burgos waren es zwanzig Kilometer. Gemeinsames Wandern über Berghöhen. Kalkgestein und zarte blaue Blumen. Wolkenloser Himmel mit einer brennenden Sonne darin. Mitten im Gebirge die Bauerndörfchen Ages und Atapuerca. Bei Villafria, fünf Kilometer vor Burgos, mündete der Pilgerweg in eine verkehrslärmende Autostraße. Eine

Der Glockenturm von San Juan de Ortega

Gaststätte neben einer Tankstelle. Von außen sah sie nicht sehr einladend aus. Der Hunger war zu groß, so konnten wir nicht wählerisch sein. Die Gäste waren ausschließlich Männer, Fernfahrer. Das Essen, serviert von einer dunkelhaarigen, charmanten Kellnerin – eine Delikatesse! Einstimmigkeitsurteil: Erstklassig! So gut hatte es noch nirgendwo geschmeckt. »Da sieht man es wieder«, sagte Atze, »man soll sich nie vom äußeren Eindruck bestimmen lassen.«

Die anderen waren so angetan, daß sie Wein bestellten und noch länger bleiben wollten. Ich ging voraus und wollte mich mit ihnen wieder in Burgos treffen. Dort angekommen, erfuhr ich, daß es in Burgos gar keine Pilgerunterkunft gibt. Also würde ich die anderen in dieser großen Stadt auch nicht wiederfinden, denn wir hatten keinen anderen Treffpunkt ausgemacht. Da fiel mir die berühmte Kathedrale von Burgos ein. Sicher würden sie es nicht versäumen, sie zu besichtigen. Zuerst umrundete ich das Bauwerk, obwohl reine Gotik, sprach es mich an. Ausgewogen in seiner Größe, nicht zu wuchtig und nicht zu himmelwärts ragend. Viel Zierat aus steinernem Filigran nach Art der Gotik, aber im rechten Maß, weder zu überladen noch zu verschnörkelt. Kaum zu glauben, daß an dieser Kathedrale, wenn auch mit Unterbrechungen, 300 Jahre lang gebaut wurde und dennoch ein einheitlich wirkendes Werk geschaffen werden konnte. Wie viele Menschenschicksale mögen mit dem Bau verflochten sein? Hochfliegende Hoffnungen, Enttäuschungen, lebenslange Arbeit – 300 Jahre, das sind zwölf Generationen! Im Jahr 1221 wurde der Grundstein gelegt unter Bischof Mauricios. Er trug den Beinamen »der Engländer« und hatte in Paris studiert, war in Rom und im deutschen Kaiserreich gewesen. Aber weder Name noch Herkunft des ersten Architekten sind bekannt. Wie war das – der Anfang? Was mußte nicht alles bedacht werden, bei einem so gewaltigen Bauwerk: Berechnungen der Statik, Beschaffenheit des Untergrundes, Auswahl des Baumaterials und sein Transport, die Gerüste, das Bauholz... Was mir auch einfallen mag, ich sehe nur Schwierigkeiten und Probleme. Wer hatte soviel Mut, sich über alle Bedenken hinwegzusetzen und einfach zu beginnen? Wo hatte er die Kenntnisse erwerben können, die die Planung und Leitung eines solchen Werkes erfordern? Kathedralen wurden ja nicht alle Tage in Auftrag gegeben. Verließ er sich auf seine Intuition? Waren es generationenlange Erfahrungen der Baumeisterzünfte? Wir wissen es nicht und können nur vermuten, wie es damals vor fast 800 Jahren war. Nach nur neun Jahren stoppte der Bau. Dreizehn Jahre lang wurde kein Stein bewegt, erst ein neues Ablaßgesetz des Papstes ermöglichte die weitere Finanzierung. Dreizehn Jahre sind kein Zeitraum im Vergleich mit einer Bauzeit von insgesamt 300 Jahren, wohl aber für die Lebensdauer eines Menschen. Was tat der Baumeister so lange: Kämpfte er um den Weiterbau, bekam er inzwischen einen anderen Auftrag, verzweifelte er, wurde er krank, starb er, oder erlebte er noch die zweite Bauphase? 39 Jahre nach Beginn konnte das Gotteshaus als Rohbau geweiht werden. Noch fehlten die Türme, mehrere Portale, Kapellen und so manches mehr. Der Baumeister Hans von Köln wurde aus Deutschland geholt und mit der Errichtung der 84 Meter hohen Wehrtürme beauftragt. Sohn Simon und Enkel Francisco, in Spanien aufgewachsen und mit Spanierinnen verheiratet, führten das gigantische Werk fort.

Heute ist die Kathedrale weniger ein Gotteshaus, sondern ein Rummelplatz für Touristen. Gewiß, da war der großartige Blick hinauf in den Vierungsturm, dieses zu einem kunstvollen Stern geformte Gewölbe – aber die Überfülle der angefügten Kapellen, jede für sich eine Kirche, die reiche Ausstattung und Dekoration machten mich gleichgültig. Da hatte man zuviel gewollt und damit die Harmonie zerstört. Wegen der vielen Menschen konnte die Kathedrale auch kein Ort der Besinnung sein. Da wälzten sich die Touristengruppen von Kapelle zu Kapelle, hallten die Stimmen der Führer in englisch, deutsch, französisch, spanisch und unaufhörlich klickten die Fotoapparate. Vielleicht wäre die Kathedrale ganz anders, wenn ich allein dort wäre, und dann müßte nur für mich die Orgel spielen, wie ich es in der Kathedrale von Sevilla einmal erlebte.

Sechs Uhr abends – die anderen hatte ich nicht getroffen –, ich müßte mich um ein Zimmer in einem Hotel bemühen, aber meine Kraft reichte nicht, allein der großen Stadt und den vielen Menschen entgegenzutreten. Wie eine Krankheit überfiel mich wieder dieses Gefühl der Vereinsamung zwischen Tausenden unbekannter Menschen. Wo waren sie nur, die drei einzigen, die ich kannte? Nie würde ich sie in diesem Gewühl finden. Ich konnte nicht anders, ich mußte Burgos sofort verlassen. Und dabei doch gleichzeitig dieses Bedauern, nichts gesehen zu haben von dieser alten Königsstadt Kastiliens am Rio Arlanzon, schon 884 als Bollwerk gegen die Mauren gegründet.

Das Denkmal des El Cid

Das Denkmal des Cid sah ich noch: großspurig auf einem stampfenden, schweren Streitroß kommt er dahergestürmt. Das Pferd bäumt sich auf, mit starker Hand hält er die Zügel, mit der anderen schwingt er das Schwert empor, der Bart wallt ihm auf die Brust. El Cid, der heldenhafte Ritter aus dem 11. Jahrhundert. Gerade in diesem Jahrhundert lebten Männer, deren Name bis heute überdauerte: Santo Domingo de la Calzada und San Juan de Ortega und zu dem dritten Heiligen, Santo Domingo de Silos, bin ich gerade unterwegs. Auch der Held El Cid scheint seine Wirkung als Vorbild noch nicht eingebüßt zu haben, denn das Standbild wurde erst 1955 geschaffen, im Auftrag von Franco!

Als wäre ich an diesem Tag noch keine 20 Kilometer gegangen, wandere ich weitere 20 Kilometer südlich aus Burgos hinaus. Wieder der Kontrast – gedrängt die Stadt, menschenleer das Land. Grau besteint sind die Hochflächen, karge Felder dazwischen eingestreut. Ein Schäfer führt seine Herde dem Horizont entgegen. Es ist nicht

Die Meseta – die Hochebene in Kastilien

mehr der westwärts, auf die Abendsonne zielende Pilgerweg, dem ich folge, sondern mit Kompaß und Karte suche ich den kürzesten Weg nach Silos anzusteuern. Vier Stunden später dunkelt es. Zwischen langjährigen Gräsern und kleinen gelben Blumen lege ich mich zum Schlafen nieder. Ich sehe nicht mehr die Mondsichel und die Sterne, sondern schlafe sofort ein.

Als ich am nächsten Morgen aufwache, habe ich das Gefühl, der letzte Überlebende auf der Erde zu sein, so weit und einsam ist der Blick ringsum, ausgelaugt und vertrocknet der Boden. Seit Stunden gehe ich, und alles bleibt gleich, als würde ich mich nicht von der Stelle bewegen. Das scheint ein Land nicht zum Leben, sondern um von der Sonne ausgedörrt zu werden, ein Land zum Kämpfen und

149

zum Sterben. Hier ritt er, der von seinem Vater ausgesandte Mudarra, den Tod seiner Halbbrüder zu rächen. Und die Reiterheere der Christen und Muselmanen standen sich hier in der karstigen Weite gegenüber. El Cid hatte sich damals besonders hervorgetan, so sehr, daß er noch heute als spanischer Nationalheld, als Symbolfigur der Reconquista, als Streiter für das Christentum, verehrt wird. Nur nahm er es nicht so genau, für wen und gegen wen er kämpfte. Rodrigo Diaz hieß er eigentlich und wurde um 1050 bei Vivar nördlich von Burgos geboren. Sein Vater war ein hoher Adliger, und für adlige Söhne gab es nur zwei Berufe: Geistlicher oder Krieger. Der kleine Rodrigo wußte, was er wollte: Der Stärkste sein! Bald besiegte er in Spielkämpfen nicht nur die Gleichaltrigen. Er muß der geborene Haudegen gewesen sein. Das entging natürlich auch nicht der Aufmerksamkeit des Königs. Sancho II. rief ihn an seinen Hof. Was es damals für einen Edelmann bedeutet haben muß, für seinen König kämpfen zu dürfen, kann ich mir aus heutiger Sicht kaum noch vorstellen. Seine Ehre, die mehr wert war als das Leben, setzte man im Kampf für den König ein. Doch dann wurde Sancho II. ermordet, und Rodrigo hielt seinen neuen Herrn, Alfons VI., den Bruder des Getöteten, für den Mörder. Ein unlösbarer Zwiespalt für einen geradlinigen Haudegen tat sich auf: Konnte er weiterhin seinem König dienen, wenn dieser ein Mörder war? Alfons VI. verbannte den widerspenstigen Paladin vorsichtshalber von seinem Hof. Anstatt sich nun der Bewirtschaftung seiner Güter zu widmen, verdingte sich Rodrigo Diaz beim Feind. Er begab sich mit seiner Gefolgschaft in den Dienst des arabischen Herrschers von Zaragoza. Einige Jahre kämpfte er auf maurischer Seite gegen seine Christenbrüder. Rodrigo erwarb sich bei den arabischen Kampfgenossen hohes Ansehen. Sie gaben ihm den Ehrentitel *saijd* – Herr. Aus *saijd* wurde nach spanischer Schreibweise Cid. So trägt gerade der Nationalheld der Spanier einen arabischen Namen. Die Jahre vergingen. König Alfons VI. wurde von den Muselmanen, verstärkt durch die Schlagkraft des El Cid und seiner Getreuen, stark bedrängt. Da hörte der König endlich auf seine Ratgeber und löste den Bannspruch. Rodrigo wechselte wieder die Fronten. Das Andenken an seinen Sancho II. war verblichen, der königliche Mörder hatte sich auf dem

Thron etabliert. Da konnte nun auch er den Treueeid leisten. Es schien Rodrigo auch keine Gewissenskonflikte zu bereiten, fortan gegen seine arabischen Kampfgefährten anzutreten. Die Lebensaufgabe eines Ritters war der Kampf. Einen gleichrangigen Feind zu unterwerfen, erhöhte das eigene Ansehen. Und auch für den Besiegten war die Schmach weniger schlimm, wenn er von einem achtbaren Gegner niedergestreckt wurde. Konflikte, daß Menschen dabei starben, gab es nicht. Der Tod war Schicksal, Bestimmung, ihm konnte niemand entgehen. Gewiß, man trauerte um einen Gefallenen. Der Schmerz um den verlorenen Freund war aber das eine, wichtiger war, daß man stolz auf ihn sein konnte, wenn er tapfer gekämpft hatte und dann schwor man, seinem Andenken durch viele getötete Feinde Ehre zu erweisen. Diese Verhaltensweisen und Denkmuster erwarben die Ritter in ihrer Knabenzeit, bei Turnieren wurden sie eingeübt. Der Krieg war nur ein verschärftes Turnierspiel, ein Kampfsport mit tödlichem Ausgang. Ich denke mir, die Menschen konnten das Töten als ständige Beschäftigung nur deshalb ertragen, weil sie eigentlich gar nicht erkannten, daß sie selbst es waren, die töteten. Ihr Arm führte nur aus, was das Schicksal, was Gott ohnehin geplant hatte. Sie alle waren gottbestimmte Wesen. Er allein war für alles verantwortlich. Die Ritter gaben sich redlich Mühe, so viele Menschen wie nur möglich umzubringen, aber sie sahen sich selbst nicht als Mörder, sie waren nicht die Täter, sondern nur ausführende Werkzeuge, ein Schwert in Gottes Faust.

Die Legende berichtet, daß der große *Compeador* El Cid ungefähr mit 50 Jahren tödlich verwundet wurde. Er befahl, nach seinem Tod seinen Leichnam auf ein Pferd zu binden und dieses ins Schlachtfeld zu jagen. Seine Getreuen taten, wie ihnen geheißen. Das Pferd, mit dem Toten auf dem Rücken, stürmte voran, an die vorderste Front. Die Araber erkannten El Cid an seiner Rüstung und dem Umhang. Sie schossen Pfeile ab, bewarfen ihn mit Lanzen. Sie sahen, daß er getroffen wurde und dennoch weiterritt. Da ergriff sie abergläubischer Schrecken. Sie glaubten den Ritter mit Dämonen und Teufeln im Bunde und flohen entsetzt. So gewann Rodrigo Diaz seine letzte Schlacht noch als Toter. Sein Andenken aber hat bis heute überdauert, weil ihm ein Dichter ein Heldenepos schrieb. Vielleicht hat er seinen Helden das erleben lassen, was er, der Dichter, selbst gern erleben wollte und Traum und Wirklichkeit miteinander verflochten. Die Leben unzähliger Ritter hätten als Vorlagen für Heldengesänge dienen können. Sie waren sich alle sehr ähnlich. Während ich darüber nachdenke, kommt mir Sancho VII. *el fuerte* in den Sinn, dem ich bei Roncesvalles »begegnete«. Der Sancho begann 55 Jahre nach dem legendenhaften Tod des El Cid sein Kämpferleben. Noch immer standen sich Mauren und Christen gegenüber, bekämpften sich in Scharmützeln und großen Schlachten, taktierten gegeneinander und miteinander. Kaum jemand weiß heute noch etwas über diesen angeblich 2,25 Meter großen und stärksten Mann seiner Zeit, der dem Sultan Miramamolin den faustgroßen Smaragd vom Turban riß. Oder doch – hat vielleicht die Phantasie des unbekannten Dichters, der das »*El Cantar de Mio Cid*« schrieb, die Helden seiner Zeit zu einem einzigen, dem »El Cid«, geformt?

Ohne zu rasten, gehe ich seit dem frühen Morgen. Die karge Eintönigkeit der Landschaft bringt mich in einen besonderen Zustand. Es ist, als würde ich durchlässig werden. Meine Sinne sind aufnahmebereit wie sonst nie. Doch nicht nur mit den Augen, der Nase, den Ohren, der Haut nehme ich auf, sondern mir öffnen sich noch andere Ebenen der Wirklichkeit. Es entsteht ein Gleichklang zwischen mir und der Umwelt. Vom Rhythmus der Schritte getragen, tauche ich ein, verschmelze mit der Landschaft. Und während sich die Konturen meines Körpers verlieren, erfahre ich mich innerlich geweitet bis zum Horizont. Endlos möchte ich wandern. Mein Laufen erscheint mir kaum noch erdgebunden, fliegend gleite ich über baumlose Hügelketten und über ausgedörrte, stachelige, braune Grasnarbe. Es sind Tafelberge mit ausgewaschenem Karstboden, dunkles Grün des Wacholders und Steine, Steine, Steine, grau und ausgeblichen, als läge hier das Skelett der Erde bloß. Ich verspüre keinen Hunger, keinen Durst. Ich gleiche mich diesem Land an, bedürfnislos, dürr und trocken, so als würde sich die Landschaft ihre Menschen formen. Wer hier existieren kann, muß anders sein als die, die in fruchtbarer, üppiger Natur leben: wortkarg, hart, unerbittlich, vielleicht grausam, aber ganz bestimmt leidenschaftlich. Das ist das Paradoxe an extremen Lebensumständen, statt die Gefühle abzutöten, bekommen sie explosive Kraft. Die Gefühle können sich nicht allmählich verströmen, sondern werden zäh verschlossen, so lange zurückgehalten, bis sie sich mit einer Eruption Ausdruck verschaffen. Bei meinem Lauf über die sengende, kastilische Hochebene spüre ich: Leidenschaft wie glühende Lava, über der ein Felspfropf liegt. Wie kann einem solchen Übermaß aufgestauter Gefühle Ausdruck verliehen werden? Versagt da nicht jede gemäßigte Form? Ich kann mir vorstellen, daß man dann einfach einen Gott braucht, vor dem man niedersinkt auf die Knie, die Arme emporgehoben, anklagend und gleichzeitig um Erlösung bittend. Aber vielleicht rede ich mir das alles nur ein, ich sollte lieber mal eine Pause machen und etwas essen. Es kann nicht mehr weit sein bis Quintanilla de las Viñas. Dort will ich unbedingt eine alte Eremitage sehen, weil sie aus dem 7. Jahrhundert sein soll, also etwa die Zeit von San Millán, als die Westgoten in Spanien herrschten und die Araber noch nicht eingefallen waren. Ich habe nun mal eine Vorliebe, der fernsten Vergangenheit nachzugehen, von der kaum noch Spuren zu finden sind.

Die Wegbestimmung mit dem Kompaß scheint genau gewesen zu sein. Ich sehe ein Gebäude auf einer Anhöhe liegen. Aus der Ferne betrachtet, sieht Quintanilla de las Viñas nicht wie eine Kirche aus. Sie ist klein, doch wirkt sie durch die strenge Form, die Kanten und Ecken, schwer und bedeutend. Als ich davorstehe, entdecke ich fasziniert, wie die strenge Architektur der Mauern von einem umlaufenden, doppelten Fries verspielt durchbrochen wird. Dieser Fries besteht aus kunstvoll in den Stein geschnittenen Figuren: Ranken, Früchten, Blättern und Bäumen, Tauben, Pfauen und Fabelwesen. Jede Figur ist für sich von einem feinziselierten Medaillonreif eingeschlossen. Aneinandergereiht umborten die Figuren in zwei Reihen die gelb-roten Außenwände der Kirche. Wie bei dem Kloster San Millán de Suso habe ich auch hier das Empfinden, als würden sich Gegensätze vereinigen, die man als männliches und weibliches Element bezeichnen könnte. Im Unterschied zum Kloster Suso, das nach der Zerstörung durch Almansor wieder errichtet wurde, soll Quintanilla de las Viñas im 7. Jahrhundert, noch vor dem Einfall der Araber, erbaut worden sein, also muß es rein

Medaillons an der Kirche Quintanilla de las Viñas

westgotisch sein. Beim Umrunden des Gebäudes erkenne ich, daß nur noch ein Teil vorhanden ist. Die viereckige Apsis und das Querschiff sind kaum neun Schritte lang und drei Schritte breit, ein Längsschiff fehlt. Zwischen den sorgfältig behauenen, rötlichen Quadersteinen sind manchmal breite Spalten. Es sieht aus, als sei die Kirche neu zusammengesetzt worden. Auf einigen Steinquadern an der Apsis sind uralte runenartige Zeichen eingeritzt, Längsstriche mit mehreren kleinen Querbalken und Halbkreise, aus denen Kreuze herausragen. Waren es Steinmetzzeichen? Sie sehen bedeutungsvoll aus, fast wie Beschwörungen, doch ihre Bedeutung ist zusammen mit den Menschen, die sie gezeichnet haben, verschollen. Entfernt erinnern sie mich an Zeichen, die mit Holzkohle an den Wänden einer steinzeitlichen Höhle im Süden Spaniens angebracht worden waren. Fenster hat die Kirche keine, nur schmale, lange Schlitze durchbrechen die Außenmauern.

In der Nähe, im Tal, liegt ein Dorf. Ich erkundige mich nach jemandem, der etwas über das westgotische Kirchlein weiß. »Ja, natürlich, da haben wir doch den Pedro!« Und hilfsbereit führt man mich zu seinem Häuschen. Pedro, sehr eilfertig, kommt aus dem Haus und will mich zur Anhöhe hinaufführen. Enttäuscht vernimmt er, ich käme geradewegs von dort. Ob er mir nicht etwas über die Kirche erzählen könne? Ja, selbstverständlich, er wüßte alles und schon schnurrt er seinen Text herunter. Für mich ist nichts Neues dabei. Ich gebe noch nicht auf, frage, warum zwischen manchen Steinquadern große Zwischenräume seien und wo die Steine von dem Langhaus geblieben wären? Er zuckt die Achseln, und weil ich immer noch nicht gehe, wird sein Blick betrübt und zugleich bittend.

»Meine Frau ist schon vor zwei Jahren gestorben«, sagt er. »Zwei Jahre sind eine lange Zeit«, jammert er. Ob ich nicht dableiben wolle? Er habe genügend Platz in seinem Häuschen, Wein sei auch vorrätig, und jede Menge zu essen. Ich verabschiede mich. Da, noch ein letzter Versuch: Er habe so ein schönes, großes Bett, ich solle es mir wenigstens mal ansehen.

»Nur einen einzigen Blick«, bittet er.

Von den kurz zuvor gespürten wilden eruptiven Leidenschaften ist mir nichts geblieben. Ich rechne mir aus, daß ich es vor Einbruch der Dunkelheit bis zum Kloster Silos schaffen könnte. Ohne Rast wandere ich weiter. Ich beeile mich und doch brauche ich noch Stunden. Wieder setzt die kastilische Landschaft ungezügelte Gefühle frei, mir ist gleichzeitig zum Weinen und zum Lachen zumute. Hoffentlich erreiche ich bald das Kloster, dort werde ich geborgen sein. Ich denke an die lächelnden Mönche in Yuso. Eingehüllt in ihre braunen Kutten, hießen sie mich willkommen. Lächelnd führten sie mich durch ihr Kloster, gaben mir zu essen und zu trinken. In Erinnerung an Yuso bewältige ich mehr als 50 Kilometer; ich hätte doch wissen müssen, daß man nicht zweimal das gleiche erleben kann.

Als ich das Gefühl habe, keinen Schritt mehr gehen zu können, jetzt gleich niedersinken zu müssen, sehe ich die roten Dächer von Silos. Das Kloster liegt nicht abseits der Siedlung, wie ich es mir erträumt hatte, sondern direkt im Dorf. Es ist von einer unglaublich hohen Mauer umgeben, höher als ein mehrstöckiges Haus. Der

Anblick dieser Mauer, die keinen Blick auf das Klostergebäude gestattet, verunsichert mich. Mauersegler schreien und pfeilen schwarz durch die Abenddämmerung. Je näher ich komme, um so abweisender wirkt das Kloster. Ich drücke die Klingel neben der Pforte. Lange muß ich warten. Dann öffnet sich ein Guckloch, ich sehe ein Auge. Die Klappe fällt scheppernd über das Loch, aber die Pforte bleibt geschlossen. Geduldig harre ich wohl eine halbe Stunde aus. Dann wage ich noch mal zu klingeln. Ich bin so erschöpft, daß sich mein Bewußtsein verändert haben muß, denn ich fühle mich wie eine Pilgerin des Mittelalters, und um mir Mut zu machen, spreche ich meine verqueren Gedanken laut aus: »Laßt mich ein! Fürwahr, ich habe ein Recht darauf. Schließlich pilgere ich nach Santiago. Todmüde bin ich jetzt, geschunden an Leib und Seele. Habe mannigfaltigen Gefahren getrotzt. Ausgedörrt von sengender Hitze, war ich preisgegeben den Naturgewalten. Mußte widerstehen den Anfechtungen und Verführungen. Ich habe mir ein Nachtlager im Kloster wohl verdient.«

Wieder blickt jemand durch den Spion. Ich sage zu dem Auge: »Bitte, lassen Sie mich ein. Ich bin eine Pilgerin nach Santiago. Den weiten Weg zu Ihrem Kloster bin ich zu Fuß gegangen.«

Schweigen. Es macht mich verrückt, keine Antwort zu bekommen. Ich steigere die Theatralik, ohne zu merken, daß ich eine Rolle spiele. »Bitte, ich bin zu Tode erschöpft. Es ist Ihre Christenpflicht!«

Eine Stimme hinter der Tür antwortet: »Jetzt ist keine Besuchszeit! Morgen ab 9 Uhr ist geöffnet. In der Ortschaft können Sie übernachten.« Diese trocken geäußerte Auskunft bringt mich schlagartig in die Realität zurück. In welch lächerliche Situation hatte ich mich da gebracht? Wie dumm, auf ein imaginäres Recht zu pochen, in jedes Kloster eingelassen zu werden. In welchem Jahrhundert leben wir denn? Im Ort finde ich bald eine Unterkunft. Fast an jeder Ecke gibt es ein Hotel oder eine Pension. Silos ist wegen seines berühmten Klosters ein Touristenort.

In der Nacht habe ich einen eigenartigen Traum: Jemand will mich verletzen und zerstört Dinge, die mir gehören. Er zerreißt meine Kleidung. Damit kann er mich nicht treffen, denn an den Sachen liegt mir wenig. Doch dann nimmt er einen Pullover, den meine Schwester gestrickt hat. Ich will ihn daran hindern, doch ich kann es nicht. Als nächstes fällt er über die Bücher her, zerfetzt Seite für Seite, dann meine Tagebücher, Briefe, Manuskripte. Ich muß zuschauen und kann nichts machen. Ich war überzeugt gewesen, er würde mir nicht weh tun können, weil ich nicht an den Dingen hänge. Erst jetzt, als die Gegenstände zerstört sind, spüre ich, daß sie mir doch viel bedeutet haben. Sie waren ein Teil von mir gewesen, und ich hatte es gar nicht gewußt.

Wie immer wache ich früh auf und schlendere durch die Siedlung. Ein Eselfuhrwerk zockelt die Dorfstraße entlang. Gelbe Hunde mit Ringelschwänzen traben an weißgetünchten Häuserwänden vorbei. Zwei Frauen halten ihr Morgenschwätzchen von Fenster zu Fenster.

Am Touristeneingang zur Klosterkirche und zum Kreuzgang – das Kloster selbst bleibt für Besucher gesperrt – gibt es Eintrittskarten zu kaufen. Besser wäre es, die Mönche würden auch in den Kreuzgang niemanden einlassen, denn die schwatzenden und knipsenden Touristen in luftiger Kleidung entweihen den ehrwürdigen Kreuzgang. In der Mitte des Kreuzganges steht eine schlanke, hohe Zypresse. Das Geviert der Säulengänge hat zwei Etagen. Die oberste Etage ist für Besucher nicht zugänglich. In der unteren wird meine Aufmerksamkeit sofort von den über 100 Säulen gefesselt. Diese Doppelsäulen sind oben mit einem Kapitell verbunden. Jeweils aus einem einzigen Block herausgearbeitet, versprühen die Kapitelle in beschwingter Virtuosität und Leichtigkeit viel Phantasie. Jedes Kapitell ist anders. Zwar greifen einige gleiche Motive auf, aber sie scheinen dann von verschiedenen Künstlern geschaffen worden zu sein, weil die Ausführung unterschiedlich ist. Da gibt es Kapitelle mit ornamentalen Mustern: Mit großer handwerklicher Fertigkeit ist der Stein wie ein Korb geflochten. Es sieht tatsächlich aus, als würden Weidenzweige über und untereinander geführt. Üppige Vielfalt an anderen mit Figuren, die zwischen Blattwerk und Ranken hervorlugen. Trotz verschwenderischer Phantasie entsteht kein wuchernder Wirrwarr, sondern durch Symmetrie wird der Phantasie Form und Maß gegeben. Besonders die bizarren Fabelwesen interessieren mich. Da gibt es geflügelte Gazellen, andere sind halb Löwe, halb Greif, auch die Harpyen aus der antiken Sagenwelt fehlen nicht. Die Harpyen sind schöne Frauen mit einem Adlerkörper. Dazwischen realistische Darstellungen von Hasen, Hirschen, Vögeln, verwoben und verflochten mit Pflanzenornamenten: Lebensbäumen, Blättern, Blumen, Ranken. Diese Kapitelle wirken nicht wie gemeißelt, eher wie geschnitzt, wie ziseliertes Silbergeschmeide oder wie eine Elfenbeinschnitzerei. Nur zwei Kapitelle, offensichtlich später geschaffen, zeigen Szenen aus dem Leben Christi.

Kaum finde ich Muße, den Kreuzgang auf mich wirken zu lassen, denn ich mußte mich einer Touristengruppe anschließen, die von einem Mönch geführt wird. Wenn ich zurückbleibe, winkt er mich ungeduldig herbei. Es gelingt mir nicht, ihm aus den Augen zu kommen. Nicht, daß mich seine Ausführungen nicht interessieren würden; er weiß Dinge zu berichten, die ich in keinem Buch gelesen habe. Aber wichtiger noch ist es für mich, die mystischen Geheimnisse dieses Kreuzganges zu erspüren, aber dazu fehlt die Atmosphäre, Ruhe und Stille bräuchte ich und Alleinsein. Hinter uns folgt bereits die nächste Gruppe, geführt von einem anderen Padre. So muß ich mit den Jahreszahlen, geschichtlichen Fakten, Tatsachen und Vermutungen vorliebnehmen und versuchen, sie mit meiner Phantasie zu beleben: Bei Ausgrabungen fand man Grundmauern, westgotische Säulen und Kapitelle. Auch hier stand ein westgotisches Heiligtum, ein Kloster, gegründet um 593, das dem heiligen Stephanus geweiht war, so lange, bis Almansor erschien. Derselbe Almansor, der die schöne Schwester hatte, die sich in den Vater der sieben Prinzen von Lara verliebte und den Mudarra gebar.

Das Kloster wurde wieder aufgebaut. Der Kreuzgang soll aus der Zeit stammen, als der heilige Domingo Abt des Klosters war. Sein Lebenslauf gleicht dem Brückenbauer Domingo de la Calzada, dem Straßenbauer San Juan de Ortega und dem Einsiedler San Millán. Das alltägliche Leben der Menschen in den Dörfern wird wohl trotz Auseinandersetzungen mit den Arabern recht gleichmäßig verlaufen sein. Wie auch die anderen Heiligen mußte sich der junge Domingo als Hütejunge nützlich machen. Einem aufgeweckten Knaben wie ihm genügte es aber nicht, zu arbeiten, zu essen und zu trinken und später eine Familie zu gründen; er suchte nach einem

Sinn für sein Leben. Im Jahr 1032 trat er als Novize ins Kloster San Millán ein. Nach der Priesterweihe lebte er wie vor ihm Aemilian in einer Höhle am San Lorenzo. Doch er fühlte sich zum Erzieher und Lehrer berufen und ging zum Kloster zurück, um Novizen zu unterweisen. Der König von Navarra brauchte gerade Geld, um gegen seinen Bruder, den König von Kastilien, in den Kampf zu ziehen. Das Kloster San Millán war reich und der König forderte den Klosterschatz. Diesem König, Garcia Sanchez III., war die Madonna in der Höhle erschienen und er hatte daraufhin das Kloster von Nájera gestiftet. Niemand wagte es, sich zu widersetzen, nur Domingo trat dem König entgegen.

Der Dichter Gonzalo de Berceo fand später für den Vorgang die markanten Worte:

> *Puedes matar el cuerpo, la carne mal traer,*
> *Mas non as en alma, Rey, ningún poder!*

Domingo soll gesagt haben:

> Du kannst den Körper töten, den Leib quälen
> Aber über die Seele, König, hast du keine Gewalt!

Doch der Heilige hat es dann doch nicht darauf ankommen lassen, sondern brachte sich schnell bei dem feindlichen Bruder des Königs, Fernando I., in Kastilien in Sicherheit. Der setzte ihn 1041 als Abt in Silos ein. Eine recht steile Karriere. Neun Jahre, nachdem Domingo als Novize angefangen hatte, war er bereits Abt. König Fernando hatte vielleicht den Hintergedanken, mit Domingo die Mönche von Silos zu kontrollieren. Die Mönche waren mit dem neuen Abt zunächst nicht einverstanden und einige verließen aus Protest das Kloster. Aber Domingo muß so überzeugend gewirkt haben, daß sogar der abgesetzte Abt begeistert ins Kloster zurückkam. 32 Jahre dauerte seine Amtszeit in Silos.

Das Kloster blühte auf, erwarb große Ländereien, erhielt Stiftungen und Geschenke. Die Zeit war günstig für Santo Domingo und sein Kloster, denn da die Christen allmählich die Muselmanen zurückdrängten, ging immer mehr Land in christlichen Besitz über. Im Jahr 1073 starb der Abt.

Der Mönch ist mit den Touristen inzwischen am anderen Ende des Ganges. Gerade erklärt er die Holzdecken. Farbenprächtig und phantasievoll sind sie bemalt. 1384, sagt er, seien sie entstanden. Unverkennbar wieder der arabische Einfluß bei den Ornamenten. Daneben sinnige Darstellungen einer verkehrten Welt: Hasen, die einen Hund hängen, Wölfe, die die Messe lesen, Ziegenböcke spielen die Laute, und zähnewetzende Eber tanzen dazu, alles kunstvoll von Ranken umsponnen.

Der Mönch wirft mir einen ermahnenden Blick zu, wahrscheinlich würde er noch ernster blicken, wenn er meine Gedanken wissen würde, was ich zum Beispiel denke über den heiligen Domingo. Mir gefallen einzig die Dichterworte, die man so schön theatralisch auf der Zunge zergehen lassen kann, geeignet, sie jedwedem Tyrannen entgegenzuschleudern. Aber dann feige davonzurennen . . . Na ja, ich will nicht zu streng sein, was hätte er gehabt von seiner unabhängigen Seele, wenn ihm der König den Körper getötet hätte? Aber wieso wird einer wegen vernünftigen Kleinmuts, dem Freikauf von Christen aus arabischer Gefangenschaft und erfolgreicher Klosterleitung heiliggesprochen?

Der Mönch doziert nun über die Kapitelle und ihre Entstehung. Er meint, sie seien von zwei Bildhauern geschaffen worden. Die künstlerisch bedeutenderen sind früher entstanden. Ein späterer Meister habe zwei Szenen aus der Geschichte Jesu gefertigt und einige Fabelmotive des Älteren kopiert. Sie unterscheiden sich durch einen weniger feinen, eher derben Stil. Der Mönch erklärt, die frühen Kapitelle seien gewiß zur Zeit Santo Domingos geschaffen worden, und es könne nicht stimmen, daß sie erst im 13. Jahrhundert entstanden und französisch beeinflußt seien, denn unverkennbar hat der Bildhauer orientalischen Geist in sein Werk eingebracht. Und Spanien war dem arabischen Einfluß stärker ausgesetzt als Frankreich. Der Anfang romanischer Bildhauerkunst lag deshalb in Spanien und hat sich von hier auf Frankreich ausgebreitet.

Der Benediktinermönch widmet sich nun den acht großen Relieftafeln, an jedem Eckpfeiler sind zwei. Mir fällt auf, daß es zwischen den Darstellungen an den Kapitellen und den Reliefplatten keinen Zusammenhang gibt. Dort diese phantasievoll sich miteinander verflechtenden Fabelwesen, hier strenge Klarheit der Figuren. Abgebildet sind auf den acht Marmorplatten Szenen aus dem Leben Jesu, die Verkündigung und der Baum Jesse. Wie der Künstler bei formaler Strenge, ja Einförmigkeit der Darstellung so einen großen Ausdruck erreichen konnte! In den Steinplatten schwingt Musik, wenn man sich ruhig verhält, hört man sie. Aber da stört mich der Mönch bereits wieder.

»Da! Sehen Sie«, ruft er, »eine Pilgermuschel. Kommen Sie her, das müßte Sie doch interessieren! Sie sind doch Jakobspilgerin?« Er zeigt auf ein Relief mit drei großen Figuren. Die größte stellt Christus nach der Auferstehung dar, gefolgt von zwei Jüngern auf dem Weg nach Emmaus. Alle drei sind in lange Gewänder gehüllt, barfuß und graziös. Die Tasche von Christus ist mit einer Muschel geschmückt, das Symbol der Pilgerreise nach Santiago. Der Mönch kommentiert: »Christus tritt hier als Pilger auf. Denn ist nicht jedes Erdenleben eine Pilgerreise? Die irdische Wanderschaft des Herrn auf dem Weg zum Himmel ist ein Beispiel für jeden von uns, um Erlösung zu finden.«

In einfacher Klarheit füllen die drei Gestalten die Bildtafel. Das Antlitz Jesu drückt eine herbe Hoheit aus. Der erste Jünger blickt zu ihm empor. So entsteht ein Spannungsbogen zwischen Jesus und den Jüngern. Die Figuren sind plastisch modelliert, doch der Faltenwurf der Gewänder und die Umrisse der Formen sind eher zeichnerisch.

Beim Vergleich der acht Marmorplatten fällt mir auf, daß fünf sich sehr ähnlich sind. Bei ihnen gibt es eine Fülle von Figuren. In Reihen sind viele Gestalten neben und übereinander angeordnet. Die Bildtafeln mit dem Baum Jesse und Maria Verkündigung scheinen mir von einem späteren Künstler zu stammen. Die archaische Strenge und Einfachheit sind hier durch üppigen Faltenwurf, bewegte Formen und plastische Flächen aufgeheitert. Deshalb wirkt die Verkündigung auf mich fast schon barock. Aber die Platte, die Jesus mit den zwei Jüngern zeigt, ist von allen anderen verschieden. Gerade von diesem Bild geht etwas besonders Eindringliches aus. Es ist scheinbar so wenig zu sehen – nur drei Skulpturen. Und doch, sie ziehen meinen Blick magisch an, lassen mich nicht los, ich muß stehenbleiben und schauen und denken und fühlen. Ich möchte das

Rätsel dieses Bildes lösen, sein Geheimnis ergründen. Warum hat sich der Künstler nur auf die drei Dargestellten beschränkt? Hat er gewußt, daß er so eine größere Wirkung erreicht? Warum hat er nur diese eine Tafel gestaltet? Denn ich bin überzeugt, die anderen sind nicht von ihm. Ich glaube, diese Platte ist die älteste, vielleicht stammt sie noch aus dem westgotischen Kloster? Die Führung ist beendet.

Hinter dem Rücken des Benediktiners flitze ich zurück zu dem Relief. Endlich bin ich allein. Auch die anderen Gruppen streben dem Ausgang zu. Ich hoffe, übersehen zu werden. Doch leider, der Mönch hat mich schon entdeckt. Die Tür wird hinter mir geschlossen.

15 Von Silos bis Villalcázar

Ich bin wieder auf dem Pilgerweg. Drei Tage habe ich für den Umweg von 160 Kilometern gebraucht. Der Wunsch, die anderen Pilger wiederzutreffen, hat mich angetrieben. Wenn ich nur wüßte, wie viele Tage sie sich in Burgos aufgehalten haben! Ob sie weit voraus sind? Ich fühle mich übervoll von dem Erlebten, vollgestopft mit Eindrücken, angefüllt mit Bildern, Tönen, Gerüchen, Gedanken, Gefühlen. Ich kann das Übermaß nicht ordnen, nicht Wichtiges von weniger Wichtigem unterscheiden. Ich werde einige Zeit brauchen, um wieder zur Besinnung zu kommen, nachzudenken, zu verarbeiten. Wieder Platz in mir schaffen für Neues. Wenn ich doch mit jemandem reden könnte, der auch Pilgererfahrung hat und im Gespräch das Erfahrene relativieren, vergleichen, klären und bewußt machen könnte. Wenn ich nicht alle drei wiederfinden kann, für wen würde ich mich entscheiden? Gerda? Nein, wir haben zu verschiedene Ansichten, mit ihr könnte ich keine Gefühle und Gedanken austauschen. Justin? Nein, auch nicht. Er ist mir zu realitätsbezogen, zu pragmatisch in seinen Anschauungen. Ja, natürlich, es ist Atze, mit dem ich mich unterhalten möchte, der romantische, etwas wirre, unreife, junge Holländer. Jetzt aus der Entfernung merke ich, daß es Ähnlichkeiten zwischen uns gibt. Es ist reizvoll für mich, mit ihm zu sprechen, er steckt noch nicht in festen, vorgegebenen Lebensbahnen, alles ist noch offen, alles kann noch mit ihm passieren. Nicht, weil er noch so jung ist, sondern weil er etwas sucht, was man nicht finden kann.

Es ist später Nachmittag. Dunkle Regenwolken, ein ungewöhnlicher Anblick nach den sonnengleißenden Tagen in der kastilischen Hochebene. Ich habe die Stadt Burgos wieder erreicht. Die Straßen sind naß, hier muß es kräftig geregnet haben. Ich bin sehr erschöpft. Gestern Mittag war ich noch im Kreuzgang von Silos. Dann bin ich gelaufen ohne Unterlaß: ein unerbittlich blauer Himmel, die weißgrelle Sonne, kein Schatten, eine Erde, ausgetrocknet bis auf das knochige Kalkgestein, zitternde Stille, in der blaugeflügelte Heuschrecken die Luft vibrieren lassen, selten ein Vogel. Die Nacht: den harten Boden unter mir, die Last eines mit fremden Welten angefüllten Himmels über mir. Ich hatte das Gefühl, als könne die Erde, dieser ausgebrannte Stern, mich nicht mehr festhalten, als müßte ich bei einer Drehung von ihrer Oberfläche fallen. Nirgendwo könnte ich dann Halt finden, die Schwärze zwischen den flimmernden Punkten würde sich auf mich stürzen und mich erdrücken.

Anderthalb Tage habe ich für 80 Kilometer nach Burgos gebraucht. Die Silhouette der Kathedrale mit ihren hochaufragenden Türmen vor Augen, gehe ich an der Stadt vorbei. Im Westen, am Stadtende, beginnt der Pilgerweg. Es mag Einbildung sein, aber es ist, als sei ich nun wieder mit allen Pilgern verbunden, ich höre ihre Schritte durch die Jahrhunderte, sehe die wandernden Gestalten, vernehme Stimmen, Lieder und Seufzer, Unterhaltungen, Geplauder, Hilferufe und auch ihr Schweigen.

Hier, wo der Weg beginnt, gab es einst eine berühmte Pilgerherberge, das »Hospital del Rey«. Gegründet wurde sie im 12. Jahrhundert und in späteren Jahrhunderten umgebaut und erneuert. Jetzt ist sie verlassen und verfällt. Die Tür zur Kirche ist verschlossen, doch was für eine unvergleichliche Tür! Sie scheint mir das Wichtigste an der Kirche zu sein. In das dunkelbraune Eichenholz sind lebensgroße Gestalten geschnitzt – eine Pilgergruppe. Plastisch treten sie in Erscheinung, realistisch, mitunter fast grotesk im Ausdruck. Wie der Büßerpilger, barfuß und mit einem Stoffetzen um die Hüften. Bart und Kopfhaare umwuchern sein Gesicht, lassen nur die gebogene Nase und tiefliegende Augen erkennen. Die Rippen des Brustkorbes wölben sich unter der eingefallenen Haut, die starken Sehnen des Halses und das knochige Schlüsselbein heben sich plastisch hervor. Allein die Beine sind kräftig, sie tragen den ausgemergelten Körper. Stämmig streben sie vorwärts. Schritt für Schritt ringen die nackten Füße dem harten Boden seinen Weg ab. Neben ihm ein ernst blickender Pilger. Rastend stützt er sich auf seinen Pilgerstock. Am Hut die Muschel, unter dem lange Locken hervorquellen. Hinter ihm ein Jüngling im Profil. Der Wind zerzaust sein Haar. Zielgewiß blickt er in die Zukunft. Ihm folgt eine Pilgerfamilie, der Vater schaut zurück, beugt sich zu seinem Sohn hinab. Dieser scheint noch recht munter und springt hinter ihm her. Die Mutter hat einen Säugling dabei, dem sie gerade die Brust gibt. Ein Greis oder eine Greisin, schwer auf den Stock gestützt, ist die letzte.

Es ist acht Uhr abends. Die Regenwolken hängen noch immer als dichter Vorhang am Himmel. Aber gerade als ich mich schon umwenden und meinen Weg fortsetzen will, schießt die Abendsonne durch ein Wolkenfenster. Es ist ein einzelner Strahl, der die Kirchentür beleuchtet. Das späte Licht vergoldet die Figuren. Die Wirkung auf mich ist eigenartig. Bin ich wegen der Anstrengungen und Entbehrungen nicht mehr ganz bei Sinnen? Mir ist, als würde in dem Moment, als das rotgoldene Licht auf die Tür fällt, die geschnitzte Pilgergruppe lebendig werden. Ich bin tief berührt und bleibe so lange, bis das Licht erloschen und die Sonne untergegangen ist.

Die Abende sind lang, im Sommer. Ich wandere noch zwei Stunden, erreiche das Dorf Tardajos. Bereits in römischer Zeit gab es die Ortschaft, später hatte der Bischof von Burgos hier seinen Palast, und der Herzog von Montemar ließ sich eine Residenz bauen, es gab Herbergen und Hospitäler und zwei Klöster. Von der illustren Vergangenheit ist nichts geblieben, wie in so vielen Orten Spaniens. Es ist ein Dorf, ein richtiges Dorf, es riecht nach Stall, der Mist von Schafen und Mulis liegt auf der Straße, Hunde bellen und Kinder wälzen sich balgend im Staub. Hinter dem nächsten Dorf *Rabe de las*

Calzadas, wasche ich mich an einem klaren Bach und richte mir das Nachtlager zwischen den Feldern. Die Glockentöne der Kirche von Rabe de las Calzadas schwingen durch die Dämmerung. Es ist ein eigenartiger Klang, als ob eine Spieluhr läutet. Ab und zu Hundebellen. Ein Halbmond zieht seine Bahn durch die Nacht.

Am achtzehnten Wandertag führt mich der Pilgerweg weitab von den Straßen durch die einsame Meseta. Die Meseta ist eine Hochfläche, flach wie ein Brett. Kornfelder, so weit das Auge reicht. Unaufhörlich zirpen die Grillen und Feldlerchen flattern gleich schwarzen Punkten im Blau. Ein heftiger, warmer Wind stemmt sich mir entgegen. Nach zwei Wanderstunden erreiche ich einen Abhang, hier fällt die Hochebene steil in ein Tal, unten liegt ein kleines Dorf, Hornillos del Camino. Weißgekalkte Häuser mit Flachdächern, blauen Türen und Fensterläden. Kein Mensch ist zu sehen. Die Glocken läuten. Als ich in die Kirche hineinschaue, ist sie voller Menschen, gerade ist Gottesdienst.

Am Ende des Taleinschnittes führt der Pfad wieder zur Meseta hinauf. Plötzlich ein ungewöhnlicher Laut, hell schallt es »prürr, prürr«, ein rauhes »krük krük« folgt. Ich kenne den Ruf und schaue suchend umher. Ich habe ihn schon einmal in Griechenland gehört. Da fliegt er, dieser außergewöhnlich bunte Vogel. Er hat lange rotbraune und grüne Flügel. Die Kehle ist leuchtend gelb und mit schwarzen Streifen eingefaßt. Der Bauch türkisblau. Die Stirn hellgrün, Kopf und Rücken kastanienbraun. Der dunkelgrüne Schwanz hat in der Mitte herausragende Steuerfedern. Dieser etwa drosselgroße Vogel mit dem sehr langen, gebogenen Schnabel ist ein Bienenfresser. Ein zweiter folgt. Nach einigen Flügelschlägen läßt er sich mit schwungvollen Bögen durch die Luft gleiten, und da kommt noch einer, und noch einer: »prürr, prürr, prürrr«. Eine Gruppe tropisch bunter Vögel schwirrt durch die Luft, macht Jagd auf Wespen, Bienen, Hornissen, Hummeln und andere fliegende Insekten. Mit der Beute setzen sie sich auf einen übersichtlichen Sitzplatz, schlagen das Insekt mehrmals auf den Ast, verschlingen es oder sie fliegen mit ihm zu einer senkrechten Lehmwand und verschwinden dort in einem Loch. Die Wand ist durchlöchert wie Schweizer Käse. Das sind die von den Vögeln selbst angelegten

Niströhren. Nur mit dem langen Schnabel und ihren winzigen Füßchen graben sie zwei Meter tiefe Gänge.

Am Boden des Lehmabhanges finde ich drei Federn: eine grüne, eine gelbe und eine rotbraune. Lange beobachte ich die Vögel. Ich kann mich nicht satt sehen an der exotischen Farbenpracht ihres Gefieders, dem ungewöhnlichen Flugbild mit den verlängerten Schwanzfedern in der Mitte, dem eleganten Gleiten und ihrer geschickten Jagd auf Insekten. Bienenfresser verhalten sich als Vögel ungewöhnlich – sie helfen sich gegenseitig. Diejenigen, die keine eigene Brut haben, füttern die Jungen der anderen mit.

Ich steige den Abhang hinauf, und wieder zieht sich der Pilgerpfad, ein Wiesenweg, durch die tischebene Platte, Stunden um Stunden und er will kein Ende nehmen! Das ist die Meseta, von der Pater Don Rafael gesprochen hatte. Ich verliere das Gefühl für die Zeit, denn alles weitet sich zu einem grenzenlosen Raum; ich gehe und gehe, und doch bleibt alles gleich, ich bin ein Nichts in einem unendlich scheinenden Getreidemeer. Gegen Abend wieder ein Talgrund. Von oben blicke ich auf rote Dächer und eine Kirche mit Glockenturm, das Dorf Hontanas. Die Siedlung schmiegt sich in die Senke. Von den Abhängen der Meseta strömen Schafherden zum Dorf. Wie helle Wasserläufe fließen sie zuerst noch oben auf der Ebene, in breiter Front, dann stauen sie sich am Rand, bis sie ihren Weg gefunden haben und sich wie Sturzbäche ins Tal ergießen, unten breiten sich die Schafherden wieder aus und trotten allmählich auf Hontanas zu. Als wolle der Strom nicht versiegen, quillt Herde auf Herde aus der Meseta hervor. Am nächsten Tag werden sie im Morgengrauen wieder in die Hochebene ziehen. Ich verspüre den Wunsch, in Hontanas zu übernachten, male mir aus, wie angenehm es sein wird, wenn in einer Gaststätte endlich mal wieder Teller voller Essen vor mir stehen, mindestens drei verschiedene Gerichte werde ich bestellen. Rotwein will ich mir gönnen und viel reden werde ich. Wie lange habe ich mit keinem Menschen gesprochen! In Silos nur wenige Sätze und seitdem überhaupt kein Wort mehr.

Ich wünsche mir so sehr, die anderen Pilger in Hontanas zu treffen, daß ich gar nicht daran zweifle.

Ein Dorf in Kastilien

Auch in der Nähe bleibt Hontanas eine anheimelnde Ortschaft, friedlich und ruhig, fernab von Straßen, unbeeinflußt von Veränderungen. An weißen Mauern ranken Rosen, vor den Häusern blühen Stauden, Weinlaub umwuchert die Fenster, aus einem Brunnen sprudelt frisches Wasser, aber eine Gaststätte und eine Pilgerherberge gibt es hier nicht. Ich frage ein Kind nach einem Dorfladen.

»Hier gibt es nichts zu kaufen«, antwortet es.

»Aber ich brauche Brot.«

»Ja, Brot haben wir, selbstverständlich!« sagt das Kind, erfreut darüber, mir helfen zu können. Es führt mich nicht zu einem Bäckerladen, sondern zu seinen Eltern.

»Wir backen alle unser Brot selber.«

Die Mutter drückt mir einen runden Brotlaib von einem halben Meter in den Arm. Eine Bezahlung lehnt sie freundlich, aber sehr bestimmt ab.

Ich wäre gern in Hontanas geblieben, weil es das verkörpert, was ich mir unter einem Dorf vorstelle. Doch dann finde ich es auch

167

wieder schön, in der Natur zu übernachten. Ich richte mein Lager zeitig, bevor die Sonne untergegangen ist, zwischen Feldern, hinter einer Hecke. Der Boden besteht aus einer weißgrauen Mergelerde und ist sehr steinig. Das frische Brot schmeckt. Ich esse Käse und öffne eine Büchse mit Thunfisch. Flinke Kaninchen wetzen den Feldrain entlang. Eines überrennt mich fast. Im letzten Moment hopst es seitwärts ins Feld. Zwei-, dreimal springt das Tier hoch in die Luft, um über das Getreide blicken zu können. Es sieht urkomisch aus, wie immer wieder der kleine, neugierige Kaninchenkopf über den Ähren auftaucht. Dann bewegen sich nur noch ein paar Halme.

Der Sonnenuntergang ist wie eine perfekte Inszenierung. Als die letzten aprikosenfarbenen Wolken in die Nacht eintauchen, ertönen plötzlich laute Geräusche. Es rattert und knattert. Da, ein dunkler Schatten und noch einer. Zwei Gestalten bewegen sich aufeinander zu, bilden ein Knäuel. Flügelschlagen, sie prallen in der Luft zusammen und fallen schwer zu Boden. Ein harter Kampf ist entbrannt. In der Dunkelheit kann ich nur die Schattenrisse erkennen. Größe, Gestalt und Laute zeigen mir, daß es zwei Rothuhn-Männchen sind. Sie sind etwas größer als Rebhühner und auffälliger befiedert. Die Männchen ziert eine blendendweiße Kehle, anschließend ein schwarzer Latz, der sich in schwarzen Tropfen auf der dunkelvioletten Brust auflöst. Die Flanken sind schwarz, weiß und braun gebändert, der Bauch ockerfarben, Schnabel und Füße rot. Eine erstaunlich bunte Färbung für einen Hühnervogel, der von vielen Feinden gejagt wird. Nur der Rücken besitzt eine olivbraune Tarnfärbung, die aber ausreicht, wenn sich das Tier platt an den Boden drückt und so alle auffallenden Federpartien versteckt. Von den zwei Kämpfern sehe ich nur die Bewegungen und den schwarzen Körperumriß. Es ist zu dunkel, um den Streit weiterzuverfolgen. Beim Einschlafen höre ich noch ihre Stimmen. Als kämen sie nicht aus Vogelkehlen, klingen sie metallisch und hart.

Als ich die Augen wieder öffne, scheint mir die Sonne ins Gesicht. Es geht sich gut in der Morgenfrische. Die Balz der Rothühner läuft auf Hochtouren. Auf den obersten Spitzen von Erdhügeln und Steinhaufen werfen sich die Hähne in Pose, plustern die Federn auf, um größer zu scheinen als sie sind und damit die dekorative schwarz-weiß-braune Bänderung an den Seiten optisch gut zur Geltung kommt, und versuchen, mit nähmaschinenartigen Tönen die Weibchen anzulocken.

Bald senkt sich der Pfad, allmählich diesmal, in ein breites Tal. Der Talgrund ist, sehr eigenartig in dieser trockenen Gegend, mit Nebel gefüllt. Die Sonne gibt ihm einen goldenen Glanz. Der Weg mündet in eine Pappelallee. Es sind herrliche, kräftige Bäume, die mit ihren starken Stämmen und den dunkelgrünen Laubkronen die Straße säumen. Nur ein Moped fährt hier am frühen Morgen. Der Fahrer hält an. Er trägt ein Gewehr über dem Rücken, das mir aus dem vorigen Jahrhundert zu stammen scheint. Ich frage ihn, ob er damit jagen wolle.

»Nein, ich bin kein Jäger, sondern Wächter«, antwortet er. Er passe auf, daß niemand *conejos*, Kaninchen, und *perdiz*, Wachteln, aber so werden auch die Rothühner genannt, schießt. Aus dem Dunst taucht die Silhouette eines hochragenden gotischen Bauwerkes auf. Erst als ich davor stehe, erkenne ich, daß es eine Ruine ist. Die Straße führt direkt durch ihre Gewölbebogen hindurch. Das war einmal das Kloster San Antón. Obwohl breite Risse die Außenmauern durchziehen, die Gewölbe auseinanderbersten, die Zwischenmauern zerbrochen sind und kein Dach mehr vorhanden ist, wirkt das Gebäude aus dem 14. Jahrhundert noch immer imposant. Der Nebel verstärkt sich und wallt durch die leeren Fensteröffnungen, als sei das Kloster die Kulisse für einen Gespensterfilm. Doch das ist erst der Anfang. Die Pappelallee macht eine Biegung, und dann öffnet sich der Blick auf eine märchenhafte Burg, hoch oben auf einem völlig kahlen Bergkegel. Wieder muß ich an eine Filmkulisse denken, diesmal für einen Märchenfilm. Jetzt fehlt nur noch der Held, der mit seinem Zauberpferd den glatten Berg hinaufreitet, von dem alle anderen abrutschen und in die Tiefe stürzen. Näher gekommen, erkenne ich, daß die Trutzburg ebenfalls nur noch Ruine ist. Einst ließ sie der Westgote Sigerich bauen, deshalb heißt sie *Castrum Sigerici*. Obgleich sie durch ihre Lage auf dem steilen Berg uneinnehmbar scheint, wurde sie schon 882 von Arabern erobert und zerstört. Am Fuße des Lehmkegels liegt die Ortschaft Castrojeriz. Auf einer Türschwelle sitzt ein schwarzes Hündchen in der Sonne und gähnt. Kaum hat es mich erspäht, gebärdet es sich wie ein kleiner Teufel, kläffend und zähnefletschend springt es auf meine Waden zu. Eine Frau eilt aus dem Haus und ruft das Hündchen zurück. Nur widerwillig gehorcht es. Die Frau fragt, ob ich auch nach Santiago ginge. Gestern sei schon ein Pilger, ein junger Mann, an ihrem Haus vorbeigegangen. Wie er denn ausgesehen habe, frage ich.

»Das war ein ganz langer, dünner Bursche, mit sehr kurzen, blonden Haaren, *con los pelos muy cortos y tan rubio*«, antwortet sie.

Das kann nur Atze gewesen sein, freue ich mich. Vielleicht kann ich ihn heute noch einholen.

Castrojeriz gefällt mir, schade, daß Atze bereits weitergezogen ist. Sonst hätte ich ihn überredet, hier einen Ruhetag einzulegen. Wir hätten zu der Burgruine auf den Berg hinaufwandern und uns überhaupt richtig Zeit nehmen können, die Ortschaft kennenzulernen. Allein habe ich keine Lust zu bleiben, jetzt, wo ich ihn fast eingeholt habe.

Am Ortsausgang beschwört mich ein Mann, um Gottes willen nicht dem Pilgerweg, sondern der Straße zu folgen. Mir gefällt dieser Ratschlag natürlich nicht.

»*Hija, no es posible, el camino no existe mas, solamente hay piedras. La carretera es muy buena, sigue por la carretera, por favor!* – Tochter, es ist nicht möglich, der Weg existiert nicht mehr, es gibt nur Steine. Die Straße dagegen ist sehr gut, bitte, folge der Straße.«

Es verunsichert mich, wie er so nachdrücklich um mein Wohl besorgt ist, und ich verspreche, seinen Rat zu beherzigen. Doch als der Mann außer Sichtweite ist, denke ich mir, der Weg kann gar nicht so schwierig sein, daß ich nicht doch irgendwie durchkomme. In steilen Windungen zieht der Pfad einen Berg hinauf. Bei jeder Kehre habe ich einen noch schöneren Ausblick auf Castrojeriz, das sich hufeisenförmig um den Burgberg schmiegt. Der Boden glitzert im Sonnenlicht, es sind Glimmerschiefer und Feldspatkristalle, aber es sieht aus wie poliertes Silber. Der breite Bergrücken oben ist mit runden Steinen besät, dazwischen wachsen duftende Gewürzkräuter. Lerchen steigen in die Luft. Ich bin glücklich. Wie gut, daß ich mich nicht habe überreden lassen, auf der Straße zu gehen. Ein Pfad ist natürlich nicht mehr zu erkennen, aber in einem so übersichtlichen Gelände kann man sich nicht verlaufen. Dann stehe ich an der Abbruchkante des Bergriegels und schaue hinab. Der Blick ist überwältigend. Unten liegen, wie ein bunter Teppich, verschiedenfarbige Felder, die sich zu einem harmonischen Muster zusammenfügen.

Da gibt es blaugrüne Flächen mit Frühjahrsgetreide, daneben reift das Winterkorn in Gelbtönen, rot und gelb leuchten brachliegende Felder, auf denen Mohn oder Ackersenf sich angesiedelt haben, dazwischen blendendweiß die gerade umgeackerte Mergelerde. Und über diesem Farbenteppich wölbt sich ein tintenblauer Himmel. Der Anblick macht mich schwindelig, ich weiß nicht warum, aber plötzlich schießen mir Tränen in die Augen. Ich stehe an der Kante, breite die Arme aus und lache laut. Der Wind weht mir die Tränen aus den Augen, die neu nachfließen, und ich glaube zu fliegen. Ich bin außer mir, es ist ein Gefühl der Ekstase. Ich lache, weine und jauchze, springe, hüpfe, tanze und bin ganz und gar wie von Sinnen. Verrückt, ich bin verrückt. Es ist ein Taumel. Ich fliege, fliege, fliege . . . Weit breite ich die Arme aus, und der Wind trägt mich über die grenzenlose Ebene, sanft lande ich am Fuß des Abhanges.

Als meine Entrücktheit langsam von der Vernunft wieder eingeholt wird, merke ich, daß ich keineswegs geflogen bin. Wahrscheinlich mit schwingenden und wedelnden Armen, aber mit den Füßen auf dem Boden, bin ich abgestiegen. Woher nur dieses tranceartige Außersichsein? Nüchtern betrachtet sind da bloß ein paar brachliegende Felder, sonnengebleicht und mit Unkräutern bewachsen, andere mit Getreide bepflanzt. Es ist eine Schönheit, von niemandem gewollt, von niemandem gestaltet. Gerade das ist es, was mich berührt. Der Mensch beackert das Land, sät Nahrungsmittel an, und die Natur zaubert daraus ein Bild voller Anmut und Harmonie. Schnurgerade zieht sich der Weg durch diese »Tierra de Campo«, rechts hüfthoch der Mohn, links die gelben Blüten des Ackersenfs; ich wünsche mir, singen zu können. Ein klarer Bach schlängelt sich durch die Ebene. Er ist tief genug zum Baden. Ich ziehe mich aus und lasse mich in das kühle, klare Wasser gleiten. Die verschwitzte

Kleidung wasche ich und lege sie auf einen Busch zum Trocknen. Derweil bräunt mir die Sonne den nackten Körper. Gelbbäuchige Schafstelzen fangen trippelnd und wippend Insekten am Ufer. Im Bach wächst Hahnenfuß, die weißen Blüten wiegen sich im Wasser.

Noch 15 Kilometer bis Fromista. Dort gibt es ein *refugio* und ich bin sicher, Atze anzutreffen. Bei Itero de la Vega überquere ich die elfbögige mittelalterliche Brücke *Pons Fiteria*. Der Fluß Pisuerga führt viel Wasser. Er speist auch die Bewässerungskanäle, die hier zahlreich das Land durchziehen. Neben einer verwitterten Eremitage liegt ein Friedhof wie ein blühender Garten. Bis zu den Kreuzen hinauf wuchern Winden, Malven und Disteln. In Boadilla del Camino steht auf dem Dorfplatz, umgeben von niedrigen, windschiefen Bauernhäuschen, eine gotische Säule aus dem 15. Jahrhundert. Sie ist gut erhalten und wirkt eindrucksvoll durch ihren reichverzierten kronenartigen Aufsatz. Die Säule weist darauf hin, daß hier in Boadilla Gerichtstage gehalten wurden. Die Kirche Santa Maria ist verschlossen. Eine Bäuerin sagt mir, der *cura* habe den Schlüssel, er sei aber in Fromista und würde erst am Abend zurückkehren.

Auf dem Weg nach Fromista, entlang eines schon vor längerer Zeit angelegten Bewässerungskanals, der mit Schilf und gelben Schwertlilien bewachsen ist, wo Rohrsänger aus voller Kehle schmettern und Frösche platschend ins Wasser springen, beginnt plötzlich, ganz ohne Vorwarnung, mein rechtes Knie zu schmerzen. Der Schmerz ist sofort sehr stark und das Bein wie gelähmt, weil das Knie sich nicht mehr anwinkeln läßt. Eine Weile nehme ich Rücksicht, schone das Knie, indem ich steifbeinig einherhumpele. Aber es wird davon nicht besser. Ich will so tun, als ob da nichts sei. Um mich von dem Schmerz abzulenken, spreche ich laut mit mir selbst. Als das auch nicht mehr hilft, singe ich nun doch. Jetzt paßt mein Gesang. Ich kenne nämlich nur Lieder, die ich in der Schule gelernt habe: Arbeiter-, Marsch- und Kampfgesänge. Auf die Melodie kommt es nicht so an, die ist, wenn ich singe, bei jedem Lied gleich, aber dem Rhythmus kann sich sogar ein überanstrengtes Knie nicht widersetzen. So ziehe ich in Fromista ein.

Fromista hat ein Kleinod, die Kirche San Martin. Sie ist einzigartig. So eine Kirche gibt es höchstens noch im Bilderbuch. Es ist eine romanische Basilika aus dem 11. Jahrhundert. Gestiftet wurde sie von Doña Mayor, die auch die Brücke von Puenta la Reina in Auftrag gegeben haben soll. Sie war die Mutter von Garcia III., dem die Jungfrau Maria in der Grotte bei Nájera erschien und der vom Kloster San Millán den Klosterschatz verlangte, um gegen seinen Bruder Fernando in den Krieg zu ziehen. Nach dem Tod ihres Gemahls Sancho III. im Jahr 1035 zog sich Doña Mayor in die Einsamkeit der Meseta zurück. Damals war Fromista, obwohl schon seit Römerzeit existent und in westgotischer Zeit ein bedeutender Ort, durch den Arabereinfall entvölkert worden. Doña Mayor gründete ein Kloster, von dem nur die Kirche erhalten geblieben ist. Schon durch die Farbe des Baumaterials beeindruckt die Basilika; es sind goldgelbe Steinquader, die gleichmäßig bearbeitet und feinverfugt wurden. Im Westen hat die Kirche zwei Rundtürme, die mit flachen Ziegelkappen abschließen, im Osten drei halbrunde Apsiden und einen achteckigen Vierungsturm. Das Dach ist zweifach gestaffelt. Wie bei allen romanischen Bauwerken, aber hier besonders eindringlich, wurde das rechte Maß gewahrt, vollkommen und ausgewogen.

Woher nur wußten damals die Baumeister, wie hoch und breit und lang ein Bauwerk konstruiert werden mußte, damit es klingt? Ja, so ist es – in der Romanik verstand man, mit Steinen zu musizieren, ihnen Klänge, Melodien, Rhythmen und Harmonien zu entlokken. Ich frage mich immer wieder, wenn ich vor diesen Wunderwerken stehe, wieso konnten sie das? Woher kamen die Geheimnisse, die die Baumeister generationenlang an ihre Kinder weitergaben? Später dann erlosch das Wissen der Baumeister – als die Kirche ihre Machtposition gewaltsamer aufbaute und die Inquisition immer mehr Opfer forderte.

Das Besondere an der Kirche San Martin, neben der Harmonie aller Proportionen, sind die Dachbalkenkonsolen. An diesen Sparrenenden der Dächer sind über 300(!) Skulpturen. Aber was für Skulpturen! Ein Panoptikum skurriler Köpfe. Waren mir bereits die Sparrenköpfe an der Kirche in San Juan de Ortega seltsam erschienen, für diese Kirche hat der Künstler noch eigenartigere Wesen geschaffen. Da sind Fratzen, Masken und Dämonenhäupter, gekrümmte und verbogene Körper, aufgerissene Mäuler, aber auch realistische Tierköpfe: Pferde, Hunde, Löwen, Eulen, dann wieder Blätter, Blüten, Ornamente. Ohne eigentlichen Plan scheinen die Figuren aneinandergereiht, verspielt und doch vielsagend und bedeutungsvoll. Die meisten können wir heute nicht mehr deuten. Was auf uns lustig und witzig wirkt, sollte die Menschen damals vielleicht erschrecken. Eine der Figuren ist nackt, sonderbar verkrümmt der Körper, der Kopf scheint zwischen den Beinen zu stecken. Es ist ein Gaukler. Solche Jahrmarktskünstler zogen durchs Land und zeigten artistische Schaustücke, über die die Zuschauer lachten und staunten, man amüsierte sich. Und doch war da gleichzeitig auch ein Grauen vor diesen merkwürdigen Menschen, die ihre Körper so unnatürlich verbiegen konnten und deren Leben unstet und gefährlich war. Die Gaukler verkörperten für die seßhaften Bürger das Abweichen vom Normalen, das Übertreten von Grenzen. Davon waren »ehrbare« Bürger fasziniert und gleichzeitig voller Abscheu. Alles, was sie sich in ihrer Phantasie vorstellten, trauten sie diesen Vagabunden zu, auch alle nur denkbaren sexuellen Ausschweifungen. Die Darstellung des Gauklers versinnbildlicht Wollust und Triebhaftigkeit und zeigt die Übertragung der Ängste von sich selbst auf andere. Indem die Menschen ihre eigenen Begierden auf die Außenseitergruppe der Landfahrer übertrugen, konnten sie sich selbst freisprechen. In der Konfrontation gegen das Fremde kann man auf wunderbar einfache Weise die eigene Unzufriedenheit, Frustration, Enttäuschung, Wut und Angst loswerden. Es ist eine elementare Verhaltensweise, die Menschen immer gegenüber denen zeigen, die wegen ihres Andersseins fremd und bedrohlich erscheinen. Ich erinnere mich an die Bäuerinnen von Torres del Rio und ihre Reaktion auf die Zigeunerkinder. Weil sie nicht zur Dorfgemeinschaft gehören und deshalb nicht kontrollierbar sind, weil sie anders leben und aussehen, wird ihnen alles nur Denkbare zugetraut. »Man weiß nie, was sie im Schilde führen. Sie sind zu allem fähig!« sagten die Bäuerinnen.

Aber nur einige Skulpturen können wir heute noch deuten. Wir verstehen die damaligen Symbole kaum noch. Ich muß wieder daran denken, daß die wenigsten Menschen im Mittelalter lesen konnten und deshalb viel empfänglicher für bildliche Darstellungen waren, sie anders sahen und begriffen. Fast alle Figuren sind vieldeutig. Meist verkörpern sie sowohl Gutes als auch Böses, Richtiges und Falsches, Negatives und Positives. Dort oben an der Dachkonsole sehe ich die Abbildung einer Eule. Ihre positive Symbolik bedeutet: Erfahrung, Klugheit und Weisheit. Ihre negative verkörpert ein gespenstisches Nachttier, ein Dämon mit gefährlichen Augen und Krallen. Auch der Schlange ist diese Ambivalenz eigen. Sie ist nicht nur böse und schlecht, nicht nur die Verderberin, die Eva mit gespaltener Zunge verführt, sondern sie ist auch die Wissende, sie weiß mehr als andere Lebewesen und sie kann Glück und Fruchtbarkeit bewirken. Welchen Aspekt eine Figur ausdrückt, kann man manchmal an der Zuordnung zu anderen Figuren erkennen und wo sie sich befindet, oben oder unten, rechts oder links, und an beigefügten Details. Von dieser Bildersprache ahnen wir heute kaum noch etwas. Mir scheint, einige Bildhauer hatten ihre Werke auch gegenüber den damaligen Menschen verschlüsselt, so daß selbst die kirchlichen Auftraggeber nicht die Zeichen und Symbole erkannten, die aus vorchristlicher Zeit überlebt hatten. Da die Künstler das Wissen geheimhielten und nur an ihre Nachkommen weitergaben, wird manches aus heidnischer Zeit überdauert haben. Kurios der Gedanke, daß gerade an den Gotteshäusern Siegel einer geheimnisvollen, mystischen Religion eingeprägt sein könnten.

Oft umrunde ich die Kirche, den Kopf weit in den Nacken gelegt, um die so skurrilen, witzigen, phantasievollen und rätselhaften Sparrenköpfe zu betrachten. Nun bemerke ich, daß die Kirche zu ordentlich, zu sauber, zu blank geputzt ist, als sei gerade eine deutsche Hausfrau aus der Fernsehwerbung mit Staubtuch, Putzlappen und Blitzsaubermacher über dieses Bauwerk hergefallen. Tatsächlich ist bei Restaurationsarbeiten die Patina Opfer einer allzu gründlichen Reinigung geworden.

Die Ortschaft Fromista gefällt mir nicht. Wahrscheinlich ist sie in den letzten Jahren zu schnell gewachsen und dadurch gesichtslos geworden. Auch das *refugio* ist keine einladende Unterkunft. Ich bin durch die Nächte unter freiem Himmel verwöhnt, ein stickiger Raum ist eine schlechte Alternative. Und Atze ist scheinbar auch nicht hier. Weiter geht es nach Poblacion de Campo. Das Knie streikt noch immer. Ich müßte eigentlich wissen, daß ich es bei dem Gewaltmarsch nach Silos überanstrengt habe, aber ich will es nicht wahrhaben. Ich rede mir ein, die beste Medizin gegen ein steifes Bein sei – Bewegung! Bewegung macht locker und geschmeidig. Nur schön laufen, das Knie eifrig hin und her beugen, da wird es sich schon wieder einrenken. Ein Stock wäre nicht schlecht. Ich breche einen Ast ab und benutze ihn als Wanderstock. Das hilft. Leider ist es Akazienholz und mit Dornen gespickt. Als ich nach Poblacion de Campo komme, errege ich humpelnd und mit meinem Dornenstock einiges Aufsehen. Vor allem die Frauen reagieren mitleidsvoll: »*Hija, hijita, que pasa contigo,* Tochter, Töchterchen, was ist denn mit dir passiert?« Ich versichere, alles sei in Ordnung, doch lasse ich mich gern von einer Frau in ihr Haus einladen, eine gute Gelegenheit, um zu sehen, wie die Menschen hier leben. Gleich beim Eintreten verblüfft mich, wie kühl es innen ist. Während die Sonne draußen eine brütende Hitze produziert, herrscht in dem einfachen Lehmhaus eine angenehme Temperatur. Da braucht es keine modernen Baustoffe, Ventilatoren und Kühlsysteme.

Die Bäuerin bietet mir einen Holzstuhl mit Flechtwerk an und stellt ein Glas mit Rotwein auf den Tisch. Der Raum ist wegen der kleinen Fenster ziemlich dunkel. Langsam gewöhnen sich meine Augen daran. Die Stube ist ein Mehrzweckraum: zum Arbeiten, Essen und Schlafen eingerichtet und mit praktischen Möbeln, Gegenständen und Gerätschaften gefüllt. Es sieht kunterbunt und wirr aus und doch scheint alles zusammenzupassen. Zum Abschied schenkt die Frau mir einen Hirtenstab. »Der ist stabil und glatt«, sagt sie. »Gib mir dafür deinen Akazienast, den kann ich gut als Feuerholz verwenden.«

Nach zwei Wanderstunden sehe ich die eigenartige Kulisse von Villalcázar de Sirga. Kleine geduckte Bauernhäuschen reihen sich um eine riesige, imposante Kathedrale. Was macht eine Kathedrale in einem winzigen, weltabgeschiedenen Bauerndorf? Auch Villalcázar muß einstmals eine reiche, bedeutende und große Ortschaft gewesen sein. Am Dorfbrunnen befeuchte ich die Silastikbinde, die ich mir inzwischen um das Knie gewickelt hatte. Ein Mann stürzt wild gestikulierend auf mich zu. Vielleicht darf das Wasser nur zum Trinken benützt werden, denke ich erschrocken. Nein, das meint er nicht. Aber ich müsse sofort mitkommen! Er sei doch Pablo! Ob ich denn noch nichts von ihm gehört habe, von Pablo, dem Pilgervater? Bei ihm gebe es umsonst für alle Pilger eine Suppe und ein Glas Wein. Es ist verblüffend und anrührend, immer wieder auf Menschen zu treffen, für die die vergangene Pilgertradition noch ganz selbstverständlich und lebendig ist.

»Kommen Sie, da ist auch schon ein anderer Pilger«, drängt Pablo.

In einer dunkelgewölbten Gaststätte sitzt Atze an einem Holztisch und hält mir begrüßend den Rotweinkrug entgegen. Pablo hat ihn genau wie mich draußen eingefangen und in seine Gaststube gelockt.

»Wie hast du mich nur so schnell einholen können?« staunt der Holländer. Er selbst war noch einen Tag länger in Burgos geblieben. Ihm war es in der mit hohen Gittern unterteilten Kathedrale wie mir ergangen. Eigentlich wollte auch er die Stadt gleich wieder verlassen. Aber dann war es schon zu spät; es wurde dunkel. Er fragte eine Frau nach dem Weg zu einer Pension – und die Frau nahm ihn gleich mit zu sich nach Hause, zu ihrer Familie. Am nächsten Tag haben ihn Sohn und Tochter durch Burgos geführt. »Oh, war das anstrengend! Kannst du dir ja vorstellen, wenn ununterbrochen Spanisch auf einen eingeredet wird«, sagt Atze. »Toll war es trotzdem, einfach phantastisch. Ich glaube, jetzt kenne ich alle Kneipen dort. Rein und raus, von einer zur anderen, sind wir gezogen, und überall trafen wir Freunde von Jorge und Maria, so hießen die Kinder meiner Gastgeberin.«

»Was ist mit Justin und Gerda?« will ich wissen.

»Justin ist sicherlich schon zwei, drei Tage voraus. Gerda wollte mit dem Bus bis León fahren, denn sie befürchtete, die Wanderung durch die einsame Meseta sei zu schwierig für sie.«

»So einsam ist die Meseta gar nicht, wie behauptet wird, man kommt immer mal wieder an einem Dorf vorbei«, entgegne ich. »Na, die Strecke von Hornillos del Camino bis Hontanas fand ich schon sehr extrem«, meint Atze, »ich habe mich total allein gefühlt.

Ich wurde schrecklich depressiv. Doch als ich am Abend nach Hontanas kam, änderte sich meine Stimmung sofort. Hat dir das Dorf auch so gut gefallen? Wieder hatte ich großes Glück und bekam Unterkunft bei einer Familie.« Ich erzähle dem Jungen, wie es mir ergangen war. Wie gern ich in Hontanas übernachtet hätte, stattdessen einen Brotlaib geschenkt bekam und in der Nacht den Kampf der Rothühner beobachten konnte.

In dem dunklen Gewölbe von Pablos Gaststätte, die einstmals eine Pilgerherberge war, wie er uns sagte, merken wir nicht, wie hell und heiß der Nachmittag ist, wir reden, plaudern, schwatzen, erzählen und berichten, was wir gesehen, gehört, gefühlt, gedacht haben. Manchmal sind wir verwundert, auch enttäuscht, wenn der andere etwas entdeckt und erlebt hat, woran man selber blicklos vorüberging.

»Wieso habe ich die Bienenfresser nicht gesehen?« wundert sich Atze. »Sind es tatsächlich so bunte Vögel, wie du sie beschreibst? An die Lehmwand bei Hornillos del Camino kann ich mich erinnern. Natürlich! Ich habe mich noch über die vielen Löcher dort gewundert.«

»Du hast doch viel Schöneres erlebt, Jorge und Maria in Burgos kennengelernt«, werfe ich ein.

»Schade, wirklich schade! Diese Tür an der Kirche des Hospitals del Rey hätte ich auch gern gesehen«, unterbricht er meine Beschreibung. »Die muß ja phantastisch sein! Vielleicht gehe ich den Weg noch mal rückwärts, um alles nachzuholen, was ich übersehen habe«, meint er scherzend.

Der junge Holländer hat interessantere Begegnungen mit Menschen gehabt als ich. Er hat nicht draußen übernachtet, sondern er wurde meist gastfreundlich eingeladen oder schlief in einem *refugio*. Sein offenes Wesen erleichtert ihm Kontakte. Trotz seiner Lebensprobleme besitzt er eine sonnige Ausstrahlung. Wenn er sich mit beiden Händen durch seine blonden Igelstacheln fährt und übers ganze Gesicht strahlt, denkt man unwillkürlich: »Das ist aber mal ein netter Junge!« In Castrojeriz traf er Jugendliche, die einen Jugendclubraum ausbauten. Er arbeitete gleich mit. In Boadilla del Camino, dort, wo die gotische Gerichtssäule steht, nahm er an der

Messe teil, wurde anschließend vom *cura* zum Abendessen eingeladen und plauderte mit ihm bis zum Morgengrauen.

Pablo, der Pilgervater, hat uns inzwischen zwei Schüsseln mit *sopa del ajo*, eine deftige Knoblauchsuppe, hingestellt, dazu Brot, Schinken, Wein. Davon bekommen wir erst recht Appetit und lassen uns die Speisekarte bringen. Atze sagt staunend: »Du bist so dünn und ißt doch soviel. Wie geht denn das?«

»Alles Training«, antworte ich, »die Tage vorher habe ich kaum etwas zu mir genommen, außer Brot, Käse und einer Büchse Fisch. In der Fernfahrergaststätte mit der hübschen Kellnerin hatte ich zum letzten Mal richtig gegessen. Jetzt hole ich alles auf und esse mir einen Vorrat an, das ist sehr praktisch, da brauche ich nicht soviel Verpflegung zu schleppen.«

»Ach, wenn ich das nur auch könnte«, sagt er neidisch. »Es ist schon sehr lästig, ständig ans Einkaufen zu denken oder ein Restaurant zu suchen. Aber ich könnte nicht hungern, wenn ich ein paar Stunden ohne Essen bin, werde ich ganz schwach.«

Vom Essen und dem Rotwein sind wir faul und träge geworden. »Eigentlich wollte ich heute noch bis Carrion de los Condes«, sagt Atze, »aber nun mag ich nicht mehr.«

Als wir von Pablo erfahren, daß am nächsten Tag eine Prozession zur Eremitage der *virgen del rio* stattfindet, beschließen wir, einen Tag länger in Villalcázar zu bleiben.

16 Villalcázar de Sirga

Wuchtig wie eine Trutzburg thront die Kirche Santa Maria de la Blanca im Dorfe. Bescheiden ducken sich die Bauernkaten vor ihr. Eine breite, steinerne Freitreppe führt hinauf zum Südportal. Das Portal ist weit von einem hohen Vorbau überdacht. Der tiefgestaffelte, spitzbogige Eingang ist gotisch. Zwei Friese mit mannsgroßen Figuren reihen sich über dem Spitzbogenportal. Auf dem oberen ist Jesus dargestellt, umgeben von Aposteln und Evangelisten. Auf dem unteren Fries ist in der Mitte Maria, ihr zur Seite Heilige. Die Kirchentür ist verschlossen. Wir müssen warten, da in Kürze eine

Trauung stattfindet. Beim Umrunden des Bauwerkes fällt am südlichen Querschiff eine große Rosette auf. Das Steinfiligran durchbricht die gleichmäßig behauenen, gelben Steinquader der hohen Kirchenwände, die sonst außer schmalen Fensterschlitzen ohne Schmuck sind. Die Kirche, die 1288 fertiggestellt wurde, wirkt trotz des gotischen Portals noch sehr romanisch.

Dachlandschaften

Ein Pulk Autos drängt in das Bauerndorf, in dem Hühner auf den ungepflasterten Straßen picken, Misthaufen hinter den Lehmhäusern duften und Strohballen sich neben den Scheunen stapeln. Aus den Autos winden sich Scharen von Menschen. »Stadtleute«, sagen die Dörfler. »Das sind die Hochzeitsgäste.«

»Es ist also gar keine Dorfhochzeit«, fragen wir enttäuscht.

»Nein, die kennen wir nicht. Die kommen aus Palencia oder Madrid, reiche Leute, die es sich leisten können. Sie heiraten hier, wegen der Folklore. Unser Dörfchen ist berühmt für seine Vergangenheit.«

Die Hochzeitsgesellschaft, es mögen wohl über 300 Leute sein, treibt großen Aufwand. Eine Musikkapelle spielt mittelalterliche

Musik, riesige, mehrstöckige Torten werden von Lakaien in höfischer Tracht durch die Menge getragen.

Die Einheimischen nehmen an dem Spektakel kaum Anteil. »Das sind wir schon gewöhnt, da kommen oft welche«, sagen sie. »Es ist unecht, aber wenn es denen Spaß macht...«

Dafür sind dann fast alle Einwohner zur Abendmesse in der Kirche anwesend. Es ist ein heller Raum. Das gelbe Gestein schimmert warm. Das Licht fällt durch die große südliche Rosette. Starke Pfeilerbündel stützen das Kreuzrippengewölbe. Die Pfeiler drängen sich eng aneinander, fast entsteht der Eindruck geschlossener Säulenwände, und trotzdem wirkt der Raum hallenweit und lichtdurchflutet.

Als die Gläubigen singen, verstärkt sich die weihevolle Stimmung. Mächtig wie eine Brandung schwingen die Töne durch die Kirche, widerhallen und verebben schließlich.

Nach dem Gottesdienst werden wir angesprochen. Wir fallen auf, als einzige Fremde, die an der Messe teilgenommen haben. Da sei eine Feier in einer Bodega, einem Weinkeller, lädt man uns ein. Vier Spanier und wir quetschen uns in ein Auto. Allerdings geht die Fahrt nur 500 Meter weit.

»Warum sind wir die paar Schritte nicht gelaufen?« frage ich verblüfft. Die Männer lachen.

»Wozu haben wir denn das Auto?« entgegnen sie entwaffnend.

Der Weinkeller ist eine Art Gartenhäuschen mit nur einem Raum, einem winzigen Fenster, der Kamin aber füllt die Hälfte der hinteren Wand aus. Ein großer, runder Holztisch und Holzbänke vervollständigen die Einrichtung.

»Der wichtigste Teil der Bodega liegt unterirdisch«, verkünden sie stolz und führen uns eine schmale Stiege hinab in ein tiefes Gewölbe, in dem dunkel und kühl der Wein lagert. »Da nehmen wir gleich was mit hinauf«, bestimmt Pepe. Er ist Taxifahrer und hat auch das Auto gesteuert. Paco, sein Schwager, ist der Dorfbäcker. Er schlägt die Tücher von zwei großen Bündeln auseinander, und zum Vorschein kommen goldgelbe, noch warme Brotfladen. Jaime und Enrique, zwei Bauern, lüften die Deckel von Töpfen und Schüsseln, die sie mitgebracht haben. Lukullische Herrlichkeiten häufen sich auf unseren Tellern: Leberpasteten, Gulasch, Lammfleisch, Würste, Kartoffelsalat. Ich esse für acht Tage im voraus. Wir essen und trinken bis weit nach Mitternacht. Die Stimmung ist herrlich. Nach einer Weile fällt mir auf, daß ich die einzige Frau in der Gruppe bin.

»Wer hat denn das gute Essen gekocht?« frage ich.

Synchron ertönt die Antwort: »*Nuestras esposas*, unsere Ehefrauen.«

»Und wo sind sie? Warum feiern sie nicht mit?«

»*Mi esposa*, meine Frau, bleibt lieber zu Hause«, sagt Paco, der Bäcker.

»*Mi señora*, meine Frau, paßt auf meinen Sohn auf«, stellt Pepe, der Taxifahrer, fest.

»*Mi mujer*, meine Frau, würde sich nur langweilen«, behauptet Jaime, der Bauer.

Und Enrique schließt kategorisch das Thema ab: »Die Bodegas sind nur für die Männer da, Frauen kommen hier nicht her, außer tagsüber zum Saubermachen.«

»Aber ich bin doch auch eine Frau, macht es euch nichts aus, daß ich in eurem Heiligtum bin?«

»Nein, überhaupt nicht, wieso? Die *Bodegas* sind ja nicht für Frauen verboten. Sie sind eben einfach nicht mit dabei, weil es so Tradition ist.«

»Früher hatte jede Familie ihren Weinkeller«, erzählt Jaime, »denn es wurde sehr viel Wein angebaut. Wir lebten vom Weinanbau. Aber inzwischen kostet die Weinherstellung mehr, als wir am Verkauf verdienen, deshalb haben sich die Bauern, so wie auch ich, auf Getreide umgestellt. Damit kann man noch einigermaßen existieren. Wein pflanzen wir bloß zum Eigenbedarf.«

»In meiner Bodega habe ich einen unterirdischen Gang gefunden«, berichtet Pepe. »Er war halb verschüttet. Ich habe ihn freigelegt und bin etwa 20 Meter weit hineingekrochen, dann aber hatte ich Angst, er könnte über mir zusammenbrechen.«

Enrique nickt bestätigend und erzählt: »Ich habe den Ausgang eines Tunnels auf meinem Feld gefunden. Als ich Brachland umpflügte, gab der Boden plötzlich nach. Ich fand einen Gang und dem bin ich gefolgt, in der Hoffnung, er würde zu Pepes gutgefülltem Weinkeller führen«. Alle lachten.

Pepe droht Enrique spaßeshalber: »Ich hätte dich schon erwischt! Meinen Wein lasse ich mir nicht stehlen, Bürschchen!«

»Wißt ihr denn, wer diese Gänge gegraben hat?« fragt Atze.

»Die Tempelritter, wer sonst«, behaupten die Männer einstimmig.

»Die Templer?« zweifle ich. »Wozu haben sie sich soviel Arbeit gemacht?«

»Als sie noch mächtig waren, gehörte ihnen hier die ganze Gegend. Sie haben auch unsere Kirche Santa Maria la Blanca bauen lassen. Dann wurden sie verfolgt. Sie haben sich Tunnel gegraben, um bei Gefahr ungesehen flüchten zu können«, antwortet Pepe.

»Woher wissen Sie das?« will Atze wissen.

»Das erzählen sich die Leute so«, antwortet Pepe. »Aber genau weiß es natürlich niemand.«

Unsere Gastgeber lassen es sich nicht nehmen, uns per Auto zum *refugio* zu bringen. Gleich neben der Kirche liegt ein zweistöckiges, unbewohntes Gebäude, ohne jedes Mobiliar. Es soll einst ein Palast gewesen sein. Auf dem Boden, der mit Steinkacheln ausgelegt ist, breiten wir Matten und Schlafsäcke aus.

Der nächste Tag, der Prozessionstag, ist ein Sonntag. Bis Mittag ist kaum ein Einwohner zu sehen, als sei die Ortschaft in einen Dornröschenschlaf versunken. Atze und ich nutzen den Vormittag, um in die Kirche zu gehen, die wir gestern wegen der vielen Menschen nicht richtig sehen konnten. Nun haben wir genug Zeit und Muße. Überraschend, wie diesem Kirchenraum die unverputzten Mauern zum Schmuck werden. Da ist die schöne Farbe des Steins, seine Bearbeitung zu gleichmäßigen Quadern und die exakte Verfugung. Doch die sichtbaren Äußerlichkeiten können nicht die hoheitsvolle Stimmung erklären. Auch Santa Maria de la Blanca klingt, aber ihre Töne sind andere als die der Kirche San Martin in Fromista. Die Kirche dort, obwohl nach einem männlichen Heiligen benannt, spielte beschwingte Weisen, zu denen sich ein junges Mädchen im Tanze wiegen könnte. Die Kirche hier trägt einen weiblichen Namen – die heilige weiße Maria – doch ihre Klänge sind männlich: tief, ernst, reif, weise. Sarastros Arie würde gut zu diesem Raum passen.

Rätselnd stehen wir in einer Seitenkapelle vor zwei Sarkophagen. Es sind große Steinsärge mit den Skulpturen eines Mannes und einer Frau. Die Frau ist in lange, faltige Gewänder aus Stein gehüllt und trägt ein Band um Kinn und Haube. In der Hand hält sie eine Frucht, wahrscheinlich einen Granatapfel. Der Mann hat einen gekräuselten Bart, ein gefälteltes Mundtuch, und seine Hand umklammert das Schwert. Auch er hat ein faltenreiches, steinernes Totenhemd an, das mit einer breiten Borte verziert ist. An den Grabmälern sind Spuren einer früheren farbigen Bemalung erhalten geblieben.

»Wer mag in diesen Särgen liegen?« fragt Atze.

Wir entdecken keinen Hinweis.

»*Este son Don Felipe y su esposa Doña Leonora Ruiz de Castro.* Es sind Don Felipe und seine Gemahlin Doña Leonora Ruiz de Castro«, sagt der Pfarrer hinter uns, den wir zuvor nicht bemerkt hatten.

»Wer waren sie? Wann haben sie gelebt?«

Der *cura* lächelt über unsere eifrigen Fragen. »Haben Sie etwa noch nichts von dem Infanten Don Felipe gehört, der 1271 ermordet wurde?«

»Nein.«

»Dann wissen Sie auch nichts über seinen Vater, Fernando den Heiligen?«

Stummes Kopfschütteln unsererseits.

»Sollten Sie aber, wenn Sie aus Deutschland sind«, sagt der *cura* streng. »Fernando war mit Beatrix von Schwaben verheiratet. So ist also unser Felipe zur Hälfte ein Deutscher. Er war als fünfter Sohn für eine geistliche Laufbahn bestimmt. Zuerst entwickelte sich alles wie geplant. Er machte Karriere und wurde Abt in Covarrubias, später Bischof von Valladolid und schließlich Erzbischof in Sevilla. Doch plötzlich, vor den letzten Weihen, ließ er sich in den Laienstand zurückversetzen. Diesen Sinneswandel soll eine Frau bewirkt haben, Christina von Norwegen, die Tochter König Haakonsons.«

»Wie kam sie hierher?« unterbricht Atze erstaunt.

»Sie wurde geholt, als Braut von Alfons X., dem älteren Bruder des Felipe. Doch Alfons, der Thronerbe, wollte plötzlich nichts mehr von der Norwegerprinzessin wissen. Felipe nahm sich der Verstoßenen an. Es muß die große Liebe gewesen sein.« Der Priester lächelt und fährt fort: »Christina war sehr schön, von hohem Wuchs, mit langen, blonden Haaren. Ehrlich gesagt, kann man nicht verstehen, warum Alfons, obwohl er der Weise genannt wurde, eine solche Frau abgelehnt hat. Christina und Felipe wollten heiraten. Alfons schien das nun auch wieder nicht recht zu sein. So schlossen sie, gegen seinen Willen und ohne das diplomatische Protokoll zu beachten, den Ehekontrakt.«

Gespannt haben wir zugehört und wagten keine Zwischenfrage. »Und was passierte dann?«

»Wie immer bei der großen Liebe, sie kann nicht dauern«, sagt weise der Priester. »Schon nach zwei Jahren starb die blonde Norwegerin. Bei Covarrubias, in der Nähe von Santo Domingo de Silos, liegt sie begraben.«

»Ach«, entfährt es uns beiden voller Enttäuschung.

»Die Geschichte geht noch weiter«, sagt der *cura*, »Felipe heiratete erneut. Seine zweite Frau Doña Leonora Ruiz de Castro liegt hier«, er zeigt auf die Grabfigur. »Die Beziehung Felipes zu seinem Bruder Alfonso war seit der Hochzeit mit der Norwegerfürstin schwierig und bald verschwor er sich gegen den Bruder und König. Wie er gestorben ist, weiß man nicht, manche Historiker behaupten, Alfons der Weise habe ihn umbringen lassen.«

»Uff, unglaublich, was damals so passiert ist. Die reinsten Krimistories!« meint Atze.

»Denken Sie etwa, heute passiert das nicht?« erwidert der *cura*. Er weist auf die Grabmäler und fragt: »Haben Sie sie richtig angesehen? Sie sind einzigartig, und wir in Villalcázar sind sehr stolz auf sie. Einmal wollte man sie schon zu einer Ausstellung nach Madrid holen, aber unsere Leute haben das nicht zugelassen. Sie meinten, denen in Madrid sei nicht zu trauen, sie würden dann gleich unsere Särge behalten. Schauen Sie, nicht nur, daß es sehr wenige bemalte romanische Sarkophage gibt, auch die Darstellungen an den Seitenwänden sind wunderbar. Sie sehen, der Künstler hat keinen umlaufenden Fries geschaffen, sondern jede Szene steht für sich, und zwar frontal auf den Betrachter ausgerichtet. Hier, die drei Reiter mit ihren Pferden, mit den Köpfen nach vorn. Sie führen den Leichenzug an. Die Sargträger, die Klageweiber, Mönche, Kirchenfürsten, Leonora, die sterbend auf ihr Bett sinkt, lauter einzelne Bilder. Es sind nur Szenen von Sterben und Tod, keine einzige Darstellung aus dem Leben von Leonora und Felipe.«

Als wir die Kirche verlassen, flüstert mir Atze ins Ohr: »Also, ich finde es total ungerecht, daß man die Christina so weit weg und allein in Covarrubias begraben hat. Da sie doch die große Liebe des Felipe war, hätte man sie an seiner Seite aufbahren sollen!«

Auf dem Vorplatz der Kirche formiert sich der Prozessionszug. Alle 1300 Einwohner scheinen versammelt zu sein: Kinder, Frauen, Männer, Alte. Die alten Frauen mit ihren schwarzen Kleidern und schwarzen Kopftüchern, die alten Männer, gebeugt, mit wetterzerfurchten Gesichtern und schlurfenden Schritten. Fahnen, Stangen, Heiligenbilder werden mitgeführt. Der Zug bewegt sich auf sandigem Weg. Dumpf tönen die Schritte von über tausend Menschen. Anfangs nur dieses Dröhnen, dann gemurmelte Gebete und schließlich Gesang. Gesang, schwer und tragisch; die drei Kilometer bis zur Eremitage dauert er an. Die Sonne scheint grell, und ein stürmischer Wind bläht die Fahnen und stemmt sich den Menschen entgegen.

»Sie werden sehen«, sagt jemand zu uns, »die *virgen del rio*, die Jungfrau vom Fluß, wird uns Regen schenken.« »Ja«, bekräftigt eine andere Frau, »jedes Jahr regnet es nach der Prozession.«

Ich sage auf deutsch zu Atze: »Ich glaube, die *virgen del rio* war in heidnischer Zeit eine Regengöttin. Es ist ihr nur ein christlicher Kontext übergestülpt worden. Doch noch immer, nach so vielen Jahrhunderten, vertrauen die Menschen auf ihre einstige Kraft.«

Die Eremitage selbst enttäuscht mich. Außen ist sie zwar aus klobigen, verwitterten Steinen errichtet, innen aber völlig verunstaltet: sehr neu und modern. Die Menschenmenge staut sich am Eingang. Die meisten müssen der Messe von draußen beiwohnen. Alle sind heiter, lachen und scherzen. Für sie ist die Prozession eine religiöse Zeremonie, aber auch ein Fest, ein Volksfest. Religion und Leben sind nicht getrennt, sondern eins gehört zum anderen. Die Leute sind stolz auf ihre Jungfrau vom Fluß; sie haben Geld gespendet, damit die Eremitage innen neu gestaltet werden konnte.

Pepe, Paco, Enrique und Jaime erkennen wir kaum wieder, so verändert sehen sie in ihrem Sonntagsstaat aus. Würdevoll stellen sie uns ihre *esposas*, ihre Ehefrauen, vor und mit zärtlichem Vaterstolz zeigen sie uns ihre *hijos*, ihre Söhne. Gemeinsam gehen wir nach Villalcázar zurück. Dort sind inzwischen Verkaufsbuden, Karussells und eine Tanzfläche aufgebaut worden. Jetzt wird gefeiert! Eine Kapelle spielt, die Menschen tanzen, essen, singen und trinken. Nonnen in ihren schwarzen Ordensgewändern lassen sich von einem Kettenkarussell im Kreis drehen.

17 Von Villalcázar bis Sahagún

Mit noch schwerem Kopf nach soviel Wein beginne ich wieder meine Wanderschaft, nun bin ich schon 21 Tage unterwegs. Die Ruhepause in Villalcázar scheint meinem Knie gutgetan zu haben, es schmerzt kaum noch. Der Holländer wäre gern gemeinsam mit mir gelaufen. Ich habe ihm erklärt, warum ich allein gehen möchte. In den Ortschaften gefällt es mir, mit jemandem zusammen zu sein und mit Atze habe ich mich gut verstanden. Ohne ihn hätte ich wahrscheinlich gar nicht so viele Leute kennengelernt und mich auch nicht in die Bodega einladen lassen. Aber draußen, in der Landschaft, muß ich allein sein, um die Natur erspüren, erfahren, erleben zu können. Nur wenn ich allein bin, finde ich meinen Rhythmus. Nur dann entsteht ein mystisches Versinken in der Landschaft, das schwebende Gefühl, in Raum und Zeit aufzugehen. Ich habe aber Atze versprochen, in der nächsten Stadt auf ihn zu warten, in Sahagún oder in León.

Es ist kalt und sehr windig. Ein ungewohntes Wetter nach all den sonnenheißen Tagen. Ich habe einen warmen Pullover und den Anorak an. Tief jagen dunkle Wolken über den Himmel – die Boten der Regengöttin, der Jungfrau vom Fluß.

In Carrion de los Condes, nur zwei Stunden von Villalcázar

entfernt, will ich länger bleiben, um meiner Begeisterung für die Romanik zu frönen. In dem kleinen Landstädtchen gibt es gleich zwei romanische Kirchen. Das Portal der Jakobskirche zeigt im mittleren Bogenlauf zweiundzwanzig Handwerker mit typischen Werkzeugen und Tätigkeiten: einen Töpfer mit Krug, einen Bäcker mit einem Brotlaib, einen Musikanten mit Laute, aber auch einen lesenden Mönch und einen saltoschlagenden Gaukler. An fast allen Kirchen gibt es Darstellungen von Heiligen, Aposteln, Engeln, Teufeln und Dämonen, und hier steht plötzlich der arbeitende Mensch im Blickpunkt!

Die Einwohner von Carrion waren im Mittelalter sehr wohlhabend. In dem Pilgerführer aus damaliger Zeit, dem »Codex Calixtinus«, steht: ». . . der Ort ist reich, es wird Brot und Wein hergestellt, es gibt Fleisch und alle Arten von Produkten.« Wahrscheinlich waren deshalb die Menschen hier so selbstbewußt, nicht Himmel und Hölle abbilden zu lassen, sondern sich selbst, die Handwerker bei ihren profanen Tätigkeiten. Im Kontrast zu diesen tüchtigen Bürgern drohen auf den Säulenkapitellen Ungeheuer. Sie zerfleischen und verschlingen Menschenleiber. Das Reale wird sofort wieder vom Phantastischen durchkreuzt, die Wirklichkeit mit dem Irrealen verwoben.

An der anderen romanischen Kirche Santa Maria del Camino fallen die Stierköpfe auf, die paarweise in den Eingang hineinragen. In der Kirche erklärt ein Priester drei Spaniern ein Gemälde. Ich stelle mich dazu. Er erzählt die Legende von den hundert Jungfrauen. Hundert junge Mädchen mußten als Tributzahlung an die Araber ausgeliefert werden. Der Sultan Miramamolin sollte diese »Gabe« erhalten, jener Miramamolin, der einen faustgroßen Smaragd am Turban trug und später von dem Zweimeterrecken Sancho *el fuerte* besiegt wurde. Die Mädchen weinten. Unbeeindruckt von ihrem Jammern und Zagen führten die arabischen Tributeintreiber sie ab. Da erschienen plötzlich zwei Stiere, die Symboltiere der altiberischen Kultur Spaniens, und retteten auf wunderbare Weise die Jungfrauen. Sie konnten in ihre Heimatorte zurückkehren und bestärkt durch das Wunder, verweigerten fortan die Einwohner den schändlichen Tribut.

Der Priester weist auf die verwitterten Stierköpfe am Eingang. Sie sollen in Erinnerung an die Rettung gemeißelt worden sein.

Ich gehe durch die ruhige, stille Stadt mit ihren sehr engen Gassen. An der Stadt vorbei fließt der Fluß Carrion. Er führt wenig Wasser, blank liegen die Kiesel im Flußbett. Ockerfarbene Steilufer ragen empor. Am flachen Gegenufer liegt das Kloster Zoil. Ich klingele an der Pforte. Ein kleines Fensterchen in der Tür öffnet sich, und ich sehe das Gesicht einer Nonne. Ich frage, ob ich die Klosterkirche besichtigen könne.

»Selbstverständlich!« antwortet sie und ruft: »Antonio, *venga! Antonio, komm!*«

Da springt ein etwa elfjähriger Junge herbei in kanariengelben Hosen und blutrotem Hemd. Ich bin überrascht, was will so ein Bürschchen im Kloster?

»Ich mache für die *monjas*, die Nonnen, Besorgungen. Sie sind sehr nett, besonders Schwester Johanna, mit der Sie gerade gesprochen haben«, antwortet er.

Sie kommt uns nach in die Kirche, um Antonio zu sagen, er solle mir auch die Krypta zeigen. So habe ich Gelegenheit, Johanna richtig zu sehen, denn durch das vergitterte Fensterchen konnte ich mir kein Bild machen. Sie wirkt auf mich wie aus einem Märchen. Die Bewegungen ihres grazilen Körpers sind leicht und schwebend, ihre Stimme ist zart und hell, ihr Gesicht strahlt eine innige Lieblichkeit aus. Ein feengleiches Geschöpf. Nie zuvor bin ich einem Menschen begegnet, der so erfüllt von hingebender, sich verschenkender Liebe war. Im ersten Moment bedaure ich, dieses wundervolle Wesen hinter Klostermauern eingesperrt zu wissen. Doch dann denke ich mir, sie würde draußen nicht existieren können, das Leben wäre zu grob für diese fragile, zarte Frau. Gerade weil sie selbstlose Liebe verströmt, würde sie wohl zerbrechen. Ich möchte sie immerzu anschauen. Da aber schwebt sie schon wieder dem Ausgang zu.

Um mit Antonio ins Gespräch zu kommen, sage ich: »Die Schwester Johanna ist sehr schön.«

»Nein!« Seine schwarzen Augen blitzen. »Schön ist ein Wort für Menschen, sie aber ist ein Engel!«

Der Junge führt mich zu den Grabmälern der Grafen Gómez, den *Condes de Carrion.*

»Hier sind die Grafen Diego und Fernando, zwei Brüder, begraben. Kennen Sie ihre Geschichte?«

»Natürlich nicht.«

Der Junge erzählt nicht nur mit Worten, sondern führt ein regelrechtes Schauspiel auf. Er imitiert die Stimmen und das Geräusch klappernder Pferdehufe, rollt mit den Augen, stampft mit den Füßen, jammert und weint, kämpft mit einem unsichtbaren Schwert gegen seine imaginären Gegner. Er zeigt, wie die jungen Grafen Diego und Fernando nach Valencia reiten, dort die Töchter von El Cid zu freien. Der *Campeador* ist von diesen Schwiegersöhnen nicht angetan. Sie scheinen ihm zu weich, nicht kampferprobt genug. Da aber der König diese Hochzeit befürwortet, kann er sich nicht widersetzen. Als ein Löwe aus der Menagerie ausbricht – Antonio brüllt löwenecht – bestätigt sich der Verdacht El Cids, denn die Schwiegersöhne ergreifen feige die Flucht. Trotzdem muß der Vater seine liebreizenden Töchter Doña Elvira und Doña Sol mit ihren unwürdigen Gatten ziehen lassen. Antonio setzt plastisch in Szene, wie die bösen Grafen über ihre Gemahlinnen herfallen, sie an den Haaren ziehen, ihnen die Kleider vom Leibe reißen und sie verprügeln, bis beide Frauen ohnmächtig am Boden liegen. Im Wald von Corpes lassen die Grafen die beiden Doñas hilflos zurück und reiten weiter nach Carrion, denn eigentlich seien sie nur an der hohen Mitgift interessiert gewesen, die Ehefrauen aber wollten sie wieder loswerden.

Ich denke mir, die stolzen Töchter des Cid werden wie ihr Vater mit dieser Eheschließung nicht einverstanden gewesen sein. Unglücklich und erbost, den ungeliebten Gatten ausgeliefert zu sein, werden sie diese wohl verspottet und verhöhnt haben, bis die Männer wutentbrannt zugeschlagen haben. Die Frauen wurden zufällig gefunden und gerettet. Nun läuft Antonio zur Höchstform auf. Er führt das Duell vor, das El Cid, der Vater der verprügelten Töchter, vor den Augen des Königs gegen die Grafen bestehen mußte. Das Ergebnis des Kampfes wurde wie ein Gottesurteil angesehen und geglaubt, daß der Verlierer auch der Schuldige war. Antonio sinkt zweimal, die Hand auf das Herz gedrückt, zu Boden, zuerst als Don Diego und gleich darauf als Don Fernando. Die zwei Töchter wurden neu vermählt, mit den Königen von Aragón und Navarra.

Die Landschaft hinter Carrion de Condes ist flach wie eine Tischplatte. Waren es vorher einzelne hohe Tafeln gewesen, die von Tälern durchschnitten wurden, so ist es jetzt eine weite Ebene, nur durch den Horizont begrenzt. Der schnurgerade Pfad ist mit unzähligen kleinen braunen Steinchen belegt. Wieder habe ich das Gefühl, die Pilgerströme vergangener Zeiten zu spüren. Der Himmel ist weit und doch gleichzeitig so nah, als brauchte ich nur die Arme auszubreiten und hinauf zu fliegen. Das Licht flirrt und flimmert über dem glatten Land. Der Boden ist karg und trocken. Das Getreide ist hier schon abgeerntet. Stoppelfelder oder die bereits wieder umgebrochenen braunen Erdschollen sind ausgedörrt.

Außer mir sind Trauersteinschmätzer die einzigen Lebewesen in dieser Ödnis. Sie fliegen vor mir her, als wollten sie mir den Weg zeigen, schwirren eine Strecke voraus, Flügel und Schwanz weit gespreizt, dabei flaggen die schneeweißen Schwanzfedern wie ein Signal, und dann warten sie auf einer Erdscholle oder einem Stein am Wegrand, bis ich sie wieder eingeholt habe. In der Ferne hebt sich eine senkrechte Linie gegen den Horizont ab. Ein Pfahl? Ein abgestorbener Baum? Im Geflimmer der Luft ist das Bild unscharf. Aber weit sind die Entfernungen in der Meseta, die man überblicken kann. Ich nähere mich allmählich der aufragenden Figur, bis ich erkennen kann, daß es ein Schäfer ist, der bewegungslos auf seinen Stock gestützt dasteht.

Er könne kaum leben von dem, was die Schafe einbringen, sagt er. Denn für Wolle, Milch und Fleisch würde von den Aufkäufern, die die Preise diktieren, nicht genug gezahlt werden. Die Dörfer mit ihren Häusern aus erdbraunen Lehmziegeln fallen in der Landschaft kaum auf. Es sind ärmliche Orte, nur eine Handvoll Hütten, aber sie tragen wohlklingende Namen, die an den Pilgerweg erinnern: Calzadilla de la Cueza, Terradillos de los Templarios, San Nicolas del real Camino. Hier scheinen heute kaum noch Menschen zu wohnen. Ich treffe einen alten Mann. Schlurfend läuft er über den buckeligen Dorfweg, eine Schubkarre vor sich herschiebend.

»Wir sind hier nur noch 60 Leute, alle so alt wie ich. Die Jungen wandern weg in die Städte«, klagt er. Resigniert erzählt er vom Ende des Bauernstandes: »Die Preise für Getreide und Wein, für Fleisch und Wolle, überhaupt für alle Agrarprodukte, sind zu niedrig angesetzt. Von dem Verkauf kann niemand seine Familie ernähren.«

Er doziert über Wirtschaft und Politik, über Spanien und die Europäische Wirtschaftsgemeinschaft. Gespannt höre ich ihm zu. Er redet, als würde er vor einem großen Publikum sprechen. Wo hat er gelernt, so brillant zu formulieren? Er macht eine müde Handbewegung: »Mit meinem Sohn habe ich mich oft unterhalten. Ein kluger Junge. Ich habe ihn studieren lassen – Agraringenieur! Doch wie lebt er trotz seines Studiums? Er ist in Deutschland, macht eine dreckige Arbeit, um Geld zu verdienen. Ich wollte, er würde zurückkehren. Aber er sagt, er hätte in Spanien keine Chancen, doch was nützt ihm das Geld letztendlich?«

Ich spüre den Schmerz im Knie wieder stärker. Die Weite hat mich unaufhaltsam zum Gehen verführt. Etwa vierzig Kilometer habe ich heute zurückgelegt. Mähdrescher bewegen sich wie urzeitliche Ungeheuer über die Felder und hinterlassen kahle Flächen und hartgepreßte Strohballen.

Es ist nicht einfach, einen Schlafplatz zu finden, keine Bäume oder Büsche sind als Sichtschutz vorhanden, nur Felder, durchzogen von schnurgeraden, begrünten Wegen. Schließlich entdecke ich eine mit Klee bewachsene Feldecke, die ringsum hinter hohen Halmen verborgen ist. Wie eine reife Orange versinkt die Sonne im Getreidemeer.

Doch bald bereue ich es, mir kein sicheres Nachtquartier gewählt zu haben. Denn dunkel bewölkt sich der Himmel. Die Sendboten der Regengöttin kommen. Wie prallgefüllte, schwarze Säcke hängen die Wolken über mir, bereit, ihre Wassermassen auf mich herabstürzen zu lassen. Es wird Nacht. Noch regnet es nicht. Aber Wetterleuchten! Wie ein Flächenbrand zuckt das Feuer mal hier mal dort am Himmel. Tausend Irrlichter scheinen durch die Nacht zu tanzen. Doch ich bin zu müde und schlafe ein, trotz der Furcht vor einem prasselnden Gewitterregen.

Ein paar Tropfen, die mir ins Gesicht platschen, wecken mich. Ich ziehe die Hülle des Biwacksackes über den Kopf und bin sofort wieder eingeschlafen.

Am Morgen sehe ich, die Erde ist nicht mal feucht geworden. Ringsum ist sie gepünktelt von kleinen Dellen, der aufgeschlagenen Regentropfen, die aber sofort verdunstet sind, und nur Staub füllt die winzigen Trichter.

Nach Sahagún gelange ich am frühen Morgen. Die Bewohner scheinen alle noch zu schlafen; einsam klappern meine Schritte über das Kopfsteinpflaster.

Der Klang des Wortes »Sahagún« hatte mich eine schöne mittelalterliche Stadt erwarten lassen. Doch schon von weitem bin ich von der Stadtkulisse enttäuscht. Weiße, klobige Speicherhäuser drängen sich in den Vordergrund. In der Stadt herrscht ein Durcheinander von alten zerfallenden Lehmhäusern und stillosen Neubauten. Ich biege um eine Straßenecke und bleibe verblüfft stehen. Was ist das? Eine Kirche, aber sie besteht aus braunroten Ziegeln. Ein romanischer Backsteinbau. Das Kirchenschiff ist mit zierlichen Blendarkaden und mit Hufeisenbögen und der Turm mit dreistöckigen Fensterarkaden geschmückt. Die Kirche ist im Mudejar-Stil gebaut, der im 11. Jahrhundert in den zurückeroberten Gebieten entstand, häufig ausgeführt von dagebliebenen arabischen Baumeistern. Während die Bauwerke der mozarabischen Romanik schwerer, ernster und mystischer sind, ist die Mudejar-Romanik zierlich und verspielt. Die Kirche San Tirso hier in Sahagún zeigt den Mudejar-Stil in höchster Vollendung. Es ist eine Lust, dieses Bauwerk zu betrachten. Das Mauerwerk ist originell verziert. Die Ziegel wurden verkantet gegeneinander gesetzt und so entstanden Ornamente. Backsteine verwendete man, weil es in der Meseta kein anderes Baumaterial gibt.

Ich überquere die Plaza Mayor – menschenleer und still ist der Platz in der Morgenfrühe, gehe weiter eine Straße entlang, mit häßlichen Neubauten, lieblos hingeklotzt, aber schön dann die zweite Backsteinkirche von Sahagún, die Kirche San Lorenzo. Wertvoll und auffallend wie eine dunkle Perle steht sie da. Aus Backsteinen konnte man besonders hohe Türme bauen. Mächtig ragt er empor, doch seine Schwere wird wunderbar durchbrochen von hohen Fensterbögen, die sich vierstöckig übereinanderreihen.

Am Ortsausgang steht ein weißes Straßenschild, gekennzeichnet mit der Zeichnung der Pilgermuschel. Das Schild verkündet mit schwarzen Buchstaben und Zahlen: »Santiago de Compostela 335 Kilometer«. Es sind nur noch 335 Kilometer bis zum Ziel! Ich hatte mir bis dahin keine Gedanken gemacht, wie weit es noch sein könnte. Jeden Tag bin ich gelaufen, außer den beiden Ruhetagen in Suso und Villalcázar. Morgens hatte ich immer die aufgehende Sonne im Rücken, mittags senkrecht und glühendheiß über mir und abends leuchtete mir der rote Sonnenball ins Gesicht. Jeden Tag vom Morgenrot bis zum Abendrot bin ich gewandert. Das Laufen ist mir zur Gewohnheit geworden. Am Morgen der ausgeruhte Körper, der Geist gespannt auf die Erlebnisse des Tages. Bei Sonnenuntergang eine wohlige Müdigkeit, schwer die Glieder, bleiern die Füße, die Seele voll von dem Erlebten. Ein schönes, ein einfaches, ein sinnvolles Dasein. Ich hatte so ganz im Gegenwärtigen gelebt, von Tag zu Tag, bestimmt vom Lauf der Sonne, die meinem Weg die Richtung angab, von Ost nach West, daß ich das Ziel ganz vergessen hatte. Ich will gar nicht ankommen. Wie schön wäre es, immer so weiter zu wandern, einem Ziel entgegen, das gar nicht existiert oder das sich im gleichen Maße entfernt, wie man ihm näher kommt, dann brauche ich nie mehr umzukehren, nie mehr zurück, für immer nach Westen wandern, immer weiter...

Aber da ist das Schild und die Zahl: 335 Kilometer. Auch wenn diese Anzeige die Landstraße betrifft und der Fußweg wegen seines gewundenen Verlaufes länger ist, befinde ich mich bereits im letzten Drittel. Die Provinz León durchquere ich gerade, und dann kommt nur noch Galicien!

18 Von Sahagún bis León

»Es war wie im Märchen Hase und Igel«, sagt Atze. »Überall wo ich hinkam, warst du schon gewesen. In Carrion de Condes hat mir der Junge Antonio von dir erzählt, und auch der *cura* in der Kirche Santa

Endlich Wasser!

Maria erinnerte sich an dich. In Sahagún sagte mir eine Frau, du hättest sie nach dem Weg gefragt. Ich war am gleichen Tag wie du in Sahagún, aber erst am Abend. Ich habe dort im *refugio* übernachtet und in einem Restaurant toll gegessen!«

»Ich habe jetzt auch riesigen Hunger. Laß uns essen gehen«, schlage ich vor.

»Ja, aber sag mir erst, wie kommt es, daß du ständig voraus warst und ich trotzdem als erster in León angekommen bin, ohne dich aber beim Überholen gesehen zu haben?« »Ich bin nach San Miguel de la Escalada gegangen. So heißt die alte Klosterkirche aus dem Jahr 913. Sie liegt etwa drei Stunden abseits des Pilgerweges.«

»Jetzt werde ich aber langsam böse mit dir«, empört sich Atze. »Immer weißt du von solchen Besonderheiten und sagst mir vorher nichts davon.«

»Erst vom Priester in der Backsteinkirche San Lorenzo in Sahagún habe ich von Escalada erfahren«, rechtfertige ich mich. »Mönche aus Cordoba, die wegen der Araber bis hierher geflüchtet waren, haben diese Klosterkirche bauen lassen. Sie liegt heute einsam auf einem flachen Hügel, umgeben von Kornfeldern. Das mozarabische romanische Bauwerk ist vollendet proportioniert, alles ist stimmig: Das Licht, das durch die Alabasterstreifen hereinfällt, die eleganten Säulen aus dunklem und die Kapitelle aus weißem Marmor, die ausgewogene Gliederung der Raumaufteilung, die schwebenden Schwünge der Hufeisenbögen und die grazile Bogengalerie der Vorhalle.«

»Schade, daß ich sie nicht gesehen habe«, bedauert Atze. In der Altstadt Leóns finden wir eine einfache Gaststätte mit nur einheimischem Publikum. Die Stube ist eng und dunkel, mit alten Holztischen und Bänken. Ein schwarzes Ofenrohr durchzieht den Raum.

»Wie war der Weg von Sahagún bis León für dich?« fragt der Holländer und erzählt gleich selbst: »Vierzig Kilometer völlige Einsamkeit, endlose Ebene, Felder so dürr und trocken wie die Steppe und dazu die sengende Sonne, eine Hitze! Ich bin fast umgekommen. Nirgendwo eine Wasserstelle. Wie ein Verrückter bin ich gelaufen, weil ich hoffte, dich einzuholen. Zusammen wäre es viel leichter gewesen.«

»Ach, du weißt ja, ich mag extreme Landschaften. Ich habe mich recht wohl gefühlt«, erwidere ich.

»Du willst doch nicht etwa behaupten, daß es eine schöne Gegend ist?«

»Schön ist vielleicht nicht das richtige Wort, aber faszinierend, ungeheuer faszinierend«, sage ich.

»Ungeheuer, ja, da hast du recht, ungeheuerlich! Und monoton! Monoton und langweilig, so würde ich es beschreiben!« Wir unterhalten uns in deutsch, da Atze sehr gut deutsch spricht.

Die Wirtstochter bringt unser Essen und stellt die Teller auf das dunkelbraune Holz des Tisches. Atze hat sich »Chuleta de Cordero« – Lammkotelett –, und ich habe mir »Cocido maragato« – ein Leoneser Eintopfgericht – bestellt.

»Weißt du, Atze«, setze ich nach dem Essen unser Gespräch fort, »vielleicht empfinde ich die Natur deshalb so intensiv, weil ich draußen übernachte. Durch den Kontakt zur Erde, das Einbezogensein in den Wechsel von Tag und Nacht, das Erleben von Dämmerung verschwinden die Trennschichten zwischen mir und der Umwelt, ich werde ganz und gar ein Teil von ihr. Denn ich liefere mich ja schutzlos aus. Ich habe nicht mal ein Zelt. Wenn es in der Nacht plötzlich anfängt zu gießen, würde ich pitschnaß werden. Trotzdem fühle ich mich geborgen und sicher. Vielleicht weil es elementare Dinge sind, mit denen ich mich auseinandersetzen muß: Regen, Hitze, Sturm, Gewitter.«

Ein lauter Glockenton. Einer der Gäste ist aufgestanden und schlägt kräftig gegen die große Messingglocke neben der Theke. Alle schauen zu ihm. Der Mann verbeugt sich vor den Wirtsleuten, bedankt sich für Speise und Trank, nimmt seine Mütze und verläßt das Lokal. Wir bestellen noch zwei copitas vino tinto de la casa, Rotwein des Hauses.

»Du bist doch durch Calzadilla de los Hermanos und Calzada del Coto gewandert. Sind dir auch die vielen modernen Häuser in den Dörfern aufgefallen?« frage ich.

»Ja, die alten Häuser läßt man einstürzen und baut daneben häßliche neue. Dabei könnte man doch auch schöne neue Gebäude errichten.«

197

»Ich denke mir, es ist wie in den Dörfern in Deutschland. Die Leute lehnen ab, was alt ist, denn es bedeutet für sie: Armut, Mangel, Rückständigkeit, eben all das, was sie mit großen Anstrengungen überwunden haben und woran sie nicht mehr erinnert werden wollen. Das »Alte« soll es, darf es nicht mehr sein. Aber was nun? Ein neuer Baustil muß erst wachsen, er braucht Zeit, sich zu entwickeln. So ist man halt auf diese stillosen Neubauten verfallen und glaubt, sie seien schön, nur weil sie neu sind. Ich sprach mit einer Frau in Calzada del Coto. Sie berichtete mir, ihr Mann habe elf Jahre in Deutschland gearbeitet und Geld gespart, damit es ihnen besser ginge. Vom mühsam erworbenen Geld haben sie sich ein häßliches Betonhaus gebaut. Die Frau aber war sehr stolz und glücklich.«

Der Holländer fügt hinzu: »Na ja, muß sie wohl. In dem Haus stecken ja alle die Entbehrungen und Opfer von elf Jahren und mehr, überhaupt ihr ganzes Leben. Aber trotzdem schade.« Wir sind die letzten Gäste. Die Bedienung, Tochter der Wirtsleute, setzt sich zu uns. Seufzend sagt sie: »Ach, ich beneide euch. Ihr könnt so vieles sehen. Ich dagegen bin noch nie aus León herausgekommen.«

Atze fragt sie, was sie uns empfehlen würde, in ihrer Heimatstadt zu besichtigen.

»Wie lange habt ihr Zeit?«

»Ein, zwei Tage.«

»Oh, das ist viel zuwenig! Ihr braucht mindestens eine Woche«, meint sie. Nach kurzem Nachdenken rät sie: »Also, unbedingt müßt ihr unsere Kathedrale sehen, denn sie ist wirklich etwas Besonderes, und dann noch das Panteón Real in der Kirche San Isidoro, das ist auch einzigartig.«

Atze läßt die Glocke an der Theke bimmeln, und wir bedanken uns für die gute Bewirtung. Gemächlich schlendern wir durch die Altstadt. Uns beiden schmerzen die Füße von der Wanderung durch die Meseta. So spazieren wir in Richtung des *refugios*, in einem Nebengebäude der Klosteranlage von San Isidoro. Diese Unterkunft für Pilger hat mehrere Zimmer ohne jedes Mobiliar. Dort hatten wir uns heute wiedergetroffen. Wir queren die Plaza Mayor, einen rings von Häusern umschlossenen Platz mit Arkaden.

»Setzen wir uns in eines der Cafes?« schlägt Atze vor. Es ist warm genug, um draußen zu sitzen. Wir bestellen *vino tinto*.

»Weißt du, Atze, León ist die erste Stadt auf dem Pilgerweg, die mir gefällt.«

»Kannst du das schon sagen? Du hast doch gar nicht viel gesehen«, gibt er zu bedenken.

»Ich spüre, daß ich diese Stadt mag. Sie hat Persönlichkeit. Sieh dir mal diesen Platz hier an. Hat er nicht Charakter?«

»Ja, ich finde ihn auch schön. Die Front der Häuser mit den Arkaden, die Ruhe, keine Autos...«

Ich unterbreche ihn: »Das ist mir auch aufgefallen, in León sieht man viel weniger Fahrzeuge als in den anderen spanischen Städten. Es ist eine Stadt für Menschen zum Leben.«

»Ich glaube, die Leoneser sind besonders freundlich.«

»Genau, das finde ich auch. Sie sind offen und herzlich, und jeder scheint jeden zu kennen.«

Atze beendet unseren Lobgesang: »Also verleihen wir León den Titel: schönste Stadt des Pilgerweges!«

Es ist zwölf Uhr Mitternacht, als wir vor der Tür zum *refugio* stehen – verschlossen! Wir drücken die Klingel. Niemand öffnet!

»Verdammt, ich habe meinen Rucksack und den Schlafsack da drin«, stöhnt der Holländer.

»Ich doch auch«, sage ich.

An der rechten Seite entdecken wir ein zwei Meter hohes Tor aus eisernen Gitterstäben. Es ist einfach hinüberzuklettern. Jetzt befinden wir uns in einem schmalen Hof an der Hinterfront.

»Also, wenn ich nicht irre, liegt auf dieser Seite das Zimmer, in dem ich meine Sachen gelassen habe«, sage ich voller Hoffnung, denn ich habe das Fenster offen gelassen.

»Ja, das dort, das muß es sein!«

Atze versucht hochzuspringen. Doch der Fenstersims ist unerreichbar weit oben.

»Ich weiß, wie wir reinkommen. Wenn ich mich auf deine Schultern stelle, erreiche ich das Fenster. Und dann öffne ich die Tür von innen und lasse dich ein«, schlage ich vor. Der Junge ist fast einen Meter neunzig, auf seinen Schultern stehend, kann ich mit den

Händen gerade den Fensterrahmen fassen und mich mit einem Klimmzug hochziehen. Geschafft! Wir haben doppeltes Glück. Die Außentür ist von innen nur mit einem Riegel verschlossen.

Atze jubelt: »Mensch, toll! Mit dir kann man einbrechen!«

»Pssst«, beschwichtige ich ihn, »wir wollen doch jetzt nicht mehr den Pförtner wecken.«

»Wohin gehen wir zuerst?« fragt er mich unternehmungslustig am nächsten Morgen.

»Frühstücken!«

»Jetzt bin ich baff. Du bist ja auf einmal richtig normal«, staunt er. »Und ich befürchtete schon, du schlägst einen Fastentag vor.«

In einem Straßencafé mit Blick auf die Kathedrale bestellen wir *dos cafés con leche*, zwei Kaffee mit Milch.

»Weißt du, wann die Kathedrale gebaut wurde?« fragt Atze.

»Nein.«

»Aber ich! Habe ich nämlich in einem Buch über León gelesen. Hör zu. Du erinnerst dich doch noch an Alfons X., den Weisen, der die schöne Prinzessin aus Norwegen verstieß und dessen Bruder Felipe in Villalcázar begraben ist? Dieser Alfons hat den Bischof von León, Martín Fernández, mit Spenden, Stiftungen und Ablässen unterstützt, damit der Bau im Jahre 1205 begonnen werden konnte. Der Baumeister hieß Maestro Enrique. Aber als Bischof Martín Fernández 1289 starb, wurde der Bau gestoppt. Seine Nachfolger wollten kein Geld für das kostspielige Gotteshaus ausgeben. Stell dir vor, über Jahrhunderte blieb diese schöne gotische Kathedrale eine Bauruine. Erst im 16. Jahrhundert wurde sie fertig gebaut.«

Von unserem Platz im Café können wir sie in Muße betrachten. »Nach der Enttäuschung mit der Kathedrale in Burgos habe ich gar keine rechte Lust hineinzugehen«, sage ich.

Der junge Holländer ist anderer Meinung: »Das ist doch Quatsch! Sie ist wunderschön. Schau dir mal die Fassade an!« An der Westfassade sind nebeneinander drei Portale. Darüber eine riesige Fensterrose. Rechts und links stehen die beiden Türme als eigenständige Baukörper, nur durch mächtige Strebepfeiler gegen das Kirchenschiff abgestützt. Der Glockenturm schließt mit einer einfachen steinernen Haube ab, der Uhrturm mit einem kunstvollen Steinfiligran.

»Gehen wir, schauen wir sie uns innen an«, drängt Atze. Die Portalzone liegt gut geschützt unter einer tiefen Vorhalle, deshalb sind die Skulpturen kaum verwittert. Der Figurenreichtum ist groß; es braucht Zeit, sich wenigstens einen Überblick zu verschaffen. Die beiden Seitenportale zeigen Szenen aus dem Leben Marias. Am Mittelportal ist das Jüngste Gericht dargestellt.

»Schau dir das an! Welch drastische Phantasie!« Atze zeigt auf die rechte Seite des Tympanons. Dort sind zwei riesige Kessel dargestellt, die über dem Feuer hängen. Man sieht die züngelnden Flammen. Teufel werfen die Sünder in das brodelnde Wasser. Der mittlere Teufel trägt eine nackte Frau auf den Schultern, kopfüber läßt er die Schöne mit wohlgeformten Brüsten in den dampfenden Kessel fallen.

Wir öffnen die hohe, mit Schnitzwerk reich verzierte Tür und treten ein. Es dauert lange, bis wir beide etwas sagen können. Auch dann stammeln wir nur: »Ach . . . nein . . . so was . . . das gibt es doch nicht . . . unglaublich . . . wie schön . . .« Als würden wir uns in einem bunten Glaspalast befinden, sind wir rings umgeben von farbigen Fenstern. Die Fenster bilden den Raum, das Mauerwerk dient nur als Rahmen. Farbige Lichtspiele, flimmernde Reflexe widerspiegeln sich in der hohen gotischen Halle. In den Fenstern im Osten, dort, wo jetzt die Sonne steht, glühen die Farben besonders intensiv.

»So ein Blau! Sieh dir mal dieses Blau an«, ruft Atze ein ums andere Mal aus.

Nicht allein das Blau, alle Farben des Lichts sind vertreten. Einige Fenster und vor allem die Rosetten, zeigen ornamentale Muster, andere Fenster wieder Szenen mit Menschen, Tieren, Aposteln und Heiligen. Es sind aber nicht nur die einzelnen Fenster, die wir bewundern, sondern ihre Gesamtheit, ihre Vielzahl, die diese Kathedrale in einen Lichttempel verwandelt.

Beglückt von dem Erlebnis, schlendern wir ziellos durch León. Wir wollen prüfen, ob unser gestriger flüchtiger Eindruck stimmt, daß dies die schönste Stadt des Pilgerweges ist. Wir sehen stattliche alte Häuser, nicht übermäßig gepflegt, gerade richtig, um lebendig auszusehen. Die Gassen verwinkelt und mit Kopfsteinpflaster, die Straßen schmal, mit mehr Fußgängern als Autos belebt. Die Häuserzeilen sind oft mit Arkaden geschmückt, die Plätze mit Bäumen und wassersprudelnden Brunnen. Die Stadt ist betriebsam, aber nicht hektisch. Die Leoneser nehmen sich Zeit, für eine Plauderstunde mit dem Nachbarn, für ein Schwätzchen mit einem Fremden und für einen *café* oder eine *copita*, ein Glas Wein, in der Bar unter den Arkaden. Das Schwere, Strenge, Ernste, das in der kastilischen Wesensart zum Ausdruck kommt, wird bei den Leonesern durch einen heiteren, eigentlich südländischen Charakterzug überspielt.

»Hier möchte ich bleiben! Hier ist es schön«, zitiert Atze sehr frei nach Goethe.

»Bestimmt sind die Menschen hier so lebensfroh und scheinen eher Italiener als Spanier zu sein, weil León römischen Ursprunges ist«, scherze ich.

»Nee, das ist zu lange her, inzwischen haben sie sich zu sehr vermischt«, geht Atze ernsthaft auf meinen Spaß ein.

Im Jahr 70 n. Chr. befand sich hier die Siedlung einer römischen Legion, die siebente Legion des Augustus. Von »Legion« soll der Name León abgeleitet sein. Im Jahr 540 eroberte der Westgote Leowigild – auch er trägt die Silbe »leo« im Namen, käme also auch als Namenspatron in Frage – mit seinem Heer die römische Ortschaft. Bis zum Jahr 717 existierte León unter westgotischer Herrschaft, dann wurde sie beim Ansturm der Araber verwüstet. Erst König Ordoño II., der von 914 bis 924 regierte, wagte sich aus seinem Versteck im Kantabrischen Gebirge heraus und erbaute León neu als Hauptstadt des asturischen Königreiches.

Vom Laufen auf dem harten Pflaster ruhen wir uns auf einer Bank im Park aus.

»Habe ich dir schon gesagt, daß ich Bildhauer werde?« fragt Atze.

»Bildhauer?« echote ich. »Du wolltest doch Dichter, Schriftsteller . . .«

Er unterbricht mich: »Gedichte kann ich ja trotzdem machen. Aber Bildhauer, das wäre das Richtige für mich. Das weiß ich jetzt ganz sicher!«

»Bist du wegen der Portalskulpturen draufgekommen?«

»Nee, ich habe mich bereits vor der Pilgerreise mit Bildhauerei beschäftigt, übrigens auch mit Architektur. Weißt du, daß das dort drüben ein Gebäude von Gaudi ist?« Er zeigt auf ein Haus aus weißen Steinen mit schieferdunklen Hauben an den Ecken. Es sieht ungewöhnlich aus.

»Was hast du gesagt? Wer hat es gebaut? Gaudi?«

»Ja, Gaudi, Antoni Gaudi. Er war ein sehr genialer spanischer Architekt. Ich bewundere ihn sehr. Noch ein weiteres Bauwerk von ihm gibt es auf dem Pilgerweg, den Bischofspalast in Astorga. Die bedeutendsten seiner Werke sind in Barcelona. Mir gefällt seine Auffassung von Architektur. Er sagte, ein Haus sei wie ein Baum. Und er meinte das wirklich so. Er studierte die Bauformen der Natur und konstruierte seine Häuser nach organischen Strukturprinzipien. Starre Formen und gerade Linien lehnte er ab, er schuf schräge, gewölbte, gebogene, gewellte, verzweigte, schuppenförmige Gebilde, wie sie eben in der Natur vorkommen. Er konnte mit dem Stein machen, was er wollte. Der Stein war wie Wachs in seinen Händen.«

»Lebt er nicht mehr?« frage ich dazwischen.

»Nein, er starb 1926. Beim Überqueren einer Straße wurde er von einer Trambahn erfaßt und tödlich verletzt. Er war 74 Jahre alt, dennoch wurde er mitten aus der Arbeit an seinem Lebenswerk herausgerissen, der Kirche »Sagrada Familia« in Barcelona. Er wollte mit dieser Kathedrale ein Universum schaffen, eine ganze Welt. Statt statischer Pfeiler und Strebebögen verwandte er baumartige Stützen, die gegabelt und verzweigt die Last der hohen Türme verteilten. Die Fassaden verzierte er mit lebensechten Nachbildungen von Enten, Gänsen, Hühnern, Tauben und anderem Getier und mit naturnah wiedergegebenen Pflanzen. Als Vorbilder für die biblischen Figuren nahm er seine Arbeiter, Bekannte und Nachbarn, von denen er Gipsabgüsse anfertigte und danach seine Modelle schuf. Er war nicht nur Architekt, er war alles! Ein großer Künstler!«

»Und ist sie nicht fertig geworden, die ›Sagrada Familia‹?«

»Nein, an ihr wird immer noch weiter gebaut, aber mit großen Unterbrechungen, und es gibt einige Leute, die meinen, der Bau solle ganz gestoppt werden, denn es sei unmöglich, ihn im Sinne von Gaudi zu beenden, denn er hatte eine ungewöhnliche Arbeitsmethode. Er entwickelte seine Ideen während der Arbeit, ständig hatte er neue Einfälle.«

»Was wird nun aus seinem Lebenswerk?«

»Die Fassade steht, sie ragt wie eine bizarre Silhouette aus dem Häusermeer Barcelonas, doch innen ist sie eben leer, ausgehöhlt wie eine Puppenhülle, aus der ein Falter herausgekrochen ist.«

»Toll, wie du das sagst, Atze, ich kann es mir richtig gut vorstellen.«

Mir gefällt die poetische Ausdrucksweise des jungen Holländers. Und obwohl deutsch ja nicht seine Muttersprache ist, hat er einen erstaunlich reichen, bildhaften Wortschatz.

»Nun hast du mich richtig begeistert für Gaudi, und ich bin sehr neugierig auf den Bischofspalast in Astorga.«

»Hoffentlich bist du nicht enttäuscht. Denn gerade auf dieses Bauwerk trifft nicht zu, was ich gesagt habe. Es soll auch phantasievoll und verspielt sein, aber noch mit starren Formen und geraden Linien.«

»Atze, ich habe wieder Lust zum Laufen. Wollen wir nun zur Kirche San Isidoro gehen?«

An San Isidoro interessiert mich vor allem das Panteón Real, die Grabkammer der Könige, weil es ein Meisterwerk der spanischen Romanik sein soll.

Der Führer, ein Geschichtsstudent, kennt sich gut aus, und wir erfahren, wer eigentlich der heilige Isidoro war und wie seine Reliquie nach León kam.

Der Student ist ein junger Mann mit weichen Gesichtszügen, dunklen, langbewimperten Augen, einem roten, herzförmigen Mund und schwarzen Haaren, fast bis auf die Schultern. Zu diesem sanften, eher mädchenhaften Gesicht befindet sich der plumpe, aufgeschwemmte Körper in hartem Kontrast. Die verrückte Vorstellung, dieser Mann könnte aus zwei Menschen zusammengesetzt sein, irritiert mich so sehr, daß ich seinen Ausführungen in Spanisch nicht recht folgen kann. Erst die Jahreszahl 636 läßt mich aufhorchen, denn das ist Westgotenzeit!

»Was hat er gesagt?« frage ich Atze flüsternd.

»Stör mich nicht, ich muß mich auf die Sprache konzentrieren«, entgegnet er.

Der junge Führer blickt in unsere Richtung und wiederholt leicht ärgerlich seinen Satz: »Isidoro war 76 Jahre alt, als er 636 in Sevilla starb. Er war nicht nur Erzbischof gewesen, sondern ein bedeutender Kirchengelehrter. In seinem zwanzigbändigen Werk hat er das gesamte Wissen seiner Zeit zusammengefaßt. Viele Bücher aus der Antike, deren Originale heute verloren sind, übersetzte und zitierte er. Seine Gebeine ruhten in Sevilla bis zum Jahr 1063.«

Er unterbricht seine Rede und führt uns in den Saal der Doña Sancha. Sie war die letzte des Geschlechtes der asturischen Könige, die bis auf den Westgoten Pelayo zurückgehen, dem es im legendären Kampf von Cavadonga im Kantabrischen Gebirge 722 gelang, den Ansturm der Araber zu stoppen – endlich ein Sieg für die Christen.

Asturien war das erste Königreich Spaniens. Als die Christen dann erstarkten, bildeten sich mehrere kleine Reiche am Rande der Pyrenäen und des Kantabrischen Gebirges: Navarra, Kastilien, Asturien, Galicien. Bald waren sie miteinander verfehdet und bekämpften sich ständig.

Der Führer verweist auf die Reliquienschreine mit Elfenbeinreliefs, kostbare Kreuze und Gefäße. Ich kann mit solchen musealen Gegenständen wenig anfangen. Erst als der Führer die Geschichte der Doña Sancha weitererzählt, höre ich interessiert zu.

Fernando I., der König Kastiliens, führte Krieg gegen Asturien, um sein Reich zu vergrößern. Es war der Fernando, zu dem Santo Domingo de Silos geflüchtet war. Im Kampf wurde Bermudo II., der letzte männliche Nachkomme des asturischen Königsgeschlechts, getötet. Der Sieger Fernando heiratete die Schwester des getöteten Bermudo, es war Sancha, in deren Gemächern wir uns befinden.

Der Führer deutet auf einen kostbaren Kelch.

»Das ist der Kelch der Urraca, einer Tochter Fernandos und Sanchas.«

Der Führer berichtet die Geschichte des Bechers:

»Kaum hatte Fernando durch viele Kämpfe sein großes Reich geschaffen, zerfiel es schon wieder, als es wie üblich unter seinen Kindern aufgeteilt wurde. Seine Tochter Urraca erhielt den südlichen Teil um Zamora. Sohn Sancho II., genannt der Starke, bekam Kastilien – derselbe Sancho II., dem El Cid seinen Treueeid geschworen hatte. Sancho war nicht zufrieden und stürzte sich in einen Kampf gegen seine Schwester Urraca. Sie aber ließ sich nicht einschüchtern. Wie eine Heldin soll sie gekämpft haben. In der Schlacht fiel der »starke Bruder«, ob dabei der andere Bruder Alfonso VI. nachhalf, wie es El Cid behauptete, ist nicht bewiesen. Jedenfalls profitierte er von dem Tod des Bruders und erbte dessen Land.«

Ich finde es eigenartig, daß trotz dieser mörderischen Geschwisterkämpfe dieses irrsinnige Erbfolgerecht jahrhundertelang erhalten blieb.

Nach dieser Anekdote von Urraca und Sancho erzählt der Führer die Legende von der Auffindung der Reliquien des heiligen Isidoro.

»Fernando und Sancha hatten die Kirche gestiftet und das Panteón als ihre zukünftige Grabkammer bestimmt. Jetzt brauchten sie nur noch eine Reliquie, wie damals üblich, um das Gebäude zu heiligen. Fernando dachte an die Gebeine der Märtyrerin Justa. Er schickte Alvito, den Bischof von León, und Ordoño, Bischof von Astorga, nach Sevilla zu Abbad ben Abu-al-Qasim Muhamnad.«

Der Führer, der den Namen runtergeschnurrt hat wie ein Spinnrad, schaut lächelnd in die Runde. Stolz auf seine Übung wiederholt er sie gleich ein zweites Mal. Dann meint er begütigend: »Sie brauchen sich aber diesen schwierigen Namen nicht merken. Sie können auch ganz einfach sagen: Abbad al-Mutadid, wie er sich abgekürzt nannte. Vielleicht wundern Sie sich, daß die zwei Bischöfe ohne weiteres zu dem arabischen Herrscher im Süden reisen konnten. Aber es fanden ja nicht dauernd Kämpfe statt und Fernando war so mächtig, daß er in dieser Zeit sogar von den Arabern Tribut fordern konnte. Abbad al-Mutadid empfing die Abgesandten freundlich und war bereit, die Reliquie als Teil seiner Tributzahlung mitzugeben, aber niemand konnte die heilige Justa finden. Die zwei Bischöfe waren entmutigt. Sie konnten schlecht mit leeren Händen zu dem strengen König zurückkehren. In höchster Not hatte Bischof Alvito einen Traum. Der heilige Isidoro erschien ihm im Schlaf. Er zeigte ihm, wo seine Knochen versteckt waren und verkündete, es sei ihm und nicht Justa bestimmt, nach León gebracht zu werden. Zugleich prophezeite er dem Bischof, daß er León nicht wiedersehen, sondern innerhalb einer Woche sterben werde.«

Der Führer machte eine Pause, um die Spannung seiner Zuhörer zu erhöhen. Dann fährt er fort: »Es geschah alles, wie der Traum vohergesagt. Die Gebeine des San Isidoro wurden an besagter Stelle gefunden. Abbad a-Mutadid hüllte zum Abschied die Reliquie in kostbare Stoffe und soll den denkwürdigen Satz gesagt haben: »Nun gehst du fort von hier, verehrungswürdiger Isidor, dennoch weißt du selbst, wie sehr deine auch meine Sache ist.«

Der junge Mann schweigt, um die Worte wirken zu lassen. Dann fügt er hinzu: »Neben Phasen fanatischer Eroberungen gab es auch viele arabische Herrscher, die sich von Toleranz in religiösen Fragen leiten ließen, die großmütig, aufgeklärt und vorurteilsfrei waren und die Kunst und Wissenschaft förderten.«

Ein Besucher fügt hinzu: »Dieser Abbad hat ja sogar seine Tochter Zaida mit Alfons VI., dem Sohn Fernandos, vermählt.« Der Führer ergänzt: »Das stimmt. Sie wurde die vierte Gemahlin von Alfons VI., der, nachdem sein Bruder Sancho im Kampf gegen seine Schwester Urraca gefallen war, wieder ein großes Reich regierte.«

Er fordert uns nun auf, ihm in das Panteón zu folgen. Wir treten in einen kryptaähnlichen Raum. Gedrungene Säulen stützen das Kreuzgewölbe. Überraschend sind die Wandmalereien. In dichter Buntheit überziehen sie Decke und Jochbögen bis hinab zu den Kapitellen, keine Stelle bleibt frei. Die Farben leuchten in erstaunlicher Frische. Rot, Grün, Ocker, Sepia, Grau und Weiß überwiegen. Mich erinnert die Art der Darstellungen an mittelalterliche Buchillustrationen.

Die Stimme des Führers hallt durch das Gewölbe: »Unter Fernando II., der von 1157 bis 1188 herrschte, dem Urenkel von Alfons VI., sind diese Malereien entstanden. Der Künstler ist namentlich nicht bekannt. Aber schauen Sie es sich an, man kann deutlich erkennen, daß sich der Meister an byzantinischen Vorbildern orientiert hat. Neben Szenen aus der biblischen Geschichte sehen Sie hier Bilder für jeden Monat. Diese Monatsbilder, in denen der Künstler das Leben auf dem Land gestaltete, geben uns heute eine Vorstellung vom Leben der Landbevölkerung. Entscheiden Sie selbst, ob sich viel verändert hat.«

Weil die Malerei durch ihre Farbigkeit und Fülle den Raum beherrscht, merkt man kaum, wie klein er ist. Nur neun mal sieben Meter messe ich mit meinen Schritten und niedrig über dem Kopf wölbt sich die Decke, fast kann ich sie mit meiner Hand streifen. Denn das Panteón Real ist ja eine Grabkammer. In einfachen, schmucklosen Steinsärgen sind hier der Sancho Garcés III., der Vater von Fernando I., auch Fernando selbst, Sancha und weitere Fürsten und Fürstinnen begraben. Eigentlich hatte Fernando I. das Kloster Santo Domingo de Silos als Ruhestätte für sich bestimmt. Sancha konnte ihn überreden, sich für das Panteón zu entscheiden.

Vielleicht war die Verbindung zwischen beiden recht harmonisch, obwohl ja Fernando einst als Eroberer kam und für den Tod ihres Bruders Bermudo verantwortlich war.

Die Führung ist beendet.

»Du, Atze, jetzt habe ich erst einmal genug von der Vergangenheit. Laß uns zu Licht und Sonne gehen.«

Wir haben Pech. Das Wetter hat abrupt umgeschlagen, kalt ist es geworden und es regnet.

Atze sagt: »Gerade richtig, um etwas zu essen. Ich habe schon wieder einen Riesenhunger.«

Weil es regnet, sind wir nicht wählerisch und gehen in das nächste Restaurant. Es ist gemütlich und das Essen schmeckt gut.

Ohne Atze würde es mir in León nicht so gut gefallen. Es hat Spaß gemacht, mit ihm durch die Stadt zu streifen, Rast zu machen in den Parks, *café con leche* in den Bars zu trinken, die Kathedrale mit den Glasfenstern, San Isidoro und das Panteón zu besichtigen und jetzt zusammen hier zu sitzen. Stundenlang können wir miteinander reden, ohne daß es langweilig wird. Es ist, als würden wir uns lange kennen. Plötzlich sagt er: »Weißt du, ohne dich würde ich mit meinem grünen Fahrrad immer noch zwischen Logroño und Burgos herumirren.«

Er meint es scherzhaft, doch irgendwie werde ich alarmiert von dem Ton seiner Stimme, von dem Blick in seinen Augen. Ich entgegne: »Es war doch Justin, der dich aufgemuntert hat. Er hat dir Mut gemacht, das Fahrrad zu verschenken und mit uns zu laufen.«

»Ja, er hat das gesagt. Aber in Wirklichkeit habe ich nur wegen dir nicht aufgegeben.«

19 Von León bis Astorga

Ich stehe zeitig auf und schreibe einen Zettel, den ich Atze unter der Tür durchschiebe. »Wir treffen uns in Santiago.« Mir ist klar, er wird enttäuscht sein, weil ich vorausgegangen bin, ohne mich zu verabschieden, ohne es ihm vorher zu sagen. Ich weiß, er wünschte sich, den Rest der Strecke zusammen mit mir zu gehen.

Um sechs Uhr früh verlasse ich das *refugio*. Meine Laune ist schlecht. Ohne es geplant zu haben, bin ich in Richtung der Kathedrale gegangen. Ich drücke die schwere Tür, ja, sie ist offen! Als ich in der hohen Halle stehe, spüre ich, das ist jetzt für meine triste Stimmung der richtige Ort. Es ist düster. Die Sonne steht noch nicht hoch genug, um in die Fenster zu scheinen. Ganz leise, ganz langsam, wandle ich durch den Raum, der allein mir gehört. Ich habe ein seltsam irreales Gefühl, als wäre ich gar nicht vorhanden, als sei ich vor langer Zeit schon gestorben und würde nur noch zum Schein auf der Erde herumgeistern.

Ein Lichtstrahl der höher gestiegenen Sonne trifft im Osten das erste Fenster. Es glüht auf. Kaleidoskopische Farbspiele fließen in die Kirche. Blaue, rote, gelbe, weiße Farbflecken weben ein buntes Muster über die Säulen, Pfeiler und Wände. Das farbige Licht verbindet sich inniglich mit dem dunklen Stein.

Da bin ich nun so weit gelaufen, mit Umwegen nach Suso, Silos, Eunate und Escalada werden es wohl jetzt 600 Kilometer sein, aber mir ist, als wäre ich keinen Schritt weiter gekommen. Ich bin immer noch diejenige, die ich war, als ich in München meinen Rucksack packte.

Ich gehe zum Ausgang. Die Tür schließe ich hinter mir, da liegt vor meinen Füßen ein junger Mauersegler. Er hat sich zu früh aus dem Nest gewagt, seine Schwungfedern sind noch nicht voll ausgebildet. Sie reichten aber zum Segelflug, so daß er unverletzt auf dem Boden landete, doch kann er sich nicht wieder in die Luft erheben. Vorsichtig nehme ich ihn in beide Hände. Ich spüre die Wärme des Vogelkörpers und das Pochen seines Herzens durch die dunklen Federn hindurch. Zärtliches Gefühl für dieses Vogelkind durchströmt mich. Ich wünschte, ich könnte es mitnehmen, ein Wesen, das mir gehört, das ich füttern und versorgen könnte. Ich erinnere mich an das Erlebnis mit der kleinen Rötelmaus zu Beginn meines Pilgerweges. Damals war ich voller Hoffnung, und die Maus erschien mir als Glücksbringer. Der junge Mauersegler dagegen stimmt mich traurig. Seine Hilflosigkeit macht mir meine eigene Ohnmacht bewußt, meine Einsamkeit, meine Sehnsucht nach Liebe.

Ich setze den jungen Vogel in den Park gegenüber der Kathedrale. Vielleicht finden ihn seine Eltern und füttern ihn, bis er selbst fliegen kann. Würde ich ihn mitnehmen, hätte er überhaupt keine Chance zu überleben.

Traurig verlasse ich León, diese schöne Stadt, in der ich mich gestern noch so wohl gefühlt habe. Mir ist, als sei ich selbst ein aus dem Nest gefallener Vogel, verloren in der Welt, einsam und gefährdet. Wozu? Das Leid und die Qual, diese Vergeudung von Leben, geboren werden um zu sterben. Ich kann nicht verstehen, warum die Menschen so am Leben hängen, ich wollte nie leben. Dennoch hatte ich zwölf Jahre gebraucht, bis ich wirklich begriff, was das ist, der Tod. Damals beschloß ich, sofort zu sterben. Mir schien das nur logisch. Da es keine Möglichkeit gab, dem Tod zu entgehen, warum dann nicht gleich Schluß machen? Wozu sich abmühen, sich anstrengen, sich plagen und schinden, wenn dann alles umsonst war, wenn nichts bleibt, wenn alles vergeht und erlischt? Ich würde nicht so dumm sein, dieses Spiel mitzuspielen. Ich würde mir das alles ersparen, dachte ich damals. Vor allem haßte ich es, in die Schule gehen zu müssen, die täglichen Hausaufgaben, das ging mir schon lange auf die Nerven, das alles würde ich mit einem Schlag los sein. Ich wurde heiter und war froh, der Last des Lebens ein für allemal ledig zu werden. Wie sollte ich es aber machen? Es geht ja leider nicht so einfach, daß man sagt: »Ich will nicht mehr! Schluß!« Und dann löst man sich auf. Da mußte ich mir schon etwas einfallen lassen. Mein Vater war Jäger, zwar hatte er einen vorschriftsmäßig verschlossenen Waffenschrank, aber ein aufmerksames Kind weiß, wie es sich den Schlüssel verschafft. Als wir wieder einmal in der Jagdhütte waren und Vater in der Nähe Kanzeln zur Ansitzjagd baute, nahm ich Gewehr und Munition heraus.

Ein Gefühl ungeheurer Freiheit überkam mich. Froh machte ich mich auf den Weg, mir einen schönen Ort zum Sterben auszusuchen. Ich ging zu meinem Lieblingsplatz bei den Weiden unten am Teich. Ich lud das Gewehr, das war für mich als Tochter eines Jägers kein Problem. Dann streckte ich mich zur Probe auf dem Gras aus und schaute nach, ob auch keine Steine oder Wurzeln da waren, auf die ich fallen könnte. Am liebsten wäre ich so liegengeblieben. Ein warmer Tag, blauer Himmel, die Rohrammern sangen im Schilf und die Teichhühner tickten. Es wäre schön, dachte ich mir, wenn ich zwar nicht mehr leben müßte, aber doch weiter auf der Erde sein könnte, als Geist. Schnell, ohne hinzusehen, entfernte ich die Patronen aus dem Gewehr. Dann nahm ich den Lauf in den Mund. Jetzt mußt du abdrücken, sagte ich mir. Geladen hast du und obwohl du die Patronen herausgenommen hast, könnten sie ja noch drin sein, jedenfalls mußt du jetzt so tun, als ob du dich erschießen würdest. Ich betätigte den Abzug und im gleichen Moment stellte ich mir vor, wie der Schuß krachen würde, wie mein Kopf, mein Gehirn, wie meine Knochen zerplatzen, zerspringen, zerreißen, wie das alles auseinanderspritzen würde. Die Wucht der Vorstellung warf mich zu Boden. Eine Weile lag ich wie betäubt. Dann war mein erster Gedanke: »Nun kann mir nichts mehr passieren! Da ich so gut wie gestorben bin, kann mir niemand mehr weh tun. Ich bin unverwundbar geworden!«

Doch das war ein Irrtum. Nur eine kurze Zeit wirkte es tatsächlich.

Jetzt aber hilft mir die Erinnerung an meine Kindheitseskapaden, die traurige Stimmung zu überwinden. Ich habe mich tatsächlich nie geändert, immer ist ein bißchen Theater dabei. Nie weiß ich genau, ob das, was ich mir einbilde, nicht doch Wirklichkeit sein könnte.

Das Wandern stimmt mich froh. Ich bin wieder einverstanden mit mir und dem Leben. Die Karte zeigt, daß der Pilgerweg bis Hospital de Orbigo mit der Fahrstraße identisch ist. Ich habe eine glorreiche Idee, wie ich den Unbilden der Straße entkommen kann. In gleicher Richtung verläuft eine Eisenbahnlinie, da könnte ich die Schienen entlang wandern und hätte meine Ruhe.

Vorher komme ich durch La Virgen del Camino und besichtige die 1961 errichtete Kirche, eine fabrikartige Halle aus Beton und Buntglas. Außen an der Fassade ragen dreizehn sehr eigenartige, sechs Meter hohe Bronzeskulpturen empor. Der Bildhauer José María Subirachs hat sie geschaffen. Sie sollen die zwölf Apostel und in der Mitte Maria darstellen. Auf den ersten Blick sieht es wie von Rost und Säure zerfressenes Metall aus. Langsam erkenne ich Hände mit spindeldürren Fingern. Köpfe wie mit Grind und Schorf bedeckt und durchlöcherte Körper. Den Apostel Jakobus kann ich identifizieren. Schnecken und Tang kleben an seinem Körper, und er ist wie mit langen Algenfäden behangen. Einen Arm streckt er westwärts aus und hält eine Muschel in der Handfläche.

Übertrieben skurril erscheinen mir zuerst diese Skulpturen, aber allmählich werden sie mir vertrauter, und ich finde den Einfall originell, die heiligen Männer und die gebenedeite Maria so darzustellen.

Erleichtert verlasse ich die Straße und gehe weglos durch hohe Wiesen zur Bahnlinie. Nach einem Wäldchen und dem Überspringen eines Baches habe ich es geschafft. Neben den Gleisen verläuft ein schmaler Pfad. Der Bahndamm blüht. Welch ein Unterschied zur Straße! Der Schienenstrang ist Teil der Landschaft, gesäumt von Kiefernwäldern, Hecken und Wiesen, hüfthoch die Gräser und Blumen, insektenumschwirrt. Kein Autolärm und keine Auspuffgase.

Manchmal, wenn der Pfad verwachsen ist, gehe ich direkt auf den Gleisen, balanciere über die rostbraunen Schienen oder mache große Schritte von Holzbohle zu Holzbohle. Dabei fühle ich mich wie in einem Wildwestfilm, als Desperado entlang einer einsamen Bahnlinie.

Lange bevor ich den Zug höre und sehe, vibrieren die Schienen. Pfeifend und Dampfwolken ausstoßend, stampft er heran. Aus dem

Lokfenster beugt sich weit ein Eisenbahner, winkt und schwenkt begeistert seine Kappe. Dann wieder Stille.

Ein Kuckuck ruft und die Ziegenmelker schnurren. Ziegenmelker sind eigenartige Vögel. Nachts jagen sie im Fluge Insekten. Hirten verdächtigten die langflügeligen und langschwänzigen Vögel, heimlich die Euter der Ziegen leerzutrinken. Ihr monotones, anhaltendes Schnurren klingt eigenartig, seltsame Töne, die gar nicht aus Vogelkehlen zu stammen scheinen. Geduldig halte ich Ausschau nach den gutgetarnten Vögeln, die auch »Nachtschwalben« genannt werden. Durch ihr rindenfarbenes Gefieder sind sie kaum zu sehen. Ich suche die Äste der Kiefern ab, auf denen sie gern sitzen. Da hockt vor mir auf dem sandigen Boden zwischen Gräsern und gelben Blumen ein Tier mit großen Augen. Wegen seiner schwarzen Augen, groß wie ein Zehnpfennigstück, ist es mir aufgefallen, denn die Federn sind perfekt an die Farbe des Untergrundes angepaßt. Ein junger Ziegenmelker! Die Dunen sind fast vollständig durch fertige Federn ersetzt. Wahrscheinlich kann er schon fliegen, aber er liegt erstarrt da, wohl auf seine gute Tarnung vertrauend. Bevor er sich anders besinnen kann, greife ich mir den Jungvogel, um ihn von nah zu betrachten. Er ist größer als eine Drossel. Das Gefieder ist phantastisch gefärbt, jede einzelne Feder hat viele verschiedene Brauntöne. Es ist sehr weich, deshalb können Nachtschwalben nahezu geräuschlos fliegen. Die Füße sind klein, fast schon verkümmert. Am Schnabel sprießen lange Borsten. Wie bei Katzen dienen diese Tasthaare zur Orientierung in der Dunkelheit. Auch fliegende Insekten erspüren die Nachtschwalben mit ihren Borstenhaaren. In diesem Moment reißt der Vogel seinen Schnabel auf und ein riesiger, roter Rachen öffnet sich. Sein Schlund ist unglaublich groß. Die zwei Hälften des Schnabels klappt er auf wie einen Koffer, so weit, daß er sich selbst verschlingen könnte. Das Innere leuchtet karminrot. Der Vogel in meinen Händen hat sich plötzlich in ein Ungeheuer verwandelt, in einen vorsintflutlichen Drachen, der vielleicht sogar Feuer speien kann.

Es ist klar, dieser Maulaufreißer will mir drohen. Ich erschrecke auch, und fast hätte ich ihn fallen gelassen. Er klappt seinen monströsen Schnabel wieder zu, und ich setze den Vogel vorsichtig zurück auf den Boden. Bewegungslos bleibt er hocken.

Am Nachmittag komme ich an einem winzigen Bahnhof vorbei. Die Station heißt Villadangos del Paramo. Sie wirkt, als würde hier niemals ein Zug halten. Neben den Gleisen spielen Kinder mit alten Puppen und einem Puppenwagen ohne Räder. Später sehe ich Szenen wie aus einem Spitzweggemälde: Ein alter hagerer Mann, schwarz gekleidet, steht in der Wiese, über sich einen schwarzen Regenschirm. Neben ihm, in der Sonne, grast eine Kuh.

Die Sonne versinkt. Der Himmel wird immer dunkler, nur im Westen leuchtet es noch lange orangerot.

Es ist Nacht, als ich die Brücke von Hospital del Orbigo erreiche. Im Mondlicht schimmert die alte, steinerne Brücke sehr geheimnisvoll. Mit zwanzig Bögen überspannt sie das Flußtal des Rio Orbigo. Ich lehne mich über die schwungvoll ausgebuchtete Steinbrüstung und schaue hinab zum Fluß. Zwei Angler stehen am Ufer. Schwarz heben sich ihre Silhouetten gegen das dunkel glänzende Wasser ab. Mir erscheinen sie in dieser seltsamen Mondscheinstimmung, wie mystische Figuren, zu ewiglichem Auswerfen der Angel und ewigem Warten verurteilt.

Ein Ritter namens Suero de Quinones ließ sich angesichts dieser Brücke etwas ganz Besonderes einfallen. Im Jahr 1434 gab es keine Scharmützel mit den Mauren mehr zu bestehen, und Suero langweilte sich. Wie sollte ein Ritter noch die Gunst der Dame seines Herzens gewinnen, wenn er keine Heldentaten vollbringen konnte? Er ließ sich ein Kettencollier um den Hals legen, als Zeichen, von einer edlen Dame gefesselt zu sein, und gelobte, ihr zu Ehren 300 Turnierkämpfe auszufechten. Damit es an Gegnern nicht mangelte, blockierte er mit neun Getreuen die Brücke über den Rio Orbigo. Viele Ritter aus Frankreich, Italien, Deutschland und Spanien befanden sich auf dem Weg nach Compostela. An der Brücke über den Rio Orbigo forderte Suero de Quinones die Ritter zu einem Turnier. Dreißig Tage focht er gegen jeden vorüberkommenden und kampfeswilligen Recken und brach 300 gegnerische Lanzen. Viele Menschen wurden verletzt und sogar ein Ritter getötet. Suero aber hatte sein Gelübde erfüllt, die Halsfessel konnte ihm abgenommen werden, in Compostela soll sie immer noch aufbewahrt sein. Doch ob die Schöne vom ritterlichen Heldenmut ihres Anbeters beeindruckt war und ihn erhörte, ist nicht überliefert. Vierundzwanzig Jahre später rächte sich einer der damaligen Verlierer und tötete Suero de Quinones.

In einer Gaststätte frage ich nach dem Weg zum *refugio*. Der Wirt sagt, er selber habe den Schlüssel und wolle mich hinbringen, da der Weg schwierig zu beschreiben sei. Ich solle mich nur eine Weile gedulden. So bestelle ich eine Fischsuppe, mit Tintenfischen, Muscheln, Garnelen und Fischen. Noch nie habe ich eine besser schmeckende Suppe gegessen.

Es ist lange nach Mitternacht, als der Wirt endlich Zeit findet. Das Refugium ist ein Häuschen, in einem Pappelwald gelegen, mit mehreren gut eingerichteten Zimmern: Doppelstockbetten, Schränken und Spiegeln, einer Küche mit Herd und Waschmaschine und einem Kaminzimmer. Ich bin die einzige im Haus und gehe bald ins Bett.

Der melodische Gesang eines Pirols weckt mich am Morgen. Das Häuschen und der Pappelwald sind schön, hier könnte man ein paar Tage bleiben, doch es drängt mich, weiter zu wandern. In der Nacht muß es geregnet haben. Jetzt spiegelt sich die Sonne in den Pfützen, und der Lehm pappt an den Schuhsohlen. Da der Pilgerweg noch immer entlang der Straße verläuft, wähle ich Feldwege durch die mit Kanälen durchzogene, gartenähnliche Landschaft. Hier scheint alles zu wachsen, auch Kraut und Rüben.

In einem Malvenbusch glitzern die Regentropfen wie Kristalle. Gelbe Schwertlilien wiegen sich an den Gräben und Frösche quaken im Wasser. Elstern, schwarzweiß befrackt, stolzieren diebisch durchs Gras, und ein Kolkrabenpaar krächzt im Flug mit dumpfen, tiefen Kehllauten.

In Santobanez de Valdeiglesias kommt mir eine Frau auf der Dorfstraße entgegen. Als würde sie mich kennen, umarmt sie mich zur Begrüßung. Sie tut es, weil ich nach Santiago gehe. Ich würde den Weg für sie mitmachen, behauptet sie. Weil es Glück bringt, einen Pilger zu berühren, umarmt sie mich zum Abschied nochmals.

Auf dem Kirchturm nisten Störche. Drei Jungstörche mit kurzen, schwarzen Schnäbeln und grauem Daunenkleid lugen über den Nestrand. Über ihnen steht mit roten Langbeinen ein erwachsener Storch.

Hinter dem Dorf führt der Feldweg einen Hügel hinauf. Wein wächst am rotbraunen Berghang. Auf der Bergkuppe wuchert Heide und Macchiagebüsch und prachtvolle Maronenbäume bieten Schatten. Ein Schwarm Dohlen kreist über mir. Ich freue mich über ihre hellen Rufe. »Kjack, kjack, kjack . . .«, schallt es zu mir herunter und ich bilde mir ein, sie würden mich grüßen. Kräftig kontrastieren die blauen Bergzüge des Kantabrischen Gebirges weit im Norden zu der rotbraunen Erde hier. Steinschmätzer zwitschern und flaggen weiß mit ihren Schwanzfedern. Kein Mensch begegnet mir unterwegs.

Ich gelange an die Abbruchkante der Hochfläche. Vor mir im Tal liegt Astorga, eine rotweiße Anhäufung von Häusern. Es ist ruhig, nur ab und zu bellt ein Hund.

Astorga – das römische Austurica Augusta – entstand an einer Kreuzung römischer Straßen und war zum Schutz vor germanischen Überfällen ringsum befestigt. Ein Teil dieser Mauer, mehrfach erneuert, umgrenzt noch heute die Stadt. Früher gab es viele Hospitäler, zweiundzwanzig sollen es zur Blütezeit des Pilgerweges gewesen sein. Astorga diente als Erholungsort vor dem Aufstieg ins Gebirge, in die Montes de León, einem steilen Bergriegel, der vom Kantabrischen Gebirge ausgeht. Nur noch 240 Kilometer sind es von Astorga bis Santiago. Die Pilger waren erschöpft, manche fast am Ende ihrer Kräfte. Viele waren bereits als Kranke von zu Hause losgezogen, weil sie sich von Sant'Jago Heilung ihrer Leiden erhofften. Die Pilger hielten sich tage-, oft wochenlang in Astorga auf, bevor sie die Besteigung des Gebirges wagten. Die in die Stadt strömenden Menschen wurden beherbergt und verköstigt, die Kranken gepflegt und die Toten begraben. Ich verlasse meinen Ausblick neben dem Kreuz aus Granit und steige ab in die Stadt. Am Wegrand sitzt eine alte Frau und strickt. Sie bittet mich, für sie bei meiner Ankunft in Compostela zu beten. Ich verspreche es ihr, obwohl ich nie in meinem Leben beten gelernt habe. Ich werde ihren Wunsch auf meine Art erfüllen.

Sie erzählt mir: Ihr Mann sei verunglückt, als ihre acht Kinder noch klein waren. Schwer war es, sie allein durchzubringen, fünf seien gestorben. Ihr Jüngster, ihr Lieblingssohn, ist mit achtzehn Jahren nach Deutschland gegangen. Seit fünfzehn Jahren lebt er in Dortmund, ist mit einer Deutschen verheiratet und hat vier Kinder.

»Sie sind noch nie nach Spanien gekommen«, klagt die alte Frau. »Ich kenne meine vier Enkel nur von Fotos. Mein Sohn ist ein guter Junge, er liebt seine alte Mutter, einmal im Monat schreibt er mir.«

Ich gehe weiter und stehe bald vor der Stadtmauer. Wuchtig, mit halbrund vorspringenden Türmen, bestimmen die Reste der Wehrmauer den Blick auf Astorga.

Der Bischofspalast von Antoni Gaudi in Astorga

Mir fällt ein mit Türmchen und Zinnen geschmücktes Schloß aus weißem Granit auf. Es ist der Palacio de Episcopal, der Bischofspalast, den Antoni Gaudi gebaut hat. Ich erinnere mich an das Gespräch mit Atze im Park von León. Er hatte recht, dieses Bauwerk zeigt noch nicht die der Natur nachempfundenen Elemente. Trotz seiner verspielten Strukturen wirkt es etwas steif und gekünstelt.

217

20 Von Astorga bis Ponferrada

»Eine schlechte Regierung haben wir«, sagt Marina. »Wir hier in
den Bergdörfern sind denen in Madrid ganz und gar egal.« Marina
ist eine Bäuerin, über achtzig Jahre ist sie alt. Sie ist die letzte
Bewohnerin von Foncebadon.

   »Ich versuche einiges instandzuhalten«, die alte Frau breitet hilflos ihre mageren Arme aus, »aber sehen Sie selbst, alles zerfällt. Ich
bin zu alt, meine Kraft reicht nicht mehr. Ich habe nur ein paar
Ziegen und meinen Hund.« Der struppige Köter bewegt mürrisch
die Ohren, als über ihn gesprochen wird. »Die Jungen sind in die
Städte gegangen, die Alten sind gestorben, ich bin die letzte«, sagt
sie resigniert. Sicher, es sei sehr einsam, doch sie habe sich daran
gewöhnt, denn sie sei zu alt, wegzugehen.

   Die Dörfer gehen unter. Wer kann, entflieht der Armut. Ich war
durch das verlassene Dorf gegangen, hatte die zerbröckelnden Häuser gesehen, selbst das Dach der Kirche war eingestürzt. Stille, nur
das Rauschen des Windes. Ich wähnte mich allein in dem sterbenden
Dorf. Da plötzlich die Stimme: »*Adónde vas*, wohin gehst du?« Es
war Marina, mit einem Kopftuch um den grauen Schopf, einer
abgetragenen Kittelschürze und Gummigaloschen an den nackten
Füßen. Wachsam blickten mich ihre Augen aus dem faltenreichen
Gesicht an. Ein Gesicht, in dem das Leben eingeprägt ist, vom Alter
geschrumpelt wie ein Winterapfel. Sie freut sich über die unver-
hoffte Begegnung und behandelt mich wie einen langersehnten
Gast. Sie zeigt mir das Dorf, ihre Ziegen und die kleinen Felder, die
sie bepflanzt. Ich bin beeindruckt von der Energie, der Lebenskraft
dieser alten Frau – der Letzten von Foncebadon.

   Ich gehe weiter. Wie flüchtig doch die Beziehungen zu den Menschen sind, wenn man unterwegs ist, denke ich. Gestern war ich
noch in Astorga gewesen, heute früh im blauen Morgendunst sah
ich beim Zurückblicken die türmereiche Stadt schon wieder hinter
mir liegen. Auf einer Reise tritt die Vergänglichkeit unseres Lebens
am schärfsten hervor. Ich gehe und gehe, und gehe an allem vorbei.
Nur für einen Augenblick werde ich gestreift, berührt, getroffen,
dann bin ich schon wieder weitergegangen, fort.

Aber auch wer ständig am gleichen Ort lebt, entgeht nicht der Vergänglichkeit des Daseins. Nur scheinbar sind die Beziehungen fest und unveränderbar. Aber viele glauben dennoch, sie könnten ihr Leben planen, es zu einem Punkt hinführen und es an einer günstigen Stelle festhalten. Notwendige Entschlüsse, anstehende Entscheidungen werden deshalb oft hinausgeschoben, verdrängt, bis sie wie eine Lawine über uns kommen und dann unsere Existenz gewaltsam verändern. Ich denke, daß es ein Irrtum ist, dauerhafte Sicherheit und Geborgenheit anzustreben. Denn es gibt keine Dauer, das Leben besteht aus einer Kette einzelner, flüchtiger Momente. Nur wollen wir das meist nicht wahrhaben. Erst wenn man sich trennt, wenn man aufbricht und sich auf den Weg macht, verschwinden die Ängste, dann tritt man ein, wird aufgenommen und geborgen im Fluß der Veränderung, wird ein Teil der Bewegung in Raum und Zeit. Tatsächlich ist die Pilgerreise ein Sinnbild für das Leben.

Am Fuße des Monte de León liegt Castrillo de Polvazares, etwa drei Kilometer abseits des Weges. Ich muß den Umweg machen, denn es ist sicherlich die letzte Ortschaft, in der ich Lebensmittel kaufen kann. Die Bewohner der Dörfer in der Maragatería, so heißt das Berggebiet, sollen sehr ärmlich ihr Leben fristen.

Castrillo de Polvazares ist ein malerischer Ort, fast zu schön, um wirklich existent zu sein. Er wirkt auf mich wie eine Rekonstruktion für ein Dorfmuseum: Die Dorfstraße ist kunstvoll mit verschieden getönten Steinen ausgelegt, die Häuser sind alle im gleichen Stil aus braunen Feldsteinen aufgeschichtet. Die Kirche mit einem Storchennest. Fünf Jungstörche lassen ihre schwarzen Schnäbel über den Nestrand hängen. Alles ist sauber, ordentlich, leergeputzt und scheint auf den Besucherstrom zu warten, auf Touristen, die einmal ein »richtiges Dorf« besichtigen wollen. Einwohner sind nicht zu sehen, nur ein großer Hund mit braunem Fell liegt mitten auf der Straße.

Ich finde keinen Lebensmittelladen. Dafür kann ich in einer Bar kaufen, was ich benötige.

Bergig erhebt sich hinter dem Dorf das Land. Karge Weiden mit Mauern aus aufgeschichteten Feldsteinen. Einzelne uralte Bäume mit kuppelförmigen Laubkronen. Wind, Sonne, Einsamkeit. Immer höher geht es hinauf ins Gebirge. Dumpf tönen die Rufe der Wiedehopfe: »Uub, uub, ub, ub, ub, uub, uub . . .« Die hähergroßen Vögel stochern mit gebogenen, pinzettenartigen Schnäbeln im Erdreich. Leuchtend orangefarben und schwarz ist das Gefieder. Ab und zu richten sie die hohe Federtolle des Kopfes auf. Es ist, als würde im Gras plötzlich eine orangerote Blume erblühen. Die schwarzweiße Bänderung der Flügel und des Schwanzes kommt erst beim Flug richtig zur Geltung. Mit ihren gerundeten Flügeln flattern sie unregelmäßig und schwankend, so als seien sie große, schwarzweiße Schmetterlinge. Noch nie habe ich so viele Wiedehopfe gesehen; ich zähle neunzehn auf einmal.

Zwischen den aufgeschichteten Mauern und Steinhaufen sonnen sich riesengroße Eidechsen. Als ich das erste Tier erblicke, glaube ich einen jungen Saurier entdeckt zu haben. Die Echse mißt fast einen Meter. Der massige eckige Schädel ist mit grünlichen Schildern bedeckt, der Rücken schwarzgrün geschuppt, an den Flanken leuchten himmelblaue Punkte. Eine Perleidechse! Die größte in der Familie der Lacertiden, der Eidechsenartigen. Ich bin ihr zu nahe gekommen, mit heftigen Körperbewegungen springt sie von ihrem Sonnenplatz herunter, rennt blitzschnell auf dem sandigen Weg entlang, Staub stiebt auf und schon ist sie in einem großen Erdtunnel verschwunden. Ich bin erstaunt, wie behend sich dieses wuchtige Tier bewegt hatte. Noch viele Perleidechsen sehe ich, doch die erste war zugleich auch die größte von allen.

In römischer Zeit wurde hier in den Bergen der Maragatería nach Erzen geschürft. Es waren nur kleine Bergwerke, und trotzdem sind die Wunden, die damals in die Erde gerissen wurden, noch immer sichtbar. Abseits des Weges entdecke ich die Mine »La Fucarona«. Ein ungefähr fünfzehn Meter tiefer Trichter führt in die Erde, abgestuft in mehreren Terrassen und bewachsen mit Ginster, Heidekraut und Dornenbüschen. Es ist still, die Sonne brütet über dem steinigen, trockenen Land. Da beginnt ein Ortolan sein Lied zu singen. Vor vielen Jahren habe ich zum ersten Mal einen Ortolan gehört. Damals studierte ich in Greifswald Biologie. Zu jeder Jahreszeit und bei jedem Wetter waren wir Studenten an den Wochenenden unterwegs, um Vögel zu beobachten. Wir zelebrierten ein Studentenleben wie aus längst vergangener Zeit. Die Greifswalder Universität war klein, an der biologischen Fakultät studierten insgesamt kaum 50 Biologiestudenten. Studenten, Dozenten und Professoren waren an dieser kleinen Universität recht unabhängig von der Politik des Staates. Wir Studenten fühlten uns frei von den Vorschriften, die an anderen Universitäten galten und machten, was uns gefiel. Es waren harmlose Dinge, übermütig, ausgelassen und verspielt. Wir zogen durch die Lande, mit Gitarre, Fernglas und Schmetterlingsnetz, sangen alte Burschenschaftslieder, badeten im Winter zwischen Eisschollen im Meer, sprangen nackt ums Lagerfeuer, ernährten uns auf den Exkursionen von Pilzen und Beeren und dem, was auf den Feldern und Bäumen wuchs, holten Fische aus den Reusen, schlichen uns im Dunkeln an brunftschreiende Hirsche heran, hausten in Scheunen und verlassenen Gebäuden, brauten unsere Maibowle aus Waldmeisterblättern und nahmen jedes tote Tier für unsere Sammlungen mit. Als wir damals den Ortolan singen hörten, waren wir sehr aufgeregt. Keiner hatte zuvor diesen Gesang vernommen. Ein wenig erinnert er an den einer Goldammer, ist aber weicher, klangvoller, melodischer, schwermütiger. In Erwartung, eine für uns neue Vogelart zu sehen, pirschten wir uns vorsichtig an den Baum, aus dem der Gesang ertönte. Plötzlich stellte sich uns ein Bauer in den Weg. Er schimpfte ärgerlich, weil wir seine Wiese zertrampelten. Wer unser Führer sei, wollte er wissen. Einer sagte: »Es gibt keinen ›Führer‹ mehr, der ist schon lange tot, jetzt weisen uns nur noch die Vögel mit ihren Liedern den Weg, und der führt nun einmal gerade durch die Wiese.«

Währenddessen war ich weiter gegangen und sah auf dem Baum einen unscheinbaren Vogel sitzen. Ohne leuchtende Farben, statt dessen mit graugrünem Kopf und rostbraunem Bauch, nur die gelbgrüne Kehle, der gelbe Bartstreif und der hellgelbe Augenring fielen mir auf. Der Vogel flog weg, bevor die anderen Studenten kamen. Das war der erste Ortolan, den ich gesehen habe.

Diesmal bleibt der Ortolan sitzen und singt sein melancholisches Lied. Groß und dunkel sind seine Augen, umschlossen von einem hellen Ring.

Ich komme durch zwei kleine Orte, Santa Catalina de Somoza und El Ganso. Die Häuser sind aus Bruchsteinen aufgeschichtet und die Dächer mit Stroh gedeckt. Die Türen verschlossen, das Holz alt und von der Sonne gebleicht. Dörfer wie aus einer anderen Welt. Hier scheint keiner mehr zu wohnen. Erst am Ortsende von El Ganso treffe ich auf drei alte Männer. Sie sitzen am Wegesrand, in dunkler Kleidung und mit schwarzen Hüten auf den Köpfen. Ihre Gesichter zeigen eine stille Zufriedenheit mit sich und ihrem Leben.

Um mit ihnen ins Gespräch zu kommen, frage ich, ob sie aus El Ganso sind.

»Natürlich, Mädchen, woher sollten wir sonst wohl kommen?« Sie lachen gutmütig und ihre alten Gesichter runzeln sich in unzähligen Falten.

»Wovon leben die Menschen hier im Dorf?« frage ich.

Sie lachen wieder und antworten: »Ob du es glaubst oder nicht, Schöne, wir leben von Luft und Liebe.«

Der mittlere der uralten Männer fragt mich: »Nun sag uns mal, meine Hübsche, wo ist denn dein *novio*, Verlobter?«

»*No tengo novio*, ich habe keinen Verlobten.«

Heiteren Sinnes legen sie zum Spaß ihre Gesichter in betrübliche Falten: »Oh, du Arme, du hast keinen *novio*. Wie traurig und kalt müssen da die Nächte für dich sein.«

Immer höher steigt der Weg. Fünf magere Kühe traben den Hang herunter. Hinter ihnen geht eine Frau. Sie ist in schwarze Gewänder gehüllt und ihr Gang ist ein königlich stolzes Schreiten. Die Frau erscheint mir überirdisch schön. Sie ist groß und schlank. Schwarze Haare, von einem Tuch bedeckt, umrahmen ihr ebenmäßiges Gesicht, in dem glutvolle Augen brennen. Ich möchte die fremdartige Frau länger anschauen, etwas über sie erfahren, doch beeindruckt von ihrer exotischen Schönheit, weiß ich nicht, wie ich sie ansprechen könnte.

So geht sie an mir vorbei, stolz und frei, mit langen wiegenden Schritten wie eine Wüstennomadin. Da erst fällt mir ein, was ich gelesen habe: Bei den Bewohnern der Maragatería soll es sich um Nachfahren eines Berberstammes handeln, die einst mit der arabischen Invasion ins Land kamen.

Ein Unwetter zieht auf. Es geht sehr schnell. In wenigen Minuten verfärbt sich der Himmel dunkelviolett. Der Wind stemmt sich mir wild entgegen. Kein Baum, nirgendwo ein Unterschlupf. Ich hole meine Regenkleidung heraus. Statt Regen prasseln kirschgroße Hagelkörner vom Himmel. Weißen Murmeln gleich prallen sie von der harten Erde und springen und hüpfen und rollen. Hinter einem Stein gehe ich in Deckung.

Endlich hört es auf zu hageln und regnet nur noch. Als ich in Rabanal del Camino ankomme, regnet es immer noch. Deshalb beschließe ich, hier zu übernachten, auch mit der Hoffnung, das schöne Beduinenmädchen noch einmal zu sehen. Aber ich treffe niemanden, Rabanal scheint wie ausgestorben zu sein. Vor dem Regen geschützt setze ich mich an die Kirchentür und hole die Verpflegung aus dem Rucksack, die ich im malerischen Dorf Castrillo de Polvazares heute morgen gekauft hatte.

Ein Mann biegt um die Ecke und kommt die Dorfstraße entlang auf die Kirche zu. Die Kapuze des Regenmantels hat er weit ins Gesicht gezogen. Triefend vor Nässe bleibt er vor mir stehen. Er fragt, ob ich wüßte, wo das *refugio* sei. Also auch ein Pilger, denke ich. Er kann wenig spanisch, und so dauert es eine Weile, bis ich verstehe, daß er aus Polen stammt. Wo er angefangen habe auf dem Pilgerweg, will ich wissen.

»In Polen«, antwortet er.

»Wie denn? Von Polen aus bist du zu Fuß gegangen?« frage ich entgeistert.

»Ja, alles gelaufen, von Polen.«

Ich kann es nicht glauben, frage: »Wann hast du angefangen?«

»Vor fast einem Jahr, genau am 2. August, bin ich von zu Hause weggegangen. Sieben Länder habe ich durchquert: Polen, Tschechoslowakei, Bulgarien, Ungarn, Schweiz, Frankreich und jetzt Spanien.«

Nein, so was! Da bin ich ja auf einen ganz besonderen Pilger gestoßen. Schade, daß er kaum Spanisch spricht. Ich würde ihn gern so vieles fragen. Pavel ist Dolmetscher, außer polnisch beherrscht er tschechisch, russisch, ungarisch, bulgarisch, rumänisch und französisch. Sieben Sprachen, von denen ich leider keine verstehe. Eng-

223

lisch und deutsch spricht er überhaupt nicht und spanisch eben nur wenig. Ich lasse aber nicht locker. Zu gern möchte ich wissen, was er erlebt hat und warum er sich zu dieser strapaziösen Pilgerreise durch sieben Länder entschlossen hat. Mühsam bekomme ich heraus, daß er passionierter Wallfahrer sei. Zunächst habe er alle Wallfahrtsorte in Polen besucht, natürlich zu Fuß. Dann wollte er nach Jerusalem, habe aber nur die Erlaubnis erhalten, von der israelischen Grenze ab zu pilgern, deshalb sei er barfuß gegangen, um sich die Aufgabe zu erschweren.

Ich möchte erfahren, warum er das macht. Seine Antwort ist: »Für Gott!«

Wir finden das *refugio* und auch einen Mann, der uns die Tür öffnet. Es ist das ehemalige Schulgebäude, das jetzt leer steht und zerfällt. Durch das schadhafte Dach regnet es herein. Am Boden liegen Holzbalken. Mit Strohbüscheln säubern wir eine trockene Stelle von Staub und Mörtel, um dort das Lager zu errichten.

Mir geht das schwarzäugige Berbermädchen nicht aus dem Kopf, also ziehe ich noch mal den Regenumhang über und spaziere durch das Dorf. Ich begegne nur einer alten Frau. Sie kennt kein Mädchen. Sie sagt, in Rabanal würden nur neun alte Leute wohnen. In den Ferien kämen einige Familien zurück. Rabanal sei kein Ort mehr, in dem man lebt, sondern nur noch zum Sterben gut und um hier Urlaub zu machen, sagt die Alte. Der Pole liegt schon im Schlafsack, als ich zurückkomme. »Pavel, erzähl mir doch was von deinen Erlebnissen«, bitte ich.

»Da gibt es nicht viel zu sagen.«

»Welche Unterschiede hast du denn zwischen den sieben Ländern festgestellt? Ich meine, wie haben sich die Menschen dir gegenüber verhalten?« versuche ich ihn auszufragen.

»Ach, die waren alle ziemlich gleich«, antwortet Pavel lakonisch. »Nur in Frankreich hatte ich Schwierigkeiten. Dort waren die Leute sehr unfreundlich. Sie haben mich wie einen Landstreicher behandelt, die Hunde auf mich gehetzt und mir nicht einmal Wasser gegeben.«

»Du sagtest doch, du würdest französisch können. Warum hast du nicht gesagt, du seiest ein Pilger?«

»Ich habe versucht, mit ihnen zu sprechen. Französisch beherrsche ich gut, weil ich in meiner Arbeit häufig französische Übersetzungen machen muß. Aber die Franzosen haben die Nase gerümpft, weil meine Aussprache nicht perfekt ist.« Ich entgegne, ich könne nicht glauben, daß die Franzosen ihn wegen fehlerhafter Aussprache schlecht behandelt hätten.

»Es war aber so«, beharrt er. »Die Strecke durch Frankreich war schlimm. Ich war oft verzweifelt. Dagegen sind die Spanier ganz anders. Sie sind begeistert, wenn man überhaupt ein paar Worte ihrer Sprache spricht. Und es ist ihnen egal, ob die Grammatik und die Betonung stimmen.«

Am nächsten Tag regnet es noch immer. Ich erkläre Pavel, daß ich allein wandern wolle. Der Weg hat sich in einen Bach verwandelt. Der Regen ist kalt, und der stürmische Wind verfängt sich im Regenumhang, reißt am Rucksack. Er weht von allen Seiten. Wie ein Derwisch tanzt er um mich herum, schüttet mir den eisigen Regen ins Gesicht und gleich darauf stemmt er sich mir in den Rücken. Der Regen verwandelt sich in Eis. Spitze Eisnadeln treffen meine Haut. Das Unwetter gefällt mir. Von mir aus könnte es noch doller kommen, schade nur, daß man sowenig sieht. Nun fällt auch noch Schnee. Ich kann kaum noch zwei Meter weit blicken, da tauchen plötzlich ein paar Häuser aus dem Schneegestöber auf. Die Strohdächer sind vermodert, die Balken eingeknickt, und auch die Mauern aus aufgeschichteten Steinen zerfallen schon. Bald wird nichts mehr daran erinnern, daß hier einmal Menschen gelebt haben.

Plötzlich tritt eine Gestalt hinter einer Mauer hervor. Ich erschrecke heftig. Denn ich kann mich nicht gut verteidigen mit dem schweren Rucksack auf dem Rücken und behindert von der Regenkleidung.

»Ich bin's doch, der Pavel, erkennst du mich nicht?« beruhigt mich der Pole. »Ich habe auf dich gewartet. Wir gehen jetzt zusammen! Ich lasse eine Frau nicht allein durch die Berge laufen.«

Ich ärgere mich über diesen Ton und entgegne: »Das kommt nicht in Frage! Ich gehe immer allein!«

Er bleibt stur: »Das ist mir egal. Ich gehe nur, wenn du gehst, und bleibe stehen, wenn du stehenbleibst.«

Wenn es darauf ankommt, stur zu sein, bin ich die Sturste von allen. Nachdem ich bemerkt habe, daß mit Worten bei dem Polen nichts zu erreichen ist, strenge ich alle meine Kräfte an und eile voraus. Bald habe ich einen schönen Abstand zwischen mich und ihn gebracht. Aber ich will diese Bergtour in Ruhe genießen, also verstecke ich mich hinter tropfnassen Ginsterbüschen und warte, bis Pavel vorbeigelaufen ist. Ich lasse ihm einen gehörigen Vorsprung, bevor ich mich wieder auf den Weg mache und freue mich über die Einsamkeit, über die Gewalt des Windes und die wirbelnden Schneeflocken. Da, wie um mich zu belohnen, leuchtet plötzlich die Sonne hinter den dunklen Wolken. Ihre Strahlen brechen sich vielfach in den Wassertropfen und bald wölbt sich ein Regenbogen über den Bergkuppen, die jetzt sichtbar werden. Es ist ein unwirklicher Augenblick: Die tanzenden Schneeflocken und der bunte Regenbogen, die schneebedeckten Bergspitzen und die schwarzen Wolken. Ein Märchen. Ein Traum. Es ist schwer, soviel Schönheit zu ertragen. Ich stöhne, beiße die Zähne zusammen und presse die Fingernägel in die Handballen. Mein Gesicht ist naß vor Tränen, Schnee und Regen. Ich bin glücklich, allein zu sein.

Der *arcos de iris*, wie Regenbogen auf spanisch heißt, leuchtet noch immer, als ich den Paß auf dem Monte Irago erreiche. Auf dem kahlen Bergrücken befindet sich eine Kapelle und daneben ein Steinhaufen mit einer Holzstange in der Mitte, an deren Spitze ein kleines, einfaches Kreuz befestigt ist, das »Cruz de Ferro«. Den vielleicht sechs Meter hohen und zwanzig Meter breiten Hügel haben die Jakobspilger aufgetürmt. Seit altersher war es Brauch, daß jeder Vorübergehende einen Stein mitbrachte und hier ablegte. Ich betrachte lange die Steine. Sie stammen aus verschiedenen Ländern Europas, denn oft trugen Pilger einen Stein von zu Haus im Beutel bis zum Cruz de Ferro. Geschichten über Geschichten, die Schicksale vieler Menschen sind mitsamt den Steinen in diesem Hügel abgelegt worden. Unterwegs habe ich manchen Stein aufgehoben, der mir gefallen hat. Ich wähle den Glimmerschiefer aus, der wie mattes Silber glänzt. Er stammt von dem Bergrücken in der Nähe von Castrojeriz, dort, wo ich glaubte, fliegen zu können. Entschlossen werfe ich meinen Stein zu den anderen. Nun kann er seinen Teil beitragen zu den Geschichten, die dieser Steinhügel zu erzählen weiß. Der Paß ist eine Wetterscheide, auf der einen Seite herrscht stürmischer Winter, und jenseits davon ist das Wetter sommerlich. Grün öffnet sich das Land unter mir, das das Bierzo genannt wird. Viehweiden, Heideflächen, Ginsterhänge: grün, violett und gelb, schwingt sich die Landschaft in Wellen auf und ab. Hinter mir erheben sich die kahlen Höhenzüge, von Schnee überhaucht. Wie schön ist die Erde und das Leben! Für so einen Tag lohnt es sich, noch nicht gestorben zu sein.

Im Dorf El Acebo raste ich. Es scheint noch bewohnt zu sein, denn auf der lehmigen Dorfstraße begegnen mir zwar keine Menschen, aber ein paar Hühner und eine Schar Gänse. Neben vielen zerstörten Häusern sind einige noch bewohnbar. Das muß einmal ein schönes Dorf gewesen sein. Kleine einstöckige Häuser aus Holz und Stein. Holzstiegen führen außen am Haus in den zweiten Stock. Alkane hängen weit auf den Dorfweg hinaus. Jedoch ist der Zerfall an den meisten Häusern nicht mehr aufzuhalten, den Stiegen fehlen die Treppen, und die Strebepfeiler der Balkone sind morsch. Ich setze mich in einem verlassenen Haus auf den Balkon, der noch trittfest ist. Das Gebäude gegenüber dient als Stall, ein Esel ist dort untergebracht. Bluthänflinge und Hausrotschwänze picken die Krumen auf, die von meinem Brot übrigbleiben.

Der Weg senkt sich immer tiefer hinab in den Talgrund. Eßkastanien und Nußbäume wachsen hier. Wasser sprudelt. Und das helle Grün der Weinstöcke ziert die Hänge. Endlich, nach den vielen sterbenden und toten Dörfern gelange ich in das lebendige Molinaseca. Hier sind die Häuser mit Blumen geschmückt, die Gärten blühen und grünen. Rosen und Wein ranken sich an den Mauern empor. Und es gibt viele Menschen, alte und junge, heiter und freundlich, als seien sie gefeit vor dem bösen Fluch, der die Gebirgsdörfer zerstört hat. Die Kinder laufen lachend und schnatternd hinter mir her, die Frauen winken aus den Fenstern und die Männer sagen, ich solle doch in Molinaseca bleiben, ihre Ortschaft hätte auch ein *refugio*.

Doch ich möchte bis Ponferrada gehen, weil ich vermute, dort andere Pilger zu treffen. Ich habe das Bedürfnis, mit ihnen beim

Rotwein zu schwatzen. Gern würde ich auch Pavel, den Polen, wiedersehen, nur im Gebirge wollte ich allein sein.

Am Ortsausgang reicht mir ein Mann über den Gartenzaun reife Erdbeeren. Erdbeeren, die den Geschmack meiner Kindheit haben. Genauso köstlich schmeckten die Beeren, die ich als Kind in fremden Gärten stibitzte. Vielleicht hätte ich diesen freundlichen Wink beachten und doch in Molinaseca bleiben sollen?

Der Weg nach Ponferrada zieht sich schier endlos dahin. Endlich sehe ich im Abendlicht die von Sonne und Regen silberfarben glänzenden Dächer von Ponferrada. Dreißig Störche kreisen über der Stadt. Sie fliegen gravitätisch ihre Spiralen, um sich dann allesamt auf einem riesigen, abgestorbenen Baum niederzulassen. Der Baum hat weitragende glatte, weiße Äste, auf denen die Störche stehen wie Marabus auf einem Affenbrotbaum. In eigenartigem Kontrast zu diesem afrikanischen Bild ragen im Hintergrund die Türme, Kirchen und Häuser von Ponferrada in den Himmel.

Im *refugio* komme ich sehr ungelegen. Gerade wird umgebaut, Bauschutt liegt verstreut, und es riecht nach Farbe und frischem Zement. Vielleicht sind deshalb keine Pilger da? Ich stelle den Rucksack ab und begebe mich wieder auf die Straße mit der Hoffnung, jemanden zu finden.

Da hatte ich es mir so schön ausgemalt, die anderen zu treffen. Wo werden sie jetzt sein? Ob Gerda, die mit dem Bus bis León fuhr, von dort wieder zu Fuß gegangen ist? Justin? Bei seinem Tempo und dem Leistungsdruck, den er sich macht, wird er bereits in Galicien sein. Atze? Vielleicht ist er noch in Astorga, oder hat er schon Villafranca del Bierzo erreicht? Und Pavel? Eigentlich müßte er doch hier sein? Ich sitze allein und einsam in einem Restaurant, ein tolles Essen vor mir, denke an die anderen und langweile mich. Mir macht es absolut keinen Spaß, allein zu essen. Das zweite Mal, daß ich mir einen Abend in einem Restaurant gönne und er ist genauso verunglückt wie in Nájera. Außer mir sind wieder keine Gäste im Lokal, weil die Spanier erst sehr spät abends ausgehen. Ich leere eine Flasche Rotwein, aber meine Stimmung heitert sich nicht auf.

Ich bin müde, dennoch spaziere ich vor der Rückkehr zum *refugio* ziellos durch die Altstadt. Am Ufer des Flusses Sil beleuchten Stra-

Das fast verlassene Gebirgsdorf El Acebo

ßenlaternen ein wuchtiges Gemäuer. Türme, Mauern und Zinnen, eine mächtige Burg. Auf einer Tafel lese ich: »*Castillo de los Templarios* – Schloß der Tempelritter.« Hier also war einer ihrer Stützpunkte! Ein eigenartiges Gefühl, als sei ich einem Geheimnis ganz nahe gekommen! Wall und Graben umgeben schützend das Schloß. Das Mauerwerk ist derb gefügt aus grob behauenen Steinen verschiedener Größe. Die Burg besitzt etwas Hartes, Ausweisloses. Ein Zufluchtsort für Verfolgte? Obwohl die Templer diese Burg noch auf dem Höhepunkt ihrer Macht im Jahr 1178 bauen ließen. Damals besaß der Orden die Oberhoheit über das Bierzo. Im Dunkel des Burghofes glaube ich mich dem Rätsel der Tempelritter auf der Spur. Urgewaltig erheben sich die Mauern und die zinnengeschmückten Türme, aber die Steine geben mir ihr Geheimnis nicht preis. Je länger ich die groben Mauern betrachte, um so weniger scheinen sie mir echt zu sein. Vielleicht sind die Grundmauern, dieser oder jener Wachturm und Teile des Zwingers noch ursprünglich, aber insgesamt erscheint mir die Anlage nun sehr gekünstelt und restauriert zu sein. Der Geist der Templer wohnt nicht mehr in dieser Feste.

21 Von Ponferrada bis Peñalba

Tommaso begegne ich am Morgen des 29. Tages. Ich habe das *refugio* in Ponferrada zeitig verlassen und mich auf den Weg nach Santo Tomás de las Ollas begeben, drei Kilometer nördlich von Ponferrada, wo eine mozarabische Kirche erhalten geblieben sein soll. Ich überquerte den Rio Sil, ging durch die morgenstillen Straßen und durchschritt das Tor unter dem *torre del reloj*, dem Uhrturm, nach Osten, also zurück Richtung Astorga, bevor ich in ein Sträßchen nach Norden abbiegen wollte. Genau an dieser Stelle treffe ich Tommaso. Er kommt von Molinaseca. Dort hatte er im Refugio übernachtet und war ebenfalls sehr früh aufgebrochen, um bis zum Abend in Villafranca zu sein. Tommaso wäre genau der richtige Kamerad gewesen, um den gestrigen langweiligen Abend unterhaltsam zu gestalten. Tommaso ist Italiener. Er begrüßt mich begeistert mit ausgebreiteten Armen, als sei ich eine jahrelange Bekannte.

»Halt, halt! Du gehst in die falsche Richtung! Westwärts liegt Santiago!« ruft er mir entgegen.

Als ich ihm sage, ich wolle zwei mozarabische Kirchen ansehen, zuerst die in Las Ollas und dann zwanzig Kilometer südöstlich in Peñalba, betrübt sich seine strahlende Miene. »Schade, es wäre lustiger gewesen, gemeinsam zu pilgern.« Auch mir fällt gerade heute das Alleinsein schwer und so biete ich spontan an: »Komm doch mit! Es lohnt sich bestimmt, den Umweg für die zwei Kirchen zu machen.«

Er verzieht schmerzlich sein Gesicht, zeigt auf seine Füße und klagt: »Ich habe sooo große Blasen und zähle die Schritte bis Santiago.«

»Vielleicht hole ich dich bald wieder ein. Ich werde mich beeilen«, verspreche ich.

Das Sträßchen führt steil aufwärts. Mir wird heiß und mein Atem geht rasch.

Seit gestern abend, nach der Wanderung durchs Gebirge mit seinen toten Dörfern, spüre ich ein starkes Bedürfnis nach Gesprächen, nach Kontakt mit Menschen. Tommaso wäre jetzt ein guter Wandergefährte für mich gewesen. Mir gefiel das spontane Wesen des Italieners. Sein jungenhaftes Gesicht strahlte Offenheit und Fröhlichkeit aus.

Ich gelange in das Dorf Las Ollas. Kleine Katen umgeben einen Platz. Dort, an der nördlichen Front des Platzes, das muß sie sein – die mozarabische Kirche. Es ist ein bescheidenes Kirchlein, ein einschiffiges Langhaus mit einem runden Chor. Trotz ihrer Kleinheit wirkt sie wuchtig und schwer. Das Mauerwerk ist stellenweise ausgebessert. Die Tür ist verschlossen. In einer Bar an der Ecke erkundige ich mich, wer den Schlüssel habe. Ein Junge wird zur Nachbarin geschickt. Sie eilt sofort herbei und öffnet für mich die Tür. Ich trete in einen düsteren Raum, nur durch schmale Schlitze fällt etwas Licht. Als sich meine Augen an das Halbdunkel gewöhnt haben, sehe ich einen außergewöhnlichen Altarraum. Unverputzte Mauern aus grob behauenen, unregelmäßigen Steinen bilden die Wände. Algen lassen das Gemäuer grün schimmern. Im Halbrund des Chores sind Hufeisenbögen in die Wand eingelassen. Gleichmäßig. Streng. Archaisch. Mir ist, als würde ich unvermittelt vor dem Eingang in die Vergangenheit stehen. Doch die Durchlässe zwischen den Bögen sind geschlossen.

Lange betrachte ich diesen Altarraum und versuche mir die Menschen vorzustellen, die damals diese Kirche gebaut haben, die hier gebetet, gefleht, gehofft und geweint haben und glaube, daß mir diese Menschen gar nicht so fremd sind, daß ich wie sie denken und fühlen würde, wenn ich in ihrer Zeit geboren worden wäre.

Als ich wieder ins Tageslicht trete, bleibt die Vergangenheit im Dämmerdunkel hinter mir zurück und ich mache mich erneut auf den Weg nach Ponferrada. Um zu meinem nächsten Ziel, nach Peñalba, zu gelangen, muß ich Ponferrada wieder durchqueren. Danach führt eine schmale, kurvenreiche Straße südwärts in die Berge. Bevor diese Berge steil ansteigen, ist die Landschaft in sanfte Wellen gegliedert, die mit Weinstöcken bepflanzt sind.

Eines der wenigen Autos hält neben mir. Der Fahrer sieht gut aus. Ob er mich zu einem Kaffee einladen dürfe? Ich bin unschlüssig. Noch immer ist mein Bedürfnis nach Unterhaltung ungesättigt, und das ist nun wirklich mal ein Spanier, der mir gefallen könnte. Ein Kaffee wäre auch nicht schlecht und eine Rast hätte ich schon lange nötig. Aber da ist das Auto. Als Pilger darf ich nicht fahren! Ich habe diesen Vorsatz während der Wanderung so verinnerlicht, daß ich leider ablehnen muß. Erst als das Fahrzeug außer Sicht ist, fällt mir ein, ich hätte ja einsteigen und mich nach dem Kaffeetrinken hier wieder absetzen lassen können. Kaum habe ich das gedacht, kommt der Wagen wieder angebraust. Der junge Spanier beugt sich aus dem Fenster. Verdammt gut sieht er aus! Erwartungsfroh bin ich bereit mitzufahren. Da sagt er, er sei nur deshalb zurückgekommen, um sich für die Belästigung eben zu entschuldigen und sich zu bedanken, denn es stimme ihn glücklich, daß es heutzutage doch noch unverdorbene Frauen gebe, daran habe er schon gar nicht mehr geglaubt. Sagt es, strahlt, jung und verführerisch, gibt Gas und veschwindet. Verdutzt schaue ich ihm hinterher.

Die Straße steigt nun steil an, und der Asphalt ist hart. Die Füße ermüden schneller als auf den weicheren Feldwegen. Ich raste in immer kürzeren Abständen und bald ist mir klar, daß ich bis zum

Abend Peñalba nicht erreichen werde. Um ein Nachtlager zu finden, folge ich einem Pfad seitwärts in die Weinberge. Welch eine Erleichterung für die Füße, auf Erdboden gehen zu können. Auf der Kuppe eines Abhanges zwischen Weinstöcken sehe ich eine ebene Wiesenfläche, von Kirschbäumen umstanden. Pralle, dunkelrote, zuckersüße Früchte hängen schwer an den Ästen. Ich esse mich satt. Gräser, Disteln und Kräuter wachsen auf dem Wiesenfleck. Es duftet. Zikaden zirpen unermüdlich. Ein Storch segelt langsam in den violetten Abend. Später schwirren Fledermäuse durch die Nacht. Die Luft ist lau und samtig, eine bezaubernde Sommernacht.

Wie ein glühender Ball springt die Sonne am Morgen über die Berge. Es ist viel Tau gefallen. So können die Pflanzen überleben, auch wenn es wochenlang nicht regnet. Nebliger Dunst füllt das Tal. Die Bergspitzen leuchten golden. Das Sträßchen steigt nun noch steiler an. Jetzt gibt es keinen Wein mehr. Abbrüche, karge Wiesen, einzelne Nußbäume und Kastanien. Es ist eine wildromantische, einsame Gegend. Kein Mensch außer mir ist unterwegs. Die Asphaltstraße endet; nur ein Pfad führt weiter. Eine Kehre und noch eine Kehre, dann sehe ich Peñalba. Ich halte die Luft an! Das ist ein zauberhaftes Dorf! Eingebettet in einen engen Talkessel. Überkrönt von schneebestäubten Felsspitzen. Die Häuser aus Bruchsteinen, mit großen Schieferplatten bedeckt, drängen sich dicht zusammen, beieinander schutzsuchend vor Wetterunbilden.

Holzbalkone, von Regen und Sonne verwittert, hängen an den Außenfronten, und Stiegen aus Holz und Treppchen aus Stein führen zu ihnen hinauf. Häuser dieser Art hatte ich auch in Acebo gesehen, dort waren sie aber von Verfall und Verwahrlosung gekennzeichnet. Peñalba jedoch lebt! Es ist ganz in sich geschlossen, einheitlich in seiner Eigenheit, urtümlich mit seinen Schieferdächern, die aussehen wie Schuppen auf dem Panzer einer Echse. Die Luft ist klar und kühl und trägt den Geruch vom Schnee der Berge. Die Sonne wirft gleißend helle Strahlen. In scharfem Kontrast fällt in das Licht die Schwärze der Schatten.

Peñalba ist ein Dorf aus der Vergangenheit, das bis in unsere Zeit überlebt hat. Die Außenmauern und Dächer, die Treppen und Bal-

kone sind intakt, dort stehen Töpfe mit Blumen, hier ein Sack voll
Heu, da hinten ist Brennholz gestapelt und da vorne, über dem
Geländer, hängt ein Sattel. Hier wohnen Menschen, doch niemand
ist zu sehen. Vielleicht ist es zu früh und die Bewohner schlafen
noch? Inmitten des Dorfes liegt die mozarabische Kirche, Santiago
de Peñalba, die ich unbedingt sehen wollte. Sie paßt mit ihren
klobigen Formen in die Umgebung. Wie die Bauernhäuser ist sie aus
Bruchsteinen aufgeschichtet und das Dach mit Steinplatten gedeckt.

Das Portal der Kirche Peñalba

Das Portal dagegen ist klein und zierlich; mit zwei maurischen
Bögen und drei schlanken Säulen liegt es in dem derben Steinge-
mäuer wie eine Perle in rauher Muschelschale. Im Jahre 931 wurde
diese Kirche geweiht, die zu einer ehemaligen Klosteranlage ge-

234

hörte. Mönche aus dem Süden Spaniens, aus Cordoba, bauten hier, nach dem Arabereinfall, im Schutze der unzugänglichen Bergwelt, ein neues religiöses Zentrum auf. Ohne die Unterstützung der Bergbauern hätten sie ihr Werk wohl nicht vollbringen können. Das Kloster von Peñalba war im 10. Jahrhundert der religiöse Mittelpunkt in den Bergen des Bierzo.

Schleifende Geräusche! Es knackt und bricht! Ich folge dem Lärm und sehe eine alte Frau. Ganz in Schwarz gekleidet zieht sie einen halben Baum hinter sich her. Sie schleppt ihn vor ihre Haustür und beginnt zu hacken und zu sägen. Von ihr erfahre ich, auch in Peñalba lebten nur noch zwölf alte Leute.

»Wie ist es möglich, daß dieses Dorf so gut erhalten ist?« frage ich überrascht.

Sie lächelt. »Wir rühren uns eben von früh bis spät. Da, sehen Sie!« Sie weist auf eine andere alte schwarzgekleidete Frau, die tiefgebeugt unter einem Tragkorb in die Dorfgasse einbiegt. »Das ist meine Nachbarin. Bereits im Morgengrauen geht sie aufs Feld

Das Innere der mozarabischen Kirche

und jetzt schleppt sie Grünzeug heim, um Ziegen und Kaninchen zu füttern.«

»Wie ist es hier oben im Winter? Sicher ist das Dorf dann monatelang eingeschneit und von der übrigen Welt abgeschnitten?«

»Ja, das stimmt. Aber das sind wir gewohnt. Das war schon immer so. Ich bin hier geboren und kein Mensch bringt mich von hier weg!« sagt die Alte energisch.

»Wer will denn, daß Sie weggehen?«

»Mein Sohn! Jedesmal, wenn er mich besuchen kommt, bedrängt er mich. Ich solle zu ihm nach Madrid ziehen. Madrid ist häßlich und ungesund! Ich bleibe hier, basta!«

Ich verabschiede mich von der Frau, und sie hackt weiter ihr Feuerholz. Nachdenklich gehe ich bergab. Denke an die zwölf alten Menschen, zehn Frauen und zwei Männer, die, auf sich allein gestellt, in der rauhen Gebirgswelt ihre Existenz vor den Einflüssen des Fortschritts bewahrt haben. Das Bild dieses Dorfes, wie ich es in der Morgenfrühe erlebte, trage ich in mir, ich fühle mich bereichert und bin froh, daß ich Peñalba gesehen habe.

Abwärts bewältige ich die Strecke viel schneller, bald sehe ich wieder die Ebene des Bierzo. Über Ponferrada hängt drohend eine rußschwarze Wolke. Denn Ponferrada ist nicht nur die Altstadt mit seinen Türmen und der Templerburg, Ponferrada ist vor allem eine Industriestadt mit riesigen Schlackenhalden und rauchenden Hochöfen, ein Zentrum der Kohlenförderung und Eisenverarbeitung. Wieder prallen für mich, wie so oft während der Pilgerwanderung, Vergangenheit und Gegenwart direkt aufeinander. Eben noch konnte ich gesunde Gebirgsluft atmen und sah Menschen, die sich in die Natur einfügen und von ihr leben, ohne sie zu zerstören, und nun hier die Industriestadt, die Schmutz und Abfall produziert und die Erde ausgeraubt und verbrannt zurückläßt.

Mühsam ist die Strecke durch Ponferrada, vorbei an hundert Meter hohen Kohlenrampen, durch ein Gewirr lärmerfüllter Straßen und nüchterner Hochhäuser, bis ich endlich aus der Stadt herausfinde. In dem Vorort Fuentes Nuevas auf einem Kirchturm steht ein vereinsamter Storch. Sein Gefieder ist schmutzigbraun gefärbt. Kraftlos hängt sein Kopf herab. Ein kranker Storch, Opfer der Umweltverschmutzung.

22 Nach Villafranca del Bierzo

In besonders guter Stimmung, leicht und beschwingt, erwache ich morgens an meinem 30. Wandertag. Ich habe wieder draußen geschlafen, unter einem Apfelbaum. Eine frische Morgenbrise belebt mich angenehm. Ich habe das Gefühl, als würde Sekt in meinen Adern perlen. Ich berste vor Tatendurst und Wanderlust.

Das Bierzo ist das flache Land zwischen den zwei Gebirgszügen, den Montes de León mit dem Rabanalpaß, die jetzt hinter mir liegen, und der vor mir emporragenden Sierra de Ancares mit dem Cebreiropaß, dem Grenzgebirge zu Galicien.

Die Ebene ist schmal, kaum vierzig Kilometer breit. Grünes, fruchtbares Land. Ein herrlicher Sommertag! Die Sonne wärmt und läßt die Früchte reifen. Die Äste der Kirschbäume hängen schwer mit saftstrotzenden dunkelroten und schwarzen Kirschen. Apfelhaine wechseln sich ab mit Weinbergen und gelben Kornfeldern. Eine Landschaft, die im Elysium liegen könnte. Es sind Bilder wie aus meiner Kindheit. So sah es auch in Freyburg aus, wo ich aufwuchs. Zwar gab es keine schneebedeckten Gebirge im Osten und Westen, aber auch Weinberge, Apfelplantagen und Kirschbäume. Und Weintrauben, Äpfel und Kirschen waren die Früchte, nach denen ich als Kind nur die Hände auszustrecken brauchte. Damals gab es in Deutschland noch bunte Blumenwiesen mit Margeriten, Kuckuckslichtnelken und Schmetterlingen wie hier im Bierzo.

Ich sehe meinen Vater, mit kurzen Hosen. Es ist Sommer. Er hat sich das Stück einer alten Wäscheleine um den Bauch gebunden. Am anderen Ende hängt der voluminöse Korbkinderwagen. Im Wagen liegt mein Bruder Ingo, damals noch ein kleines Baby. Der Vater, der sich wie ein Zugpferd mit der Wäscheleine vor den Kinderwagen gespannt hat, zieht ihn den Berg zur Neuenburg hinauf. Mutter versucht den Wagen im Gleichgewicht zu halten. Meine Schwester Marlis und ich schieben von beiden Seiten, so kräftig wir können. Wie ein einziger langer Sommertag erscheint mir die Kindheit im Rückblick, als hätte ich die kalten Jahreszeiten verschlafen.

Auf Feldwegen gehe ich durch lichtgrüne Weinberge. Berauschend schön ist das grüne Bierzo zwischen den zwei Gebirgszügen. Am Nachmittag erreiche ich auf dem Pfad durch die Weinberge Villafranca del Bierzo. Vor der Stadt liegt die Santiagokirche direkt am Wege. Auf den Portaltreppen sitzen zwei schwarzbärtige Spanier aus Madrid. Sie fahren mit Fahrrädern nach Compostela. Heute früh waren sie in Astorga gestartet, haben die Montes de Leóns bei Sonnenschein überquert, sind durch das grüne Bierzo geradelt und wollen bis zum Abend am Cebreiropaß sein.

Die Entfernungen schrumpfen, wenn man mit dem Fahrrad unterwegs ist, und so auch die Erlebnisse. Ich werde für die Strecke Astorga–Cebreiro, die sie an einem Tag durchradeln, drei Tage benötigen. Aber während dieser drei Tage sehe ich mehr und lebe intensiver. Das Fahrrad, auch wenn es mit Körperkräften bewegt wird, ist der Gegenstand, der uns bereits der Umwelt entfremdet. Nur wenn man mit den Füßen auf dem Erdboden in Meterdistanzen vorwärtsgeht, lernt man die tatsächlichen Entfernungen kennen. Unsere Sinnesorgane sind an die Langsamkeit des Gehens angepaßt. Nur schrittweise sind wir fähig zu erfassen, was um uns herum existiert. Benutzt man Hilfsmittel zur schnelleren Bewegung, können die Sinne nicht mithalten, die Abstände fehlen, es entsteht ein verwischtes Bild, dessen Details man nicht wahrnehmen kann. Mauricio, der eine der beiden Bärtigen, die für mich wie Brüder aussehen, flickt den Schlauch an Franciscos Hinterrad. Sie hätten erst dreimal Platten gehabt, sagt er. Mauricio sei verantwortlich für die Räder. Dafür ist es Franciscos Aufgabe, die richtige Route zu finden. Er blättert eifrig im Pilgerführer und hat die Landkarte ausgebreitet vor sich liegen.

Mauricio und Francisco radeln davon. Nun kann ich in Ruhe die Kirche betrachten. Sie hatte im Mittelalter große Bedeutung. Sie galt als Schwesterkirche der Santiagokirche in Compostela. Pilger, die aus gesundheitlichen Gründen nicht weiter wandern konnten, bekamen schon hier die Generalabsolution. Die Kirche hat zwei Eingänge und noch heute heißt das Seitenportal *puerta del perdón*. Dieses Portal ist trotz der verwitterten Steine noch immer ein besonders eindrucksvolles, romanisches Bauwerk aus dem 12. Jahrhundert. Vielleicht war es ursprünglich ohne Portalschmuck aufgestellt worden und erst später erhielt ein durchreisender, unbekannt gebliebener Künstler den Auftrag, es auszuschmücken. Die Figuren reichen über zwei, drei, sogar vier Steinquader, ganz so, als seien die Steine zuerst zusammengefügt und nachträglich mit Darstellungen versehen worden. Auf den stark verwitterten Kapitellen der linken Säulenreihe erkenne ich die Abbildung der drei Könige aus dem Morgenland. Auf dem Kapitell daneben ist der gekreuzigte Christus zu sehen. In die Kapitelle der rechten Seite sind Harpyen, Löwen, Pflanzen und Ornamente eingemeißelt.

Das Tor der Verzeihung, *puerta del perdón*, wird nur im Heiligen Jahr geöffnet, immer dann, wenn der Tag des Jakobus, der 25. Juli, auf einen Sonntag fällt.

Wieder weiche ich eine Stunde vom Pilgerweg ab nach Süden, um auch noch die Kirche San Estéban in Corullón kennenzulernen. Außerhalb der Ortschaft, am Hang, umgeben von rotbehangenen Kirschbäumen und alten Maronenbäumen, liegt die 1086 geweihte kleine, einschiffige Kirche. Mich beeindrucken am meisten die Steinpaletten an den Dachsparren. Es sind archaische Menschendarstellungen, Gesichter wie Masken. Vielleicht hatten diese Figuren Wächterfunktionen? Sollte ihr Blick böse Mächte bannen? Im Mittelalter glaubten viele Menschen noch an die Bildmagie, an den Schutz vor dem Bösen durch Abbildungen.

23 Von Villafranca bis Cebreiro

Die gelben Farben Kastiliens sind endgültig verschwunden. Alles ist nun grün, üppig grün, und tropft. Der Weg ist ein dahineilender Bachlauf. Nebelfetzen, Wolkenschleier verhängen die Sicht. Die durchnäßten Schuhe quietschen bei jedem Schritt, und aufgewärmtes Wasser quillt heraus, um neues, kaltes einzulassen. Ich bin erschöpft, aber ich muß weiter, ich muß den richtigen Weg wiederfinden. Ich habe mich in den regennassen Bergen Galiciens verirrt. Um mich nicht von der Angst überwältigen zu lassen, denke ich zurück an den Beginn meiner heutigen Wanderung:

Es hatte so harmlos begonnen. Aufgewacht war ich unter dem dunkelgrünen Dach eines Nußbaumes, in der Nähe der Kirche San Estéban bei Corullón. Statt blauem Himmel waren graue Regenwolken zu sehen gewesen. Die Luft war schwer vor Feuchtigkeit. Ich wußte, daß ich heute das galicische Gebirge überqueren mußte und bedauerte, wegen des schlechten Wetters wieder keine weite Sicht von den hohen Bergen zu haben. Schon auf den Pässen in den Pyrenäen und in den Montes de León hatte es geregnet und hatten Wolken die Aussicht versperrt. Aber das Unwetter heute übertrifft die anderen. Doch als ich mich am Morgen auf den Weg machte, ahnte ich noch nicht, wie schlecht das Wetter werden würde.

Anfangs verlief der Pilgerweg auf der Landstraße durch ein enges Tal den Fluß Valcarce entlang. Maronen und Nußbäume säumten die Straße. Obwohl noch früh am Morgen, war es schon schwül, und nach nur drei Wanderstunden war ich bereits erschöpft. In Trabadela kam ich an einer Gaststätte vorbei, ich ging hinein, um mich auszuruhen und etwas zu essen. Sonst rastete ich lieber am Wegesrand, aber hier gab es nur die Straße und den Fluß mit steilen Ufern.

Die meisten Tische waren besetzt, erstaunlich an einem Donnerstagvormittag. Ich erfuhr, es sei ein Feiertag.

Wieder öffnete sich die Tür. Ein Mann mit auffallig heller Kleidung, mit beigen Hosen und weißem Hemd, schob vier Kinder vor sich her in den Raum. Er dirigierte die Jungen und Mädchen an den letzten freien Tisch, da huschte noch eine verschüchterte Frau hinterher. Unsicher, in sich verkrochen, stand sie mit hängenden Armen neben dem Tisch, bis der Mann sie anherrschte, sie solle sich endlich setzen. Der Mann tat sehr großspurig. Mit lauter Stimme, so daß es alle im Lokal hörten, verkündete er: »Heute wollen wir uns mal amüsieren!« Er habe die Woche über schwer geschuftet, nun könne er Frau und Kindern einen schönen Tag bereiten.

»*Mis señores y señoras, que quieren Ustedes*, meine Herren und Damen, was wünschen Sie?« fragte er gönnerhaft seine Kinder, die stumm und eingeschüchtert auf ihren Stühlen saßen und nicht zu sprechen wagten. Der Mann wurde schnell ungeduldig. Da wollte er ihnen nun mal was Gutes tun, und die dummen Gören sperrten den Mund nicht auf. Die Kinder waren blitzsauber und proper angezogen. Ihre Gesichter waren wach und intelligent, aber verängstigt wie erstmals von der Herde getrennte Zicklein. Der Vater beschimpfte sie ärgerlich. Sie erstarrten nur um so mehr. Da bestellte er Windbeutel und Limonade. Die Frau erhielt das gleiche wie die Kinder. Auch sie sagte nichts und blickte den Mann nur erschrocken an, wenn er sich ihr zuwandte. Nie sprach er sie mit ihrem Namen an, sondern nannte sie immer nur »*mujer!* Frau!«

Über einem geblümten Baumwollkleid trug sie eine weiße Strickjacke, krampfhaft hielt sie in der einen Hand ein Stofftäschchen, in der anderen das Gebäck, ohne zu essen. Auch die Kinder ließen den Windbeutel lange unberührt auf dem Teller liegen. Schließlich bissen sie kleine Stücke davon ab. Für die Frau und die Kinder mußte dieser Ausflug eine Qual sein, sie schienen sich nichts sehnlicher zu wünschen, als endlich wieder gehen zu dürfen. Der Vater wollte seine Familie fröhlich sehen, wenn er schon so spendabel war. Was soll ein Mann nur tun, der mit solch dummen, verstockten Kreaturen geschlagen ist? Er zog seinen Geldbeutel, teilte Münzen unter den Kindern aus und zeigte auf den Spielautomaten. Die Kinder reagierten nicht. Da sammelte er das Geld wieder ein und stakste selber zu dem Automaten. Mit der Zigarette im Mundwinkel stand er lässig da und warf die Münzen ein. Der Mann war klein, aber zäh und sehnig gebaut. Ich konnte mir vorstellen, daß er unerbittlich zuschlägt, wenn er verärgert und betrunken ist. Sein Gesicht war gezeichnet von harter Arbeit und Alkohol. Die verkrampfte Haltung der Frau und der Kinder lockerte sich ein wenig. Sie warteten stumm und starr auf das Ende der Tortur. Der Mann hatte das Geld verspielt. Mürrisch gab er das Zeichen zum Gehen. Die Kinder wieselten hinaus, die Frau huschte hinterher. Der Ausflug war beendet. Ein lastendes Gefühl von ausweglosem Unglück blieb zurück.

Als ich weiterwanderte, war inzwischen der Verkehr auf der Straße unerträglich geworden, denn das ist die Hauptverbindung nach Coruña. Erst nach 20 Kilometern, bei Herrerias, würde der Pilgerweg abbiegen. Wie sollte ich das so lange ertragen? Mir fiel ein, daß manche Pilger zur Sühne Kreuze mitgeschleppt hatten, sich in Ketten schmieden ließen oder fast nackt und barfuß liefen. Ich dachte, selbst all das würde von der Plage des Straßenverkehrs noch übertroffen. Deshalb zögerte ich nicht, als ein Pfad seitwärts abzweigte. Wo er auch hinführte, auf jeden Fall entging ich so der Straße. Bald stieg er steil aufwärts in die Berge. Neben dem Weg sprudelte ein Bach. Zitronengelbe Gebirgstelzen tänzelten über die Steine.

Und dann lösten sich die Wolken auf! Sturzfluten flossen herab! Der Weg verzweigte sich mehrmals, aber die Karte wollte ich bei diesem Wetter nicht zu oft hervorziehen und so verirrte ich mich.

Stunden um Stunden bin ich im Regen bergan gestapft. Der Paß müßte schon längst erreicht sein. Wo ist die Ortschaft Cebreiro? Manchmal gabelt sich der Weg. Jetzt nützt mir auch der Kompaß nichts, denn ich weiß überhaupt nicht mehr, wo ich bin. Wenn wenigstens Sicht wäre. Wind und Regen peitschen mir ins Gesicht. Erschöpft hocke ich mich am Weg nieder. Nirgendwo ein trockener Fleck. Zu meinen Füßen bilden sich Pfützen. Von oben tropft Wasser zwischen den Kragen des Regenumhanges und sickert kalt den Rücken hinunter. Also weiter!

Es dunkelt, und noch immer weiß ich nicht, wohin der Pfad führt. Ich beschließe, ihm so lange zu folgen, bis ich eine Ortschaft erreiche oder, wenn er sich spurlos in den Bergen verlieren sollte, eine Naßübernachtung auszuprobieren. Denn der Biwaksack schützt zwar vor Regenspritzern, aber nicht vor sintflutartigen Wolkenbrüchen.

Der Pfad vor mir ist kaum noch zu erkennen. Ich stolpere über eine nasse Wurzel, fange mich nur mit Mühe. Der Weg steigt manchmal steil an, dann fällt er wieder fast senkrecht ab. Ich kann in Dunkelheit und Regen nichts erkennen, aber es muß ein schluchtenreiches Gebirge sein, das ich lieber bei Tageslicht durchwandern würde. Aber die unbehagliche Aussicht auf eine Übernachtung im strömenden Wasser treibt mich vorwärts. Noch habe ich Hoffnung, eine Ortschaft zu erreichen. Dann endlich, nach einem stockfinsteren Hohlweg, in dessen Schlamm ich bis zu den Knien wate – die Schuhe habe ich ausgezogen, die Hosenbeine hochgekrempelt – heben sich dunkel die Dächer eines Dorfes gegen den Nachthimmel ab. Niedrige, strohgedeckte Hütten, alles still und dunkel. Ich traue mich nicht, irgendwo anzuklopfen und die Bewohner aus dem Schlaf zu reißen. Unschlüssig lehne ich mich an eine kleine Mauer, so daß der Rücken vom Gewicht des Rucksacks entlastet ist. Im Haus gegenüber öffnet sich eine Tür, eine Frau kommt heraus. Sie sieht mich trotz der Dunkelheit und winkt mich heran. Ich bitte sie um einen Schlafplatz in einer Scheune oder einem Schuppen, doch sie lädt mich zu sich ins Haus ein.

Ihr Haus besteht aus einem einzigen dunklen Raum aus unverputzten Feldsteinen mit offener Feuerstelle, einem Hängeregal, wo sauber das Geschirr aufgereiht ist, einem großen Tisch und einem Bettgestell. In einem auf halber Höhe abgeteilten Vorschlag quieken Schweine, und drei Katzen schleichen durch die dunkle Wärme. Die Frau legt Holzscheite in das glimmende Feuer, das bald hell aufleuchtet. Ich bin froh, die nasse, verschmutzte Kleidung ausziehen zu können. Sie wird um das Feuer mit Stöcken aufgestellt, wie an einem Lagerfeuer. Die Frau bringt zwei Speckscheiben, die sie zum Rösten direkt in die Flamme legt. Mit einem Glas Rotwein ist der scharf angebratene Speck eine Delikatesse. Der Rauch des Holzes hat ihm eine köstliche Würze verliehen. Später bekomme ich noch eine dicke, wohlschmeckende Gemüsesuppe. Die Wärme, das Essen und der Rotwein machen mich schlagartig müde. Schwer sind die Beine. Wie viele Kilometer mögen es gewesen sein? Ich weiß es nicht. Ich weiß nur, daß ich heute fünfzehn Stunden fast unentwegt gelaufen bin.

Die Frau, sie nennt sich Antonia, rückt eine Bank vor das Feuer. Da sitzen wir, beleuchtet vom rötlichen Feuerschein. Die Katzen schnurren um unsere Beine. Ab und zu klingt das Grunzen der Schweine aus dem Verschlag. Das Feuer flackert und knistert. Ich habe das Gefühl, als sei ich in eine ferne Vorzeit versetzt. So ähnlich muß es in den Behausungen der Kelten und Iberer gewesen sein.

Antonia erzählt, daß sie allein sei. Zwar hat sie erwachsene Kinder in diesem und in den Nachbardörfern. Doch ihr Mann sei vor drei Wochen gestorben, und seinen Verlust wird sie nie überwinden können. Sie klagt nicht, sondern sagt es als Feststellung, die bitter, aber nicht zu ändern ist.

»*El fue tan bueno, un hombre bueno! El hombre mas bueno del mundo!* Er war so gut, ein guter Mann! Der beste Mann der Welt!«

sagt sie traurig. »Wir haben so schöne Jahre miteinander verbracht. Mein Leben ist sinnlos ohne ihn. Doch wenn wir schon nicht gleichzeitig sterben konnten, so war es besser, daß er zuerst ging. Ich ertrage das Leid eher, aber ich warte sehnsüchtig auf die Stunde, ihm zu folgen. «

Ich lege den Schlafsack auf den festgestampften Boden. Eine der drei Katzen schmiegt sich an meine Seite.

Ich schlafe lange. Das Haus hat nur winzige Fensterluken. Erst als Antonia die Tür öffnet und Licht hereinflutet, erwache ich. Blauer Himmel! Sonne! Als sei das Unwetter gestern ein Spuk gewesen. Antonia erklärt mir den Weg nach Cebreiro.

»Drei Stunden, dann bist du dort«, sagt sie leichthin. Sie weiß ja nicht, wie schwer der Rucksack ist. Außerdem muß ich oft stehenbleiben und die Aussicht genießen. Berge, flammend gelb von Ginsterbüschen. Tiefe Einschnitte, grün und von Wildbächen durchrauscht, Wälder und dann wieder kahle Bergrücken. Ein wolkenloser Azurhimmel. Bluthänflinge und die clownhaften Stieglitze hängen an mannshohen Disteln und zupfen die Samenkörnchen heraus. Kaum zu glauben, daß dieses blühende Gebirge mit dem gestrigen identisch ist.

Die Sonnenstrahlen haben eine große Schlange hervorgelockt. Lang ausgestreckt liegt sie zwischen Steinen und Macchiagebüsch. Ich habe sie nur zufällig entdeckt, denn ihr dunkler, grüngesprengelter Körper ist ideal getarnt. Als würde sich ein Suchbild auflösen, hatte ich plötzlich gesehen, wie sich die Umrisse eines Schlangenkörpers von der Umgebung abgrenzten. Langsam lasse ich den Rucksack zu Boden gleiten und schleiche mich an. Die Körperlänge, die großen Kopfschilder und die runde Pupille des Auges deuten darauf hin, daß es eine Natter ist, also ungiftig. Schlangen sind meine Lieblingstiere.

Als Kind fing ich jedes Jahr eine Ringelnatter, nahm sie mit nach Hause und schlang sie mir, zum Entsetzen meiner Eltern, während der Schularbeiten um den Hals. Die Schlangen wärmten sich an meiner Haut und blieben deshalb ruhig liegen. Auf ausdrücklichen Wunsch meiner Mutter mußte sie im Terrarium eingesperrt sein, aber ich ließ ihr heimlich Auslauf. Ich brauchte sie nie zu suchen, nur abzuwarten, bis die Sonne durchs Fenster schien und auf dem Teppich ein warmer Sonnenfleck entstand, dort fand ich dann meine Schlange. Es war nur schlimm, wenn meine Mutter sie zuerst entdeckte.

Ich bin nah an das Tier herangeschlichen. Sie hat noch nichts bemerkt. Jetzt muß ich vorschnellen und zugreifen, möglichst dicht hinter ihrem Kopf, denn auch ungiftige Schlangen beißen und hinterlassen schmerzhafte Hautwunden. Sprung, Griff – und schon windet sich der muskulöse Schlangenkörper in meiner Hand, umschlingt den Arm, ringelt sich wild und schnellt peitschend hin und her. Jetzt erst erkenne ich, wie groß diese Schlange ist. Sie an Kopf und Schwanz fassend, hängt der Körper in meinen ausgebreiteten Armen, also ist sie mehr als anderthalb Meter lang! Ein Prachtexemplar! Ich lege mir die Schlange vorsichtshalber nicht um den Hals. Noch ist sie gereizt durch den Fang. Ihren starken Leib durchziehen wellenförmige Muskelbewegungen. Dunkelolivfarben ist der Rücken und grünlich gesprenkelt die Seiten, also könnte es eine gelbgrüne Pfeilnatter sein. Um sicher zu sein, müßte ich die Anordnung ihrer Kopfschilder mit den Angaben in einem Bestimmungsbuch vergleichen. Als ich sie wieder auf den Boden setze und loslasse, zischt sie, ihrem Namen Ehre machend, pfeilschnell davon.

Ein winziges Dorf drängt sich in den Gebirgshang. El Faba. Ein Haus mit blumengeschmücktem Holzaltan gefällt mir besonders. In diesem Moment, als ich es bewundere und mich frage, welche Menschen darin leben mögen, tritt eine hochgewachsene, schlanke Frau mit einem Madonnengesicht aus der niedrigen Tür. Ihre Augen sind blau und strahlend. Ich bedaure, vorbeigehen zu müssen, gern würde ich diese Frau kennenlernen, doch mir fällt nichts ein, um sie anzusprechen. Als hätte sie meine Gedanken erraten, fragt sie mich, ob ich eine Weile in ihrem Haus rasten wolle, es sei doch gerade die heißeste Stunde des Tages. Dankbar, in der Nähe der sympathischen Frau sein zu können, folge ich ihr. Sie zeigt mir das Haus. Es sei über 300 Jahre alt und immer im Besitz ihrer Vorfahren gewesen.

Die Mauern und Holzbalken in der Küche sind vom Kochen auf offenem Feuer geschwärzt, es ist eine schier unlösbare Schicht, sagt

sie, wie schwarzer Lack. In der Küche steht ein gemauerter Back-
ofen. Maria öffnet die eiserne Ofentür und holt warmes Brot heraus.

»Ich habe es gerade frisch gebacken, kosten Sie mal. Dann wissen
Sie, wie richtiges Brot schmeckt«, sagt sie selbstbewußt.

Ich muß auch die Wurst und den Wein probieren. Sie erzählt mir
von ihrem Leben hier oben. Alles macht sie selbst, braucht nichts zu
kaufen, außer Zucker, Salz, Kaffee. Im Winter seien sie wochenlang
völlig eingeschneit. Niemand kommt herauf und keiner herunter.
Ihr gefalle es so, wie es ist, sie wolle kein anderes Leben. Ihre zwei
erwachsenen Söhne leben noch bei ihr. Sie sind hier verwurzelt und
möchten nicht woanders hin. Aber sie finden keine Frauen, die mit
ihnen das harte Dasein teilen wollen. Zwei Stunden bin ich geblieben; ich habe kaum gemerkt, wie die Zeit vergangen ist. Ich spüre
eine innige Übereinstimmung mit Maria, wie man es nur selten
erlebt. Ich trete aus der Tür. Maria bittet mich, noch einen Moment
zu warten, sie will aus ihrem Garten eine Blume für mich holen. Da
sehe ich auf dem Weg vor dem Haus einen Mann vorbeigehen.
Rucksack und Wanderstock kennzeichnen ihn als Pilger. Sein Blick
elektrisiert mich.

»*Tu eres la alemana, que se llama Carmen?* Bist du die Deutsche,
die Carmen heißt«, fragt er.

»Ja, wieso?« erwidere ich total verblüfft.

»Na, endlich habe ich dich eingeholt! Alle erzählen sie von dir,
Pavel, Tommaso, Atze. Bis gleich, ich warte auf dem Paß auf dich!«
sagt er und marschiert bergan.

Es muß am Rotwein liegen. Mir ist leicht schwindlig und mein
Herz schlägt schnell. Warum ist er weitergegangen? Er hätte doch
warten können. Bis zum Paß ist es noch wer weiß wie weit. Er hatte
so eigenartige Augen. Aus welchem Land mag er stammen? Er hat
Spanisch gesprochen, wie auf dem Pilgerweg üblich. Er war groß,
schlank, schmales Gesicht, dunkelblonde Haare, nichts Auffallendes
außer den Augen. Grün müssen sie gewesen sein oder hellbraun,
auf jeden Fall magnetisch. Ich schreite kräftig aus, vielleicht kann
ich ihn einholen.

Eine traumhaft schöne Landschaft, ein freier Bergrücken mit
Ginster und Fingerhutstauden bewachsen, tief eingeschnittene Tä-

ler mit grünen Wiesen, Kastanien und Erlen an den sich aufschwingenden Höhen.

Nach einer Stunde erreiche ich Cebreiro, den ersten Ort auf galicischer Seite, denn auf dem Gebirgskamm verläuft die Provinzgrenze. In Cebreiro stehen die letzten keltischen Häuser, die *pallozas*, niedrig, fensterlos, aus Bruchsteinen errichtet, mit runden Mauern und einem Kegeldach aus trockenem Ginster und Heidekraut. Auf offenem Feuer wurde gekocht, einen Schornstein gab es nicht, und in einem Verschlag waren die Tiere unterm gleichen Dach untergebracht. Aber hier in Cebreiro ist in einem *palloza* das Museum für galicische Volkskunst, in dem zweiten eine Unterkunft für die Pilger, und die anderen dienen nur noch als Ställe.

Aber wo sind sie, die Pilger? Endlich finde ich sie. Sie sitzen an langen Holztischen, trinken und essen. Es ist ein rustikales Gasthaus mit Holzbalkendecke und dicken Steinmauern. Da sind viele Leute, die ich nicht kenne, denn nach Cebreiro führt nicht nur der Fußweg, sondern auch eine Straße. Tommaso sieht mich und winkt. Er will wissen, ob es sich denn gelohnt habe, nach Peñalba zu gehen.

»Das ist die Carmen«, stellt er mich den anderen vor. »Ihr genügt der Pilgerweg nicht, sie muß noch alle möglichen Umwege machen und alte Kirchen aufsuchen.«

Mit am Tisch sitzen fünf Belgier, die mit einem Auto und Fahrrädern auf Tour sind. Abwechselnd fährt einer das Auto, und die übrigen vier radeln. Zwei Franzosen, auch mit Fahrrädern, und drei Spanier mit Auto. Zu Fuß unterwegs sind nur Tommaso, ich und der Grünäugige. Ja, der Pilger, der mich in El Faba angesprochen hatte, sitzt mit am Tisch. Er hat tatsächlich grüne Augen mit einem goldenen Schimmer. Er heißt Sergio und ist Spanier.

Atze und Pavel waren ebenfalls hier, aber sie wären schon weitergewandert, erfahre ich.

Wir besichtigen zusammen die Kirche. Sie ist aus Bruchsteinen errichtet wie die Häuser. Klein duckt sie sich vor dem Gebirgswind an den Erdboden. Der Eingang ist von einer Vorhalle überdacht. Der Turm ragt nur wenig über das Dorf hinaus. Die Kirche ist um 800 erbaut worden. Die rechteckigen Apsiden und das Langhaus sollen noch von diesem frühen Bau stammen. Die Außenmauern der

Seitenschiffe, die Westfront mit Kapelle und Taufstein stammen aus dem 13. Jahrhundert. Obwohl die Kirche unzerstörbar scheint mit ihren meterdicken Mauern, war sie schon fast in sich zusammengestürzt, bevor man sie 1962 wieder instand setzte, erzählt uns der Pfarrer. Stolz zeigt er uns in der dreischiffigen Kirche eine Muttergottesskulptur aus dem 12. Jahrhundert. Sie trägt eine juwelengeschmückte Krone auf dem Kopf. Auf ihren Knien sitzt ein Jesuskind. Es schaut auf den Betrachter und hebt segnend die Hand. Es ist keine in sich versunkene Andachtsskulptur, sondern ganz auf Wirkung, auf Ansprache ausgerichtet. Und die Jungfrau Maria ist nicht als liebliches, unschuldiges Wesen dargestellt, eher als reife, selbstbewußte Frau, die mitträgt, wofür ihr Sohn ausersehen ist. Die Gesichtszüge dieser Holzskulptur erinnern mich an Maria, der ich in El Faba begegnet bin.

Der Pfarrer zeigt uns einen Silberbecher aus dem 12. Jahrhundert und berichtet von einem Wunder, das sich in dieser Kirche zugetragen haben soll: Ein Mönch, kein glühender Anhänger des Glaubens, sondern ein Zweifler und Spötter, hielt dessenungeachtet die Messe. Da kam ein Bauer aus der weitabgelegenen Siedlung Barxamaior in die Kirche. Er hatte sich durch Schnee und Sturm gekämpft. Der Mönch machte sich über den erschöpften Mann lustig: »Was ist er doch für ein dummer Kerl, tut sich solche Beschwerlichkeiten an, nur wegen so einer unnützen Sache wie einer Messe. Wäre er lieber bei Weib und Kind geblieben!«

Als der Mönch das gesagt hatte, verwandelte sich die Hostie in Fleisch, und im Kelch befand sich Blut. Der Mönch erschrak sehr und wurde durch das Wunder bekehrt. Das Ereignis wurde weitererzählt, und viele Pilger, die davon hörten, berichteten bei ihrer Heimkehr von dem eucharistischen Wunder in Galicien. In der Parzivalsage taucht es als Gralswunder wieder auf.

Während die anderen in die Gaststätte zurückkehren, bleibe ich noch eine Weile draußen.

Der Wind faucht über den Paß. Im Westen, dort, wo sich die Sonne senkt, liegt das Meer. Noch ist es nicht sichtbar. Bergrücken staffeln sich hinab in die Ebene von Galicien. Dunkelviolett färbt sich der Himmel, ein letzter heller Schein schimmert dort, wo die Sonne untergegangen ist. Es ist nicht mehr weit bis Santiago, nur noch 143 Kilometer, das ist weniger als die Strecke nach Silos hin und zurück. Santiago de Compostela! Wie wird es sein, wenn ich nach den vielen Wandertagen dort ankomme? Auf einmal freue ich mich auf das Ziel. Vielleicht, weil ich von dem heutigen Tag so reich beschenkt wurde. Da war Antonia, die mich nachts in ihr Haus holte. Dann die Wanderung durch das sommerliche Gebirge, erfüllt vom Duft des Ginsters. Die Begegnung mit Maria in El Faba. Und dann, als ich schon vollkommen glücklich war, als ich mit Freude im Herzen meines Weges ziehen wollte, kam Sergio. Gerade hatte ich mein inneres Gleichgewicht gefunden, war in Übereinstimmung mit mir selbst, da erschien er! Als ich ihn sah, empfand ich die Begegnung als Fügung. Ich wußte sofort: Auf ihn habe ich gewartet! Das Gefühl mußte sich nicht entwickeln, es hatte bereits in mir existiert. Noch nie habe ich mich auf diese blitzartige Weise verliebt. Von diesem Sergio weiß ich nichts, und doch wünschte ich – sogleich, sofort, für immer mit ihm zusammensein zu können. Es ist, als wären wir von Anbeginn unseres Lebens aufeinander zugesteuert, um uns hier am Cebreiro, dem letzten Paß vor Santiago, zu treffen.

Als ich jedoch in die Gaststätte trat und ihn am Tisch inmitten der anderen fand, wurde ich ernüchtert. Er ist nicht das, was seine Augen versprochen haben. Aber vielleicht ist sein Wesen noch eingesponnen, verpuppt, und ich muß nur Geduld haben, bis es wie ein Schmetterling die starre Hülle durchbricht und die Flügel entfaltet.

Inzwischen ist es Nacht. Die violetten Wolken haben sich schwarz gefärbt. Keine Sterne, kein Mond. Ich gehe zurück in die Gaststätte, bleibe aber nicht lange. Ich brauche Ruhe zum Nachdenken. Im Schein der Taschenlampe finde ich das *refugio*. Im Dunkeln wirkt das Keltenhaus noch urtümlicher. Das Kegeldach hängt so tief, daß ich es mit der Hand berühren kann. Die Holzbohlentür ist niedrig. Ich muß mich beim Eintreten bücken. Innen ist ein ellipsenförmiger Raum, der sich nach oben weitet. Die starke Balkenkonstruktion, die das schwarze Pflanzendach trägt, ist sichtbar. Auf einer Seite des Raumes ist Stroh aufgeschüttet, dort rolle ich meinen Schlafsack aus. Ich höre nicht mehr, wie die anderen Pilger kommen und sich auch zum Schlafen niederlegen.

Spärliches Licht fällt durch eine Mauerluke. Undeutlich sehe ich die Zeiger auf der Armbanduhr – schon acht Uhr! Ich habe wegen der Dunkelheit, die in dem fensterlosen Raum herrscht, wieder länger als sonst geschlafen. Links und rechts neben mir liegen die anderen in ihren Schlafsäcken. Leise stehe ich auf.

24 Von Cebreiro bis Portomarín

Es regnet! Als ich die knarrende Holztür langsam öffne, schlägt mir als erstes der Wind wie ein nasser Waschlappen ins Gesicht. Es ist ein Schock! Nach dem gestrigen Sonnentag hatte ich heute mit ebenso schönem Wetter gerechnet. Regen und Nebel verwandeln das Dorf. Die Nässe tropft von den Dächern, die Bruchsteinmauern wirken zyklopenartig. Die Kirche stemmt sich den Windböen entgegen. Nur als schemenhafter Umriß ist der Turm erkennbar. Die Tür ist abgeschlossen. Ich hätte mir gern noch einmal die Marienskulptur angesehen.

Der Weg führt steil bergab und geht schmerzhaft in die Knie. Wie gut, daß ich mich mit dem Stock abstützen kann, den die Frau in Poblacion de Campos mir geschenkt hatte. Sehen kann ich nicht viel. Nebel verhüllt die Landschaft. In Böen stößt der Regen auf mich nieder. Der Wind bauscht den Regenumhang. Ich komme mir vor wie eine nasse Fledermaus, die vom Berg flattert.

Der Abstieg geht mir zu schnell. Jetzt bereue ich, nicht länger in Cebreiro geblieben zu sein. Aber was hätte ich tun sollen, hellwach unter den Schläfern?

Es regnet noch immer, als ich, nun schon im Tal, nach Triacastela gelange. Der Friedhof am Weg ist pflanzenüberwuchert. Malven und Goldraute überragen die Grabkreuze. In der Mitte steht eine Friedhofskirche, der ein Turm aufsitzt, als wäre sie nur die Basis für seine aufragende Größe. Mir kommt auf einmal die Idee, daß jeder Kirchenbau das männliche und das weibliche Prinzip in sich verkörpert: Das Kirchenschiff mit seinem Geborgenheit spendenden Hohlraum, ist ganz auf Innerlichkeit bedacht und der aufgerichtete Turm strebt nach Wirkung und will Aufmerksamkeit erregen.

Die Steine der Friedhofskirche von Triacastela sind von Flechten überzogen, sie sind deshalb dunkel schattiert, fast schwarz. In den Mauerspalten wachsen Büsche und junge Bäume. Mir gefällt, wie diese Kirche mit der Natur eine Einheit bildet.

Durch grüne Täler mit viel Wasser und hohen Bäumen gelange ich am Abend nach Samos. Inmitten üppigen Grüns liegt ein mächtiger Klosterkomplex, das Benediktinerkloster Samos. Die Mönche müssen mit Bedacht dieses fruchtbare Gebiet als ihren Besitz ausgewählt haben. Die Renaissancefassade, die herrschaftlichen Steintreppen, die Wirtschaftshäuser, die langen Wohntrakte, die Kuppel der Renaissancekirche und die zwei Kreuzgänge künden von Reichtum. Als machtvolles steinernes Monument liegt das Kloster Samos inmitten von all dem Grün. Einst eine wichtige Station auf dem Pilgerweg, nimmt das Kloster noch heute Pilger auf, die zu Fuß unterwegs sind. Ein Mönch führt mich in einen hellen Raum mit sechs Betten aus weißlackiertem Metall, ähnlich wie Krankenhausbetten, und mit weißen Nachttischen. Tommaso trifft als nächster ein. Wir kochen Spaghetti mit Zwiebeln und Tomaten.

Tommaso ist verheiratet. Er wirkt nicht glücklich, als er über seine Ehe spricht. Nach Santiago ginge er, um sich klarzuwerden, wie er leben wolle.

Ein Mönch klopft an die Tür und tritt ein. Er trägt ein schweres, in Leder gebundenes Buch, das Gästebuch des Klosters, und bittet darum, daß wir uns eintragen. Der Mönch setzt sich auf ein Bett und berichtet von Erlebnissen mit Pilgern, die im Kloster übernachteten.

»Diejenigen, die sich anständig verhielten, habe ich mir nicht gemerkt. Aber einige werde ich niemals vergessen. Am lebhaftesten hat sich mir ein Pilger eingeprägt, oder was war er eigentlich? Es ist schon einige Jahre her, da klingelte das Telefon und eine männliche Stimme tat kund, er wünsche im Kloster zu übernachten, aber er werde erst später ankommen. Ich wartete bis Mitternacht. Dann ging ich zu Bett mit der Gewißheit, er habe anderswo eine Unterkunft bekommen. Gegen halb drei wache ich auf. Wüster Radau. Ich eilte zur Pforte, dachte schon, etwas Schlimmes, ein Unglück, eine Katastrophe müsse passiert sein. Vor dem

Kloster stand ein Mann, und der schlug wie ein Berserker mit aller Kraft einen dicken Knüppel gegen das Tor. Es war ein furchterregender Anblick. Ich sah mich wehrlos einem Wahnsinnigen gegenüber. Es stellte sich jedoch heraus, es war der Mann, der telefoniert hatte und er wollte nur sein Nachtquartier. Stellen Sie sich das vor, um halb drei tobt der wie ein Tollwütiger an einer Klosterpforte, das kann seiner Seele kein Heil gebracht haben.«

Die Erinnerung an das Erlebnis hat den Mönch aufgeregt. Er beruhigt sich aber schnell wieder, lächelt und wünscht uns eine gute Nacht. Das Buch würde er morgen früh abholen. Ich lese die vielen Eintragungen in dem Gästebuch. Fast alle deutschen Pilger bedanken sich herzlichst für die Gastfreundschaft, rühmen die komfortable Unterkunft, das bequeme Bett, die Waschräume, das Essen. Aus den anderssprachigen Inschriften entziffere ich Sätze, die das Nachdenken über die Pilgerschaft beinhalten, die Motive des Unterwegsseins werden angesprochen, philosophische Gedanken über Weg und Ziel dargelegt, religiöse Überzeugungen geäußert und Zweifel bei der Selbstfindung. Warum steht allein bei den Deutschen das leibliche Wohlergehen im Vordergrund? Es ist rührend, ihre dankbaren Lobpreisungen zur vorgefundenen Bequemlichkeit zu lesen, aber keine geistige Kraft, keine Gedanken, keine Gefühle zum Pilgerweg. Das wundert mich. Sind die Menschen in Deutschland durch den Wohlstand bereits zu verwöhnt? Deshalb machen ihnen vielleicht die Unbequemlichkeiten des Weges mehr Beschwerden als Pilgern anderer Nationen, so daß sie gar nicht anders können, als im Gästebuch ihre Dankbarkeit für die Erlösung von den Leiden zu bekunden. Nach den Eintragungen zu urteilen, scheint bei den Deutschen im Mittelpunkt ihres Denkens und Fühlens nur die Dusche zu stehen! Jedenfalls wird ihre segensreiche Wirkung von fast allen Deutschen gepriesen. Ich bin sicher, auch die Pilger aus Frankreich, England, Holland, Belgien, Polen, aus der Tschechoslowakei und aus Spanien haben die Unterkunft genossen, aber warum das Duschen erwähnen, wo es doch soviel Wichtigeres zu sagen gibt?

Als wir schon fast in unseren Krankenhausbetten eingeschlafen sind, kommen drei Franzosen in den Raum. Sie verhalten sich, als seien sie allein im Zimmer und reagieren nicht auf unsere Bitten, doch etwas leiser zu sein.

Vielleicht verstehen sie kein Spanisch. Sergio, auf den ich insgeheim gewartet hatte, kommt nicht.

Noch bevor die anderen am nächsten Tag aufstehen, bin ich schon pilgerbereit und marschiere durch das grüne Tal. Die Sonne scheint hinter den Wolken, und dunstiger Nebel zieht durch die dichten Kronen der Maronenbäume. Die Luft ist feuchtigkeitsschwer. Windstille. Dieses Galicien ist sehr verschieden von den anderen Provinzen. Seit ich gestern von dem Gebirge abgestiegen bin, kann ich kaum glauben, noch in Spanien zu sein. Galicien ist wie ein Schwamm, es saugt die Feuchtigkeit auf und verwandelt sie in wuchernde Vegetation. Wälder, Wiesen, Felder, Hecken, alles üppig grün. Die Dörfer sehen anders aus. Statt Holzzäunen umgrenzen senkrecht gestellte Steinplatten die Gebäude und Gärten, oft auch die Felder. Die Häuser sind aus fast schwarzen Steinen, und mit dunklen Schieferplatten gedeckt. Die Menschen haben die galicischen, breitknochigen Gesichter mit tiefliegenden Augen. Sie sprechen einen Dialekt, den ich nicht verstehen kann, und auch wenn sie sich um klares Spanisch bemühen, klingt es kehlig. Es sind ernste Menschen, zurückhaltend und verschlossen. Sogar der Himmel ist anders in Galicien. Er hat die Weite verloren und seine glasklare Höhe. Schwer lastet er auf der Erde. Regenträchtig ziehen niedrig die Wolken. Und selbst wolkenloser Himmel hat niemals die azurblaue Leichtigkeit wie in Kastilien. Galicien ist ein fruchtbares Bauernland, aber erdenschwer und dunkel.

Eigentümlich sind die *horreo*. Meist sind sie außerhalb der Ortschaften zu finden, und nur durch beharrliches Nachfragen erfahre ich, daß es Vorratsspeicher sind. Sie sehen aus wie kleine Häuschen. Ein viereckiger, steinerner Kasten, darüber ein Satteldach aus Steinplatten. Die Speicher stehen nicht auf der Erde, sondern auf vier steinernen Säulen mit je einer mühlsteinartigen Steinplatte dazwischen, damit die Mäuse nicht hineinklettern können. Der Dachfirst ist an seinen zwei Enden mit kleinen Türmchen oder Spitzen geschmückt. Die eine trägt das christliche Kreuz, die andere ein keltisches Zeichen, das aussieht wie en Phallussymbol. So sind die lebensnotwendigen Vorräte doppelt geschützt: Vom Christentum und vom heidnischen Abwehrzauber. Eigentlich sind sie Konkurrenten um den Glauben der Menschen, aber hier miteinander vereint in inniger Gemeinschaft und Aufgabenteilung. Selbst die Friedhöfe sind anders in diesem alten Land der Kelten. Statt Gräbern, Grabsteinen und Kreuzen sind Grabhäuser aufgebaut, ähnlich der Form der *horreo*, allerdings verziert mit Steinfiligran. Die Friedhofsmauer ist rings mit Phalluszeichen gespickt. Vor lauter emporgerichteter Phalli kann ich kaum noch Kreuze erkennen. Diese Symbole der Fruchtbarkeit scheinen den Menschen zu einem langen Leben verholfen zu haben, denn fast alle hier Begrabenen wurden älter als 80, einer sogar 92 Jahre.

Zwischen Viehweiden und beschattet von Eichen steht eine unscheinbare romanische Kirche, die Santiagokirche von Barbadelo. Sie ist bemerkenswert in ihrer Einfachheit. Da ist ein Tympanon. Es zeigt außer einem dekorativen Fries einzig eine unbeholfen eingemeißelte Figur. Angewinkelt hebt sie die Arme nach oben. Soll das Jesus Christus sein, der die Eintretenden segnet? Nur die Umrisse des Körpers sind zu erkennen, kein Gesicht, keine Kleidung, keine Details. Einzig diese kleine, einsame Figur, die die Arme ausbreitet. Dicht auf dicht folgen die Dörfchen hintereinander mit seltsam klingenden Namen: Morgade, Mirallos, Moimentos, Montras... Mit den Bewohnern komme ich nicht in Kontakt. Die Häuser liegen hinter den martialischen Steinplatten. Und der Pilgerweg selbst ist nochmals beidseits von hohen steinernen Mauern eingefaßt. So bleiben Pilger und Dörfler abgegrenzt voneinander. Nur einmal begegnet mir ein etwa fünfzehnjähriges Mädchen. Sie will scheu an mir vorbeigehen. Da bitte ich sie schnell um Wasser, obwohl ich gar keinen Durst habe, sondern nur ein paar Worte reden möchte. Sie zögert, bleibt stehen. Dann nimmt sie meine Wasserflasche und eilt davon, verschwindet hinter den Mauern und Steinen. Nach kurzer Zeit kehrt sie zurück, mit der gefüllten Flasche und einem Glas, randvoll mit perlendem eiskalten Wasser, so daß ich meinen Durst stillen und die Flasche als Reserve mitnehmen kann. Sie ist ein pummeliges Mädchen mit braunen Zöpfen und grauen Augen, die wie von innen leuchten. Maria Jesus heißt sie. Sie antwortet auf

Die Vorratsspeicher in Galicien

meine Fragen: Sie gehe in Sarria zur Schule. Was sie später machen werde, wisse sie noch nicht. Wahrscheinlich heiraten und im Dorf bleiben, sie kenne niemanden, der bisher aus ihrem Dorf weggezogen sei.

Am Abend leuchtet im Westen ein grüner Schimmer. Im Tal kräuselt sich das Wasser eines Stausees. Auf seinem Grund liegt ein versunkenes Dorf. Portomarín war eine reizvolle mittelalterliche Ortschaft, eine wohlbekannte Station des Pilgerweges. Eine romanische Brücke führt über den Miño. Die Häuser versanken in den künstlich angestauten Fluten des Flusses. Die Kirche San Pedro, den Palast der Berbetoros, das Herrschaftshaus der Barone Mazu und die Wehrkirche San Nicolas versetzte man an das Hochufer des neuentstandenen Sees. Jeder Stein dieser Gebäude wurde numeriert, abgetragen und wieder aufgebaut. Die Häuser sind neu. Im Gegensatz zu den sonst dunklen galicischen Bauernhäusern sind diese blendend weiß. In ihrer Mitte steht wie ein Klotz die Wehrkirche San Nicolas. Sie wirkt zwischen den modernen Häusern wie ein fremdartiger Torso. Türme hat diese Kirche nicht. Der hohe viereckige Kasten ähnelt eher dem Teilstück einer zyklopenartigen Burgmauer als einer Kirche.

Den Stausee überquere ich in der Abenddämmerung auf einer modernen Zementbrücke. Am gegenüberliegenden Ufer ein einzelnes Haus. Auf der Veranda stehen Menschen, winken und rufen. Ich erkenne Tommaso und Pavel. Und Sergio!

Es ist eine Jugendherberge. Auch Nichtpilger können sich einmieten und längere Zeit bleiben, während man in den *refugios* in der Regel nur einmal übernachten darf.

Wir sitzen im Mondschein auf der Terrasse. Das Wasser plätschert leise gegen die Steine, und Frösche quaken unentwegt. Pavel und Tommaso sind schlafen gegangen. Sergio spricht Spanisch mit katalanischem Dialekt, ich muß mich sehr anstrengen, ihn zu verstehen. Es ist mir nicht möglich, mit ihm einen Dialog zu führen. Gelingt es mir mal, seinen Redestrom zu unterbrechen und meine Gedanken hinzuzufügen, hört er nicht zu und ist ungeduldig, seinen Gesprächsfaden wieder aufzunehmen. Bereits vorher in der Unterhaltung mit Tommaso und Pavel hatte mir nicht gefallen, wie Sergio sich verhielt. Zunächst war ich froh, als die beiden zu Bett gingen, denn ich hoffte, daß ich Sergio hinter seiner Maske finden könnte. Nun langweilt mich sein Geschwafel. Abrupt stehe ich auf und sage, ich ginge jetzt schlafen. Er folgt mir und als wir in dem schmalen Gang sind, umfaßt er mich plötzlich und hat mich schon in sein Zimmer hineingezogen. Ich reiße mich los. Doch bevor ich bis zur Türe komme, hat er mich eingeholt und zerrt mich zum Bett. Ich wehre mich mit aller Kraft. Verärgert hält er inne. »Warum führst du dich so auf? Ich dachte, du willst. Du hast mich doch die ganze Zeit angemacht.«

Vor Wut kann ich kein Wort mehr spanisch. Und schimpfe in deutsch: »Du blöder Trottel, du!«

An der Tür wieder ruhiger geworden, drehe ich mich noch mal um und sage: »*Asi no!* So nicht!« und gehe.

25 Von Portomarín bis Monte Gozo

Am Morgen liegt eine Nebelwand über dem See. Die Sonne steigt höher und durchdringt mit ihren Strahlen den Wasserdampf, wärmt und trocknet. Der Nebel reißt auf, bekommt Risse, Sprünge, Löcher. Die Wasserfläche schimmert hindurch. Nebelfetzen verwehen.

Die Tür ist verschlossen. Ich möchte wie immer die Morgenfrühe zum Wandern nutzen und suche nach einem Ausstieg. Schließlich seile ich mit einem Strick den Rucksack vom Balkon ab, klettere auf einen Absatz hinunter und springe. Geschafft! Der See spiegelt den blauen Himmel. Die letzten zartweißen Nebelschleier vergehen.

Gestern abend war es zu spät, das neue Portomarin zu besichtigen, vor allem die Wehrkirche möchte ich von nahem sehen. Gebaut im 13. Jahrhundert im Auftrag des Ritterordens San Juan de Jerusalém, ist sie eher vom kriegerischen als religiösen Geist geprägt. Es ist ein strenger, kastenförmiger Bau. Fensterlos ragen die Mauern empor, nur schießschartenartige Einschnitte sind vorhanden. Der rechteckige Kasten ist hoch oben mit Zinnen gezackt. Einziger Schmuck ist eine Fensterrose an der Westfassade. Wahrlich eine

Kirche, die dem Schutz und der Verteidigung derer diente, die in ihr Zuflucht fanden. An den Steinquadern sind gelbe Zahlen zu erkennen. Eigenartig zu denken, daß diese so unverwüstlich wirkende Kirche Stein für Stein abgetragen und hier neu wieder zusammengefügt wurde.

An das Langhaus ist im Osten ein runder, kleiner Chor angeklebt. Beim Umschreiten dieser Kirche sehe ich, daß sie drei Portale hat, im Westen, Süden und Norden. Im Gegensatz zu dem streng kriegerischen Erscheinungsbild der Wehrkirche sind sie figurenreich geschmückt. Drastische Darstellungen zeigen menschenfressende Ungeheuer, Harpyen und saurierartige Wesen, aber natürlich auch Maria mit den Engeln. Die Ortschaft wirkt uniform. Mit Arkaden aus Granit wollte man der Einförmigkeit entgegenwirken, hat aber das Gegenteil erreicht, weil sie lieblos hingeklotzt wurden. Wegen der frühen Morgenstunden sind wenige Menschen auf der Straße. Mit einer Frau, die gerade frisches Brot gekauft hat, komme ich ins Gespräch. Sie erzählt mir, wie glücklich sie sei über die neuen Häuser. Die sind modern und sauber. Dem alten Dorf, das auf dem Grunde des Stausees liegt, trauere sie nicht nach.

Ich pilgere durch den Wald. Bussarde kreisen im Himmelsblau. Girlitze trillern, und ein Eichhörnchen mit weißem Bauch schwingt seinen Schweif über den rotbraunen Rücken. In Windeseile erklimmt es einen Baum, setzt sich in sicherer Höh auf einen Ast und keckert wütend zu mir herunter. Wegen romanischer Malereien mache ich einen Umweg nach Villar de Doñas. Im Jahr 1184 wurde dort ein Kloster von dem Santiagoritterorden gegründet. Erhalten geblieben ist die Kirche von 1386. Sie diente auch als Mausoleum für die galicischen Ritter, die im Kampf gegen die Mauren gefallen waren. Neben einem kaum befahrenen Landsträßchen liegt diese kleine Santiagokirche, umgeben von mannshohen Stauden des roten Fingerhutes. Den Zugang rahmen arkadenförmige Bögen. Ich gehe hindurch. Es ist still. Kein Mensch ist zu sehen. Die Portaltür ist nicht verschlossen. Sie ist ochsenblutrot gestrichen und mit romanischen Eisenbeschlägen verziert. Eine eindrucksvolle Tür, über der sich drei Archivolten mit reichen Ornamenten spannen. Ein Tympanon ist nicht vorhanden. Auf den Säulenkapitellen sind

Harpyen und Pflanzen eingemeißelt. Es wirkt sehr ursprünglich, als sei nichts restauriert worden.

Einschiffig öffnet sich der Kirchenraum. Er wirkt überraschend groß, weil sich an das Querschiff direkt drei Apsiden anschließen, so daß die Kirche eine grottenmäßige Ausweitung erfährt. Der gruftartige Eindruck wird durch die aufgereihten Sarkophage verstärkt. Da sind Rittergestalten in Stein gehauen und steinerne Wandbilder des Santiagoordens: die Muschel und das Schwert.

Die Wände und der mittlere Chor zeigen noch Spuren ehemaliger Malerei. Sie wirkt bläßlich und stilisiert. Erst nach längerem Hinschauen werde ich ihrer besonderen Wirkung gewahr. Da ist ein Christus dargestellt nach der Auferstehung. Aber nicht triumphierend, sondern leidend und gequält, so, als sei ihm bewußt, daß sein Opfer umsonst war. Er hat sich halb aus dem Grab erhoben, als wolle er gleich wieder zurücksinken. Die durchbohrten Hände hält er vor dem Körper gekreuzt, der Kopf neigt sich mit schmerzvollem Gesichtsausdruck zur rechten Schulter. Nur zwei Farben wurden für das Bild verwandt, das also eher eine Zeichnung als ein Gemälde ist. Ein dunkler Strich umreißt die Kontur, mit Braunrot sind die Akzente gesetzt: Bluttropfen, Lippen, Haare und Heiligenschein.

In Galicien sind entlang des Pilgerpfades Meilensteine aus hellem Granit aufgestellt mit einer eingeprägten Muschel und mit Kilometerangabe. Alle 500 Meter stehen diese Granitblöcke, einen Meter hoch, nicht zu übersehen. Sie machen mich nervös. Ein hektischer Countdown in 500-Meter-Distanzen: – 68 – 67,5 – 67 – 66,5 – . . . Kilometer bis Compostela! Ich wehre mich dagegen, daß mein Wandern zu einer Kilometerabhakerei entartet. Ich versuche, die Steine zu ignorieren, an ihnen vorbeizuschauen, die Zahl nicht zu lesen, und doch kann ich nicht verhindern, in den Sog der Zahlen zu geraten.

Was in Navarra und Kastilien der rote Mohn war, ist in Galicien der violettfarbene Fingerhut. Allenthalben prunkt er als hohe Staude am Wegesrand.

Am Himmel formieren sich verrückte Wolkenbilder, geheimnisvolle Zeichen, wie Hieroglyphen. Schnell verwirbeln sie, es bilden sich Kreisel und zerrissene Fahnen, aus denen sich wenig später eine

Meilensteine markieren den Pilgerweg auf der letzten Etappe

neue »Schrift« formt. Die Wolkenränder schimmern in irisierenden Farben. Und die Sonne ist von einem buntfarbenen Ring umgeben. Ich kann mir vorstellen, wie ähnliche Naturerscheinungen mitunter zu Wundererlebnissen geführt haben. Denn der Gedanke liegt dem Menschen nahe, daß ungewöhnliche Erscheinungen etwas zu bedeuten haben. Was abweicht vom Üblichen, muß einen Grund haben, und da ihn die Menschen nicht kennen, werden sie verunsichert und in angsterfüllte Erwartung versetzt. Wenn sie die Erscheinung auf sich beziehen, werden sie glauben, entweder ausgezeichnet oder bestraft zu werden. Die Erregung, die Erwartung, das fixierende Hinschauen bewirkt im Gehirn Schwingungen, eine Art Hypnose, während der es Bilder unserer eigenen Phantasie produziert. So kann es passieren, daß diese Menschen in ihrer Vorstellung ganz wirklich die Muttergottes und andere Gestalten sehen und hören. Ich will ein Experiment machen und versuche mir einzubilden, dieser besondere Himmel mit dem großen irisierenden Kreis um die Sonne und den wirbelnden Hieroglyphen sei ein Zeichen für mich. Ein Zeichen, weil ich so brav gepilgert bin und morgen vor den Toren von Santiago de Compostela stehen werde. Aber schon dieser Gedanke erscheint mir lächerlich und absurd. Ich stelle mir vor, wie die Wassertropfen über 10 000 Meter hoch gerissen werden. Dort gefrieren sie zu Eis. Das Sonnenlicht bricht sich in den Eiskristallen, deshalb können wir den Haloring um die Sonne sehen. Und die »Hieroglyphen« entstehen, weil heftige Stürme in den oberen Luftschichten die ebenfalls gefrorenen Zirruswolken auseinanderreißen. Und das alles wegen mir? Ich denke, der Himmel hat genug mit sich selbst zu tun, ihm ist es egal, ob ich nach Santiago gehe oder nicht. Dennoch freue ich mich über die Lichterscheinungen. Übrigens haben mich die drei Baumaugen, von denen Don Rafael gesprochen hatte, nicht angeblinzelt.

Ich meine, Wunder können tatsächlich passieren. Dann nämlich, wenn man an sie glaubt. Alle Wunder entstehen in unseren Köpfen. Der Mensch vermag viel mehr, als er selbst weiß. Unter besonderen Umständen entwickelt er Kräfte und Fähigkeiten, die er sich nicht erklären kann. Er könnte deshalb Angst vor sich bekommen. Deshalb braucht er eine Erklärung für das Ungewöhnliche, er findet sie, indem er sich außerirdische Kräfte vorstellt, himmlische Wesen, göttlichen Geist.

– 54 – 53,5 – 53 – 52,5 – 52 – . . . die Zahlen nehmen von mir Besitz. Morgen bin ich in Santiago! Unglaublich, der lange Weg soll so schnell schon zu Ende sein? Seit 34 Tagen bin ich unterwegs, morgen ist der 35. Tag! Mehr als 1000 Kilometer sind es gewiß, mit allen Umwegen zu den abseits gelegenen Klöstern und Kirchen. Ich versuche, mich an alles zu erinnern, was ich während der Wanderung erlebt habe, ich bemühe mich, in Gedanken meinen Weg zurückzuverfolgen. Es gelingt nicht! Die Gedanken wollen nicht in die Vergangenheit schweifen, sie stürzen nach vorn, auf Santiago zu.

Ich bücke mich, hebe ein abgefallenes Eukalyptusblatt auf und zerreibe es zwischen den Fingern. Der Duft ist stark. Ich rieche ihn gern. Eukalyptusbäume sind schön, die Stämme gleichmäßig wie Säulen. Das Holz schimmert glatt und fest wie Marmor. Beim leichtesten Luftzug rascheln die lanzettförmigen Blätter. Wegen ihres besonderen Geruches, ihrer schlanken Schönheit und der silbergrauen Laubkrone, die sich filigran gegen das Himmelsblau abhebt mag ich sie ganz besonders. Aber ich weiß auch, daß Eukalyptusbäume der Umwelt Schaden zufügen. Man muß sich nur einmal umsehen in einem Eukalyptuswald, kaum eine andere Pflanze kann dort gedeihen. Denn das Laub des Eukalyptus ist hart und imprägniert mit Aromastoffen. Es braucht unendlich lange zum Verrotten. Die herabfallenden Blätter decken Lage um Lage den Boden zu und ersticken alle anderen Pflanzen. Und staubtrocken ist es um ihn herum, weil der Eukalyptus viel Wasser verbraucht. Seine starken Wurzeln senken sich tief in den Erdboden. Sie pumpen das Wasser in die Baumkrone. Deshalb sinkt der Grundwasserspiegel, dort, wo Eukalyptus wächst. Die Landschaft trocknet aus.

Eukalyptus, ehemals nur in Australien heimisch, wird in vielen Ländern Europas, Südamerikas und Afrikas angepflanzt, überall dort, wo die ursprünglichen Wälder abgeholzt wurden. Die Anpflanzung wird als gute Tat bezeichnet, als vorbildliche Maßnahme, um der Erosion des Bodens entgegenzuwirken. Unverfroren läßt man sich die Wiederaufforstung mit hohen Subventionssummen finanzieren. Es sind schamlose Lügen, denn durch den Eukalyptus wird der Boden erst recht zerstört. Wie ein Pumpwerk saugt er alle Feuchtigkeit aus dem Untergrund, und das Land wird trockener als je zuvor. Den Besitzern von Eukalyptusanpflanzungen ist das gleich. Für sie ist wichtig, daß dieser Baum rasant wächst und gutes Geld bringt beim Verkauf an Zellulosefabriken. Dort wird er zu Papier verarbeitet. So wird unter dem Deckmantel naturschützender Wiederaufforstung, die auch noch staatlich subventioniert wird, ein doppelt einträgliches Geschäft betrieben.

Man kann einzelne Bäume pflanzen oder an Straßen als Alleebäume, aber als flächendeckende Anpflanzung sind sie schädlich für die Umwelt.

Mich empört die Frechheit, mit der industriemäßige Nutzung einer Baumart als Naturschutz deklariert und bezahlt wird. Dabei wissen die EG-Subventoren Bescheid über die verheerenden Auswirkungen des Plantagenanbaus von Eukalyptus, aber es geht ihnen ja nicht darum, die Natur in Spanien zu erhalten, sondern an Spanien zu verdienen, indem sie den industriellen Aufbau unterstützen. Der Beitritt Spaniens zur EG ruiniert den Bauernstand, die kleinen und mittleren Höfe, wie ich bei meiner Wanderung durch die Dörfer feststellte, und vernichtet gleichzeitig auch noch die bisher weitgehend intakte Umwelt. Und das mit der Behauptung, die Natur zu schützen!

Geld für Naturschutzprojekte auszugeben ist der Widersinn an sich, man braucht die Natur nur in Ruhe zu lassen, so wäre sie am besten geschützt. Ein mit Mühe geretteter Tümpel, eine verhinderte Staustufe, ein nicht gebautes Atomkraftwerk dienen nur als Alibi und verstellen den Blick vor der flächendeckenden Erdzerstörung, vor dem globalen Verbrechen der Menschen an der Erde.

Noch immer duften meine Finger nach dem Blatt, das ich zwischen ihnen zerrieben habe. Schade, daß gerade der schöne Eukalyptus so negative Assoziationen weckt. Aber schädlich wird der Baum nur dort, wo er künstlich vom Menschen angepflanzt wird. In Australien wächst er in für seine Ansprüche geeigneten Gebieten, und in den Jahrtausenden der Entwicklung haben sich dort in den Eukalyptuswäldern Lebensgemeinschaften gebildet, Pflanzen und Tiere, die ohne den Baum nicht überleben könnten.

In Melide erfreut mich die letzte romanische Kirche des Pilgerweges. Am Rande des Dorfes liegt die Kirche Santa Maria, inmitten eines Friedhofes, überragt von den hohen Säulen der Zypressen. Die kleine dunkle Friedhofskirche mit ihren verwitterten Säulenkapitellen trägt in sich den Geist des frühen Christentums, der sich mit dem keltischen Glauben verflochten hat.

Die letzte Nacht vor dem Ziel! Der goldene Sonnenball ist bereits untergegangen. ich habe mein Nachtlager auf einem Hügel gefunden, zwischen Gräsern, schützend umgeben von Büschen wie ein grüner Burgwall. Der Abend ist klar, wolkenlos. Ein türkisfarbenes Leuchten am Horizont verliert sich im Samtblau des Himmelsgewölbes, an dem silbern die ersten Sterne blitzen. Mir fällt ein, daß die Sterne ja immer am Himmel sind und nur tagsüber vom grellen Sonnenlicht überstrahlt werden.

Im Schein der Taschenlampe schreibe ich in mein Wanderheft: »Noch 49 Kilometer. Morgen bin ich in Santiago. Vielleicht wird es doch noch zu einem Ziel für mich?« Als ich die Taschenlampe ausknipse, leuchten viele Lichtpünktchen auf. Glühwürmchen! Wie lange habe ich schon keine mehr gesehen? Die kleinen großen Wunder der Kindheit! Ich lege mich auf den Rücken und schaue hinauf in den Himmel. Über mir leuchtet das breite Band der Milchstraße, es zieht von Ost nach West. Ich erinnere mich an die

Legende, die von einem Traum Karls des Großen berichtet. Im Schlaf erschien ihm der Apostel Jakobus und zeigte auf die helle Spur der Milchstraße am Himmel.

»Die Sterne sollen dich zu meinem Grab leiten, benutze diesen Himmelspfad als Wegzeichen, er wird dich von Ost nach West bis zum fernen Galicien führen.«

Karl der Große ist nachweislich nie in Santiago de Compostela gewesen, doch der Traum vom Sternenweg wurde immer weiter erzählt und beflügelte die Phantasie der Menschen.

Ich erwache sehr früh. Die Sterne sind noch nicht verblaßt. Ich bleibe im Schlafsack und erlebe, wie es Tag wird. Unmerklich verlöschen die Sterne. Es wird langsam heller. Die Luft verändert sich. Es wird kühl, so als würde die Erde noch einmal kräftig ausatmen, bevor die Sonne wieder ins Tagesgeschehen tritt. Tau senkt sich herab. An der Spitze eines jeden Grashalmes kondensieren Tropfen. Ich schaue zu, wie aus einem feuchten Tupfer eine glänzende Perle wird. Und als die Sonne erscheint, beginnt die Wiese zu dampfen. Nebeldunst, von den Sonnenstrahlen vergoldet, webt einen Schleier über das Land.

Die Menschen sind bereits auf den Feldern. Sie arbeiten mit Hacken und Schaufeln. Ein Mann hat seine Ochsen vor den Pflug gespannt und zieht Furche um Furche durch das dunkle Erdreich.

Ab Amenal ist der Fußweg verschwunden. Eine Autoschnellstraße überrollt das Land. Die Strecke wird zur Pein. Eine Umgehung ist wegen des raumgreifenden Flughafengeländes nicht möglich. Der Verkehr ist dicht. Nicht genug, daß die Fahrzeuge lebensgefährlich rasen und dicht auffahren, ich die Abgase einatmen und den Lärm erdulden muß und von dem sonnenaufgeheizten Asphalt gebraten werde, belästigen mich noch dazu die Autofahrer. Alle Arten von Anmache passieren, von Hupen, Lichtaufblenden, obszönen Handbewegungen bis zum Zeigen der Genitalien. Hitze, Dreck und Lärm brauchen meinen Gleichmut auf. Ich kann den Ärger nicht auch noch schlucken und meine Wut verbergen. Von einer stillen Pilgerin verwandle ich mich in eine Hexe und wünsche mir den Blick der Medusa. Aber auch so muß ich einen furchterregenden

Anblick bieten. Dabei bin ich mir bewußt, daß Aggression nur Gegenaggression heraufbeschwört. Aber ich kann nicht anders, als meinen Stock zu benützen, wenn Autofahrer anhalten und ihre Hose öffnen. Die Reaktion der Männer auf meinen Angriff ist gefährlich: Sie versuchen, mich zu überfahren! Ich kann mir mein Verhalten auch nur deshalb leisten, weil meine Gegner durch den nichtabreißenden Autostrom behindert sind. Ich wundere mich, warum ich mich wegen der Anmache so sehr aufrege, da ich doch weiß, daß meine Drohgebärden die Männer erst recht herausfordern. Wahrscheinlich benutze ich die Autofahrer gewissermaßen wie Blitzableiter, um eine in mir angestaute Wut loszuwerden. Die Wut ist so groß, daß sie eine andere Ursache haben muß als die dummen Männer und die lästige Straße. Ich ahne, daß ich über mich selbst wütend bin. Denn trotz besseren Wissens mache ich mir Hoffnungen, in Santiago eine Eingebung, eine Erleuchtung, eine Erfüllung zu erfahren. Mir ist klar, es sind Erwartungen und Wünsche, die nicht realisierbar sind. Deshalb schaffe ich mir mit den Autofahrern ein Feindbild, um mich abzulenken. An ihnen reagiere ich meine Enttäuschung ab. Ich stelle mir vor, wie die Pilger des Mittelalters nach Santiago kamen. Sie stimmen frohe Lieder an und voller Erwartung schritten sie ihrem Ziel entgegen. Eine gute Wanderstunde vor Santiago stiegen sie in einen damals noch kristallklaren Fluß, um nicht nur mit reiner Seele, sondern auch mit reinem Körper in der heiligen Stadt Einzug zu halten. Das Waschritual schien so wichtig zu sein, daß es im Codex Calixtinus, dem mittelalterlichen Pilgerführer des 12. Jahrhunderts, ausführlich beschrieben wird. Aus Liebe zu dem Apostel »apostoli amore« hätten die Pilger die Kleider abgelegt und den ganzen Körper gewaschen. Der Fluß existiert noch heute, wenn er auch nicht mehr kristallklar ist. Er trägt den Namen »Lavacolla«. Es ist eine bildhafte drastische Bezeichnung in bezug auf die Badezeremonie, denn »lavar« bedeutet waschen, und »cola« heißt Schwanz.

26 Santiago de Compostela

Der Raum gleicht einer Gefängniszelle. Die Einrichtung erschöpft sich mit Bett und Waschbecken. Kein Fenster. Ein elendes, stickiges Loch. Ich bin im Obdachlosenasyl gelandet. Ich fühle mich gefangen, obwohl ich nicht bleiben müßte. Als sei ich in eine Falle getappt, komme ich nicht mehr raus. Ich kann mich nicht wehren, ich bin müde und traurig, da wird es wohl das Beste sein, mich in diesem Loch zu verkriechen.

Wie konnte es geschehen, daß ich ausgerechnet in ein Obdachlosenheim geraten bin? Nach schier endlosen Stunden auf der Autoschnellstraße zweigte nahe der Ortschaft San Marcos ein Fahrweg ab und führte auf einen flachen Hügel – ich sah unten eine große Stadt liegen: Santiago de Compostela! Das Ziel!

Es war der »Monte de Gozo«, Berg der Freude, auf dem ich stand. Hier sollen die Pilger mit Tränen in den Augen niedergesunken sein, gebetet und Gott gedankt haben, daß er sie durch alle Gefahren sicher ans Ziel gebracht hat. Da lag sie nun, jene Stadt mit dem Grab des Apostels, der ihre Gedanken während des langen, mühseligen Weges gegolten hatten. Endlich angekommen! Mit Freude im Herzen zogen die Pilger, die sich hier oben versammelt und sich jauchzend und schluchzend umarmt hatten, hinunter in die Stadt ihrer Sehnsucht. Und da stimmte jemand die Verse des Pilgerliedes »Ultreya« an. Sogleich nahmen alle die Melodie auf, und so kamen sie in Santiago an, verbunden durch ihre Freude und den Gesang. Ich hörte ihre Stimmen nachhallen bis in unsere Gegenwart, und vernahm die Verse, die ich in dem Pilgerführer aus dem Mittelalter gelesen hatte:

Deum Pater familias	Als Gottvater,
rex universorum	der König des Himmels,
donaret provincias	die Herrschaft über die Länder
ius apostolorum	unter die Apostel verteilte,
Jacobus Hispanias	sandte er Jakob als
lux illustrat morum.	leuchtendes Vorbild nach Spanien.

Primus ex apostolis	Jakob, der erste Märtyrer
martir Jerosolimis	unter den Aposteln, ist heilig
Jacobus egregio	durch sein edles Martyrium
sacer est martirio	zu Jerusalem
Herru Sanctiagu	Herr Sankt Jakob
grot Sanctiagu	Großer Sankt Jakob
e ultreya	vorwärts jetzt
e suseia	und immerdar
Deus aia nos!	Gott helfe uns!

So sangen sie. Ich aber verspürte keinen Freudenrausch. Seltsam nüchtern stellte ich nur fest, daß ich nun wohl angekommen war. Das sollte mein Ziel sein, diese große Stadt? Aber was hatte ich denn anders erwartet? Etwas Besonderes, ohne mir dessen jedoch ganz bewußt gewesen zu sein. Ich fühlte mich plötzlich innerlich sehr müde. Ich dachte, ich müßte einfach an diesem Wirrwarr der Dächer, Kirchtürme vorbei wandern, einem imaginären Ziel entgegen, ohne jemals anzukommen.

Ich blieb lange auf dem Monte Gozo stehen und versuchte mich auf Santiago einzustellen. Langsam gelang es mir sogar, mich zu freuen: In der Stadt werde ich die anderen Pilger treffen, wir werden zusammen essen, Wein trinken und unsere Ankunft feiern.

Es waren nur noch fünf Kilometer – fünf Kilometer Autostraße! Es gab keinen anderen Weg, um in die Stadt zu kommen. In mir staute sich Groll. Ich verglich meine Ankunft im Gestank der Lastkraftwagen mit dem freudigen Einzug der früheren Pilger. Ich hatte doch ebenfalls wie sie alle Entbehrungen auf mich genommen, bin jeden Meter zu Fuß gegangen, aber mir blieb die Belohnung am Schluß versagt. Enttäuscht stand ich auf dem Platz vor der Kathedrale. Ein imposantes Bauwerk mit Barockfassade und emporragenden Türmen. Ich fühlte mich vorerst nicht in der Lage hineinzugehen. Erst müßte ich die anderen finden. Ich brauchte Menschen, um die Ernüchterung zu überwinden und fragte nach dem *refugio*. Schließlich wies mir jemand den Weg. In der Herberge mußte ich meinen Paß abgeben. Ich war mit meiner negativen Stimmung so beschäftigt, daß ich nicht auf das hörte, was der Herbergsleiter sagte. Die unerwartete Auskunft, daß noch kein einziger Pilger außer mir da sei, verwirrte mich vollends. Der Mann zeigte mir das Zimmer und fragte mich, ob ich wirklich bleiben wolle, denn die Eingangstür würde jetzt gleich abgeschlossen werden. Da begriff ich, daß es keine Pilgerherberge, sondern ein Obdachlosenheim war. Ich hätte sofort meinen Rucksack greifen und verschwinden können, aber ich hatte das Gefühl, die Falle sei bereits zugeschnappt.

Hier drin in diesem Loch ist es schrecklich, aber wohin sollte ich sonst gehen? Ich weiß nicht, wo die anderen sind. Ich würde sie nie finden in diesem Häusermeer. Ich bin allein und ich fühle mich schlecht. Im Asyl bin ich wenigstens sicher und hier kann ich in Ruhe meine Enttäuschung ausbrüten, mich in Traurigkeit und Bitternis steigern. Und denken, das geschieht dir recht! Ganz umsonst bist du gelaufen! Nun schau, wie es dir ergeht. Oh, ich werde ein Höllengericht über mich halten. Ich sehe mich um, in diesem Loch. Das Bett ist der beste Platz. Ich krieche hinein und ziehe mir die Decke über den Kopf. Es klopft an der Tür. Sie öffnet sich – Atze! Wie ein blonder Engel steht er im Raum, eine Lichtgestalt! Ihn schickt der Himmel, mich zu befreien! Ich stoße einen freudigen Schrei aus und stürze in seine Arme.

»Hol mich hier raus! Bitte, ich will hier nicht bleiben!« Atze hatte sich in einem Hotel einquartiert, weil er hörte, daß es keine Extraunterkunft für Pilger gibt. Dann suchte er die anderen Pilger, nur zufällig erfuhr er von diesem Asyl und hat mich gefunden.

Es wird ein schöner Abend. Die schreckliche Gefangenschaft in dem Asyl wird zur Farce. Das Leben ist wieder real. Ich erzähle Atze von meinen Einbildungen, und wir lachen zusammen. Er freut sich, mein Retter zu sein.

Santiago ist auch bei Nacht eine betriebsame Stadt. Viele Menschen sind auf den Straßen. Holzstöße werden entzündet, das Feuer lodert. Wein wird ausgeschenkt, und Sardinen grillen auf dem Rost. Verwundert fragen wir die Einwohner, welches Fest gefeiert wird. Es sei Sonnwendfeier, erfahren wir. Wein lassen wir uns einschenken und kaufen gegrillte Sardinen. An jeder Straße, auf jedem Platz ein brennender Holzhaufen, Musik und fröhliche Menschen. In der

Menge entdecke ich Tommaso. Wir umarmen uns. Nun sind wir
schon drei Pilger. Atze und Tommaso hatten sich auch unterwegs
kennengelernt.

Es ist eine Nacht zum Feiern. Die Feuerscheine, Musik, Wein,
Essen, die Menschen – mir wird taumelig im Kopf. Sich vorzustellen, Atze wäre nicht als rettender Engel erschienen und ich würde
jetzt im Obdachlosenheim sein! Wie absurd!

Wir treffen Pavel und ziehen zu viert weiter. Auch Sergio kreuzt
unseren Weg, ein Mädchen hängt an seinem Arm, und so verabschiedet er sich auch bald wieder. Ich bin so glücklich in dieser
Nacht, daß es mir nichts ausmacht.

Am nächsten Morgen schlafe ich länger als sonst, dann frühstücke ich zusammen mit Atze. Er war sofort nach seiner Ankunft in
der Kathedrale gewesen. Sie sei überwältigend, und er müsse unbedingt noch einmal hineingehen. Wir schlendern durch Straßen, die
mit breiten Steinplatten gepflastert sind. Dunkle, hohe Häuserfas-
saden und Arkadenbögen begrenzen die Straßen. Die Mauern der
Gebäue sind wegen der hohen Luftfeuchtigkeit, so nahe am Atlantik, mit düsteren Flechten überzogen, dagegen setzen rosa Blumen,
die zwischen den Fugen wachsen, fröhliche Akzente. Ein Platz
öffnet sich, und vor uns steht die Kathedrale. Sie also war es, die das
Denken und Hoffen der Pilger im Mittelalter während der langen,
gefahrvollen Wanderung beherrschte. Waren sie dann endlich angekommen, war sie der Ort der Erfüllung. Gestern bei meiner
Ankunft hatte ich nicht die Stimmung, jetzt erst nehme ich sie
wirklich wahr. Sie ist mächtig, gewaltig! Ein Orgelwerk aus Stein.
Alle Kunstrichtungen von Romanik bis Barock haben sich in ihr
vereinigt und verewigt. Beachtung heischend türmt sich die Barockfassade auf. Unzählige Gesimse, Balustraden, Fenster, Säulen,
Treppen, Skulpturen – immer höher wächst das steinerne Monument empor. Der Blick geht aufwärts, den Kopf weit im Nacken,
dann erst endet das himmelstürmende Bauwerk in zwei Türmen,
auf deren Spitzen je ein Kreuz steht.

Wir steigen die breite Treppe empor, öffnen die Tür und sehen ein
zweites Portal, die alte romanische Eingangspforte, das »Portico de
la Gloria«. Auf Säulen stehen lebensgroße Figuren. In der Mitte, auf

einer üppig skulpturierten Einzelsäule, thront der heilige Jakobus. Nicht als Ritter auf dem Pferd, der dem christlichen Heer im Kampf gegen die Mauren voranstürmt, ist er dargestellt und auch nicht als mühselig beladener Pilger, sondern als hoheitsvolle Gestalt, als Herrscher, der hier an der Eingangspforte zum Heiligtum seine Gefolgschaft empfängt. Sein Antlitz drückt gütiges Verstehen aus, verständnisvolles Verzeihen und mildtätige Liebe.

Rechts und links neben ihm befinden sich die Propheten und Apostel. Sie haben individuelle Gesichtszüge: nachdenklich, weise, ernst, gütig, aber auch spitzbübisch und pfiffig.

Der Innenraum der Kathedrale ist, im Gegensatz zu der pompösen Außenfassade, wohltuend schlicht und einfach. Ein Raum, um zur Besinnung zu kommen. Ich denke an Maria, die ich an der Straße in Astorga traf, die sich nach ihren Enkeln sehnt und der ich versprach, in der Kathedrale für sie zu beten. Ich bedanke mich bei ihr und allen, denen ich unterwegs begegnete, und die mir soviel gegeben haben.

Am stärksten in der Kathedrale beeindrucken mich die Menschen. Zu jeder Tageszeit habe ich in dem Gotteshaus Gläubige angetroffen, versunken in stiller Andacht. Während der Messe füllen Hunderte, vielleicht sogar Tausende die Kirche. Denn nach Santiago kommen ja nicht nur die paar Fußwanderer, sondern Wallfahrer aus ganz Europa mit Bussen und Autos. In die Mittelsäule des Portico de Gloria, die den Jakobus trägt, ist die Wurzel Jesse gemeißelt. Sie stellt die Genealogie von David und Salomon bis zu Maria dar. In dieser Säule nun ist eine Vertiefung zu sehen, die dem Abdruck einer Hand ähnelt. Seit alters her legen die Pilger ihre Hand an diese Stelle. Sie ist abgegriffen und glatt poliert durch die Berührung von Abermillionen. Geduldig und still warten die Wallfahrer in einer langen Reihe, bis sie den Abdruck berühren können. Jeder einzelne tritt heran. Voller Inbrunst drücken die Menschen ihre Hand gegen die »Säulenhand«.

Mich berührt der feierliche Ernst dieser Leute, aber mich erschüttert die Macht, die der Glauben auf die Vernunft ausübt. Von diesem Moment an ist mir klar – ich muß bis Finisterre gehen, bis ans »Ende der Welt«. Ich muß für mich ein Gegengewicht schaffen gegen

Angekommen: Vor der Santiagokirche!

diesen religiösen Wahn, gegen diese Vergötterung und Anbetung, gegen den Wunderglauben.

Tommaso hat erfahren, daß wir Pilger, die zu Fuß gegangen sind, im vornehmsten Hotel »Los Reyes de Católicos« drei Tage unentgeltlich beköstigt werden, eine Tradition, die seit Jahrhunderten besteht, als »Los Reyes de Católicos« noch eine Pilgerherberge war.

Aus Neugier gehen wir hin. Atze, Tommaso, Pavel und ich zeigen unsere Pilgerausweise und die Urkunde über unsere Pilgerschaft, die wir in der Kathedrale erhielten. Statt ins Restaurant werden wir in einen Raum neben der Küche geschickt. Er ist vom Fußboden bis zur Decke weiß gekachelt. Die einzigen Möbel sind schmale Holztische und Bänke. Ich stelle mir vor, daß dieser Raum das richtige Ambiente für einen Film abgeben würde, der in einem Irrenhaus oder in der medizinischen Pathologie spielt.

Wir essen aus Höflichkeit, aber auf die beiden noch ausstehenden Einladungen verzichten wir.

Die Straßen und Plätze sind voll mit Touristen, Gästen, Urlaubern, Wallfahrern und Pilgern. Santiago scheint ein immerdauerndes Fest zu feiern. Straßenmusiker spielen keltische Musik. Die Gaststätten, Restaurants und Bars bersten unter dem Andrang der Menschen. Wir vier Pilger, die wir uns unterwegs immer wieder begegnet sind, bleiben während unseres Aufenthaltes in Santiago zusammen. Wir treiben in dem Menschenstrom. Um auszuruhen, lassen wir uns in ein Café schwemmen. An unserem Tisch nimmt ein Pilger aus Salamanca Platz. Er ist ebenfalls zu Fuß gegangen und bereits seit einer Woche in Compostela. Wir fragen ihn nach Justin. Ja, er hat einen Franzosen, der so hieß, tatsächlich hier angetroffen. Nur von Gerda finden wir keine Spur.

Im Laufe des Gesprächs fragt mich der Pilger aus Salamanca, welcher Konfession ich angehöre. Ich antworte wahrheitsgemäß. Sehr konsterniert vergewissert er sich:

»Du bist kein Christ?«

»Nein.«

»Du glaubst nicht an Gott?«

»Nein.«

Er schaut mich fassungslos an. Dann faßt er sich und sagt: »Du lügst, denn wenn du nicht an Gott glauben würdest, dann hättest du nicht den Weg bis Santiago geschafft. Ich selbst war oft nahe daran aufzugeben. Und ich bin ein Mann! Du als Frau hättest die Strapazen nie aus eigener Kraft bewältigen können, denn nur mit göttlicher Hilfe und der des heiligen Jakobus konnte es dir gelingen, also mußt du doch an sie glauben, sonst wär dir nicht geholfen worden.«

Sagt es und wendet sich brüsk von mir ab. Er unterhält sich fortan nur noch mit Pavel, Tommaso und Atze. Für ihn existiere ich nicht mehr.

Am späten Nachmittag spazieren wir über das große Geviert der »Plaza del Obradoiro«, setzen uns auf eine der Balustraden neben dem »Palacio Gelmirez«. Der Tag war sonnig gewesen, nun versinkt die Sonne und übergießt den grauen Granit mit goldenem Licht. Tatsächlich, die Kathedrale glüht und flammt in Gelbtönen, wie der Ginster im galicischen Grenzgebirge.

Nachdenklich meint Tommaso: »Was ist nun dran an der Legende? Könnte es nicht doch das Grab des Sankt Jakob gewesen sein?«

Atze gibt zu bedenken: »Das Gebiet hier war in vorchristlicher Zeit ein großer Friedhof, ein *compostum*, darauf soll auch der Name Compostela zurückzuführen sein, also nicht auf *campos stellea*, Sternenfeld.«

»Eben weil es ein antiker Friedhof war, könnte doch der Apostel hier begraben worden sein«, erwidert Tommaso.

»Das wird man nie erfahren können«, sage ich. »Es werden unbeweisbare Vermutungen bleiben. Aber wißt ihr eigentlich, daß die Reliquie ein zweites Mal gefunden wurde?«

»War sie denn verschwunden?« wundert sich Atze.

»Ja, man versteckte sie, während eines Krieges mit den Engländern. Nach dem Krieg wurde sie vergessen. Die Zeit verging. Es gab niemanden mehr, der wußte, wohin sie gebracht worden war. Erst im vorigen Jahrhundert, im Jahr 1879, ließ Kardinal Payé y Rico die Reliquie suchen. Zwischen zwei Mauern in der Apsis fand man sie. Natürlich konnte niemand sagen, ob es die richtigen Knochen waren, deshalb erklärte sie Papst Leo XIII. für heilig und echt.«

273

»So richtig kann ich mir das nicht vorstellen, weshalb die Menschen eine Reliquie verehren. Warum ist es für sie so wichtig, ein paar Splitter vom Kreuz und Haare, Knochen, Zähne und was nicht noch alles, eines Heiligen zu besitzen?« äußert sich Atze.

Tommaso hält dagegen: »Doch, das verstehe ich. Die Teile ihres Körpers und Gegenstände, mit denen die Heiligen in Berührung kamen, tragen eben in sich göttliche Kraft. Wenn man das glaubt, dann besitzt man mit einer Reliquie einen Anteil am himmlischen Heil. Deshalb waren Reliquien im Mittelalter so wichtig. Erst durch sie wurde ein Gotteshaus eine geweihte Stätte.«

Ich füge hinzu: »Die Kirchenfürsten haben sich die Reliquien sogar gegenseitig gestohlen oder stehlen lassen. Ich habe gelesen, daß ein Pilger beim Küssen des Armes einer Heiligenmumie ein Stück abgebissen hat, um es als Geschenk für seine Heimatkirche mitzubringen.«

»Puh, mir wird schlecht«, ruft Tommaso, und Atze verspottet mich: »Du erzählst wieder Märchen, unglaublich!«

»Ist aber wahr!« sage ich.

»Erzähl Tommaso lieber die Legende von dem Sünder«, entgegnet der Holländer.

»Sie ist ganz kurz«, beschwichtige ich Tommaso, der keine langatmigen Geschichten mag. »Also, es war einmal ein Italiener . . .«

»Oh, das ist gemein, das sagt sie nur deshalb, weil ich auch aus Italien stamme«, protestiert er.

»Hör doch erst mal zu«, ermahne ich ihn. »Es war also ein Italiener. Er hatte eine so große Sünde begangen, daß sein Beichtvater erschrak und nicht wagte, ihm Ablaß zu gewähren. Er befahl ihm, die Sünde auf ein Pergament zu schreiben und mit dem Geschriebenen nach Santiago zu pilgern. Der Sünder tat, wie ihm geheißen. Als er endlich ankam, legte er das Schriftstück auf den Altar und betete um Vergebung. Ein Priester hob das Pergament auf, betrachtete es und fragte den Pilger, welche Sünde er begangen habe. Der Mann begann zu berichten, aber bevor er seine böse Tat nennen konnte, unterbrach ihn der Priester und zeigte ihm das Pergament. Es stand kein Wort darauf. Die Schrift war ausgelöscht, als Zeichen, daß ihm vergeben worden war.«

»Ganz klar«, meldete sich Tommaso sofort, »der Priester hat das Pergament rasch gegen ein anderes eingetauscht, damit der Mann an ein Wunder glauben sollte. Wunder wurden schnell bekannt und machten Santiago berühmt, dann kamen noch mehr Pilger.«

»Ach, Tommaso«, schimpfe ich, »mit deinem Realismus machst du meine schöne Geschichte kaputt.«

»Aber er hat recht«, sagt Atze. »Darauf bin ich noch gar nicht gekommen. Den Kirchenherren ging es ja stets darum, ihren Einfluß auf die Menschen zu vergrößern. Und da wirkten Wunder eben am besten. Außerdem brauchten sie viel Geld für ihre kostspieligen Bauten. Ein Großteil der Summen erhielten sie aus der Ablaßregelung. Je mehr Menschen nach Santiago pilgerten, um so reicher wurde die Kirche.«

Tommaso fügte hinzu: »Man muß sich das mal überlegen, wie viele Leute Jahr für Jahr kamen. Und da die Menschen so große Angst um ihr Seelenheil hatten, spendeten sie alles Geld, das sie erübrigen konnten, der Kirche.«

Ich nicke zustimmend und sage: »Wir können uns das wohl kaum noch vorstellen, wie unentrinnbar die Menschen von Schuldvorstellungen erdrückt wurden. Von Geburt an war der Mensch an die Kirche gebunden und mußte sich ihren Gesetzen und Vorschriften unterordnen. Er hatte gar keine Wahl. Austreten aus der Kirche, war unmöglich, er wäre als vogelfrei erklärt worden, jeder hätte ihn auf der Stelle töten können. Die Kirche kontrollierte alles, nichts entging ihrer Aufmerksamkeit, sie beeinflußte Kunst und Kultur, bestimmte das Zusammenleben der Menschen, die richtige Ausübung der Ehe, die Erziehung der Kinder, die Moralansichten, selbst, wie man zu sterben hatte, sie organisierte Kreuzzüge und Kriege.«

»Und schuf Heilige und Pilgerstätten«, ergänzt Tommaso.

»Ihr habt ja recht«, wirft Atze ein, »aber ich bin froh, daß Pavel bereits abgefahren ist. Er wäre sehr verletzt durch solche Reden.«

»Dann hätten wir das auch nicht so gesagt. Du sagst auch nicht immer und jedem, was du denkst, oder?« entgegnet Tommaso.

Während unserer Spaziergänge durch die Altstadt blieb die Kathedrale stets Mittelpunkt. Wir mochten noch so verwinkelten Straßen folgen, am Ende gelangten wir doch immer wieder zu ihr, standen vor einem ihrer zahlreichen Portale. Am besten gefiel sie mir nachts. Dunkel und geheimnisvoll schimmerten dann ihre Steine im Mondlicht.

Ich verbrachte noch einen ganzen Tag in der Stadt. Pavel hatte sich gestern von uns verabschiedet. Für die Rückkehr nach Polen benutzt er den Zug. Tommaso und Atze fuhren heute wieder zurück. Das Gefühl der Freude über das Erlebte mischte sich mit der Melancholie des Abschiedes. Wir drei waren dem gleichen Weg gefolgt, hatten uns in Santiago wiedergetroffen, und dennoch war jeder seinen eigenen Weg gegangen. Wir trennten uns mit dem Wissen, daß unsere Lebenswege so weit auseinanderliegen, daß wir uns wohl nicht noch einmal begegnen werden.

Am letzten Abend wandere ich allein durch die Stadt. Es gibt noch genauso viele Menschen wie zuvor, aber ich nehme sie nicht recht wahr. In mir ist es ruhig und still geworden. Ich denke an alle Begegnungen auf dem Jakobsweg. Da war Pater Sampedro, der mir zu Beginn der Pilgerreise über die geschichtlichen Hintergründe viel zu erzählen wußte. Ich erinnere mich an die Padres, Priester und Mönche, die mich freundlich aufnahmen, wie die Mönche in San Millán de Yuso, mir Weisungen gaben wie der Pfarrer in Azofra, Legenden und Geschichten erzählten und mich Einblicke gewinnen ließen in mir zuvor fremde und unbekannte mönchische Lebensformen. Und dann die Menschen in den Dörfern: Die tatkräftige Wirtin Carmen in Lorca und ihr Sohn Jorge, der mir mit der Schilderung von den messerwetzenden Einwohnern Schrecken einjagen wollte. Die Bäuerinnen in Torres del Rio, die mir Brote an mein Nachtlager unter dem Kirchendach brachten und blaue Sandalen schenkten. Jesus aus Logroño, der mich zu Pfarrer Don Rafael führte. Die Einwohner von Villalcázar, sie luden Atze und mich zum Essen und Weintrinken in ihre Bodega ein, und dann die Prozession zur »Virgen del Rio«, der Regengöttin. Die alten Menschen, die ausharren in ihren Gebirgsdörfern, die von den jungen Leuten verlassen worden sind. Ich erinnere mich an Antonia, die mich nachts in ihr Haus aufnahm, an die madonnenschöne Maria aus El Faba und an die alte Marina, die letzte von Foncebadon. Ich begegnete unterwegs Menschen, die auch nach Santiago pilgerten. Wir trafen uns und trennten uns wieder, jeder machte seine Erfahrungen, und hier am Ziel bewirkten vor allem Atze und Tommaso, daß die Apostelstadt doch noch zu einem Erlebnis für mich wurde. Und da waren die Zeugnisse der Vergangenheit, besonders die romanischen Bauwerke von Eunate, Puente la Reina, Estella, San Millán de Suso, Fromista, Sahagùn, San Miguel de Escalada, Peñalba…

Und nicht zuletzt die Landschaft, die hier in Spanien vielerorts noch Lebensraum für Tiere und Pflanzen ist. Reich bin ich beschenkt worden. Viel habe ich erfahren und gelernt. Ich bin keine andere geworden, aber ich bin nun einverstandener mit mir, so wie ich bin.

Ich denke an die Zeit vor 1100 Jahren, als hier, wo später die große Stadt entstehen sollte, ein Hirte das überirdische Leuchten sah. Das Apostelgrab wurde gefunden. Das »Sternenfeld« wurde zu Compostela, der Stadt von Sant'Jago. Das Phänomen der Pilgerfahrten, einer der gewaltigsten Massenbewegungen des christlichen Europas, wurde durch das Jakobsgrab initiiert. Architektur, Bildhauerei, Literatur, Malerei, Musik, aber auch Wirtschaft und Politik des Abendlandes entwickelten sich zu ihrer heutigen Form und Ausprägung unter dem Einfluß des Pilgerweges. Ohne ihn wäre Europa ganz gewiß anders, als es heute ist.

Ich saß lange auf einer Parkbank im Herradura-Park. Die Sonne, die die Türme, Kirchen, Klöster und Paläste vergoldet hatte, ist längst untergegangen. Es ist dunkel geworden. Schwarz heben sich die Silhouetten der Türme gegen den Nachthimmel ab. Morgen früh werde ich bereits unterwegs sein, nach Finisterre, dem Ende der Welt, meinem allerletzten Ziel. Es beginnt leise zu regnen. Die Stille wird von den klaren, weithin schwingenden Glockentönen der Kathedrale durchdrungen.

27 Finisterre

Es ist schön, wieder unterwegs zu sein. Von Santiago de Compostela hatte ich Abschied genommen. Eine wichtige Erfahrung für mich, doch konnte sie nicht der Anschluß meiner Pilgerreise sein. Ich

277

glaube, erst wenn ich das »Ende der Welt«, Finisterre, erreiche, wird sich mein Unterwegssein wirklich mit Sinn erfüllen. Ich denke darüber nach, was die Bezeichnung »Ende der Welt« für mich bedeutet. Es klingt nach absolutem Ende: Ende der Welt – Ende des Lebens. Das ist aber für mich keine schreckliche Vorstellung. Nicht mehr als Lebewesen existent zu sein, ist für mich ein befreiender Gedanke. Die Auflösung ist eine Erlösung von der Verantwortung als Individuum. Meine Substanz als Einzelwesen kann sich dann überallhin verteilen, in alles einfließen, wieder dem Gesamten angehören. Aber solange ich lebe, will ich so individuell sein, wie es nur mir allein möglich ist. Ich will meinen Weg gehen, der mein ist und nur der meine sein kann. Unterwegs auf meinem Lebensweg möchte ich Menschen begegnen, aber ich kann niemandem folgen und will keinem erlauben, mir zu folgen. Vor meiner Pilgerschaft hatte ich mich noch gegen diese Bestimmung gesträubt. Ich bin mir unterwegs immer sicherer geworden, daß ich allein leben muß und will.

Die ersten Kilometer, die ich mich von Santiago de Compostela entfernte, waren eigenartig. Da war ich Tag für Tag von den Pyrenäen nach Westen gewandert, mit dem Namen einer Stadt im Bewußtsein, und die Menschen am Wegesrand wünschten mir: »*Suerte por el camino a Santiago de Compostela!*« Und nun pilgere ich weiter, aber Santiago – Santiago liegt jetzt nicht westwärts von mir, sondern im Osten hinter mir. Da ist kein Weg mehr, der als Pilgerweg anerkannt ist, sondern ich habe die Wahl zwischen verschiedenen Pfaden. Mit Karte und Kompaß muß ich einen Weg durch die Landschaft suchen. Keine anderen Pilger und keine *refugios*. Ich bin nicht mehr ein Teil der großen Pilgerbewegung, sondern allein auf einem Weg, den ich nur gehe. Zunächst fühle ich mich sehr einsam.

Heißt das überhaupt noch »pilgern«? Jetzt wandere ich doch nur noch einen beliebigen Weg entlang. Dann erinnere ich mich an die Worte des Pfarrers Rafael. Hatte er nicht gesagt, daß im Mittelalter viele Menschen bis Finisterre pilgerten? Und allmählich, während ich dem Meer entgegengehe, fühle ich mich wieder verbunden mit den Schatten der Vergangenheit.

Ich wähle nicht die Strecke nach Noya, die direkt ans Meer und dann auf einer gewundenen Küstenstraße entlang bis zum Kap führt, sondern ich suche meinen Weg durch das Küstengebirge.

Eine Landschaft von berauschender Schönheit! Mit jedem Schritt fühle ich mich leichter und freier.

Ich bin noch weit entfernt vom Meer, etwa achtzig Kilometer, und doch vermeine ich, den Seewind bereits zu spüren, da ist der Geruch von Tang und Salz. Die Luft ist frisch und kühl.

Die Landschaft ist in tafelebene Hochflächen und tiefe Taleinschnitte gegliedert. Mal laufe ich über die steinigen Berge, die mit Ginster, Fingerhut und Heide geschmückt sind, dann wieder steige ich hinab in die grünen Täler, an deren Grund klares Wasser fließt.

Eingebettet in die Natur kleine Dorfflecken. Dicht bei den Häusern gartenkleine Felder. In gelben, braunen und grünen Schattierungen mustern sie die Talhänge. Menschen arbeiten auf den Feldern. Vom gegenüberliegenden Hang schaue ich auf die andere Talseite hinüber, wie auf ein Bauerngemälde von Brueghel. Da bündeln Frauen mit breiten Strohhüten auf dem Kopf das Korn. Schnitter schwingen die Sense. Andere lagern im Schatten unter einem Baum. Eine Frau treibt schwarze und braune Kühe mit einer Gerte den Weg entlang. Eine zweite, ganz in Schwarz gekleidet, balanciert ein Bündel Blätter auf dem Kopf. Dort mäht ein Mann Gras. Einige Leute wenden das Heu und schichten es zu Haufen auf. Ein alter Mann transportiert in einer Schubkarre Steine, die er vom Feld aufgelesen hat, und Kinder zupfen zwischen den Anpflanzungen Unkraut heraus. Tätige Menschen überall; Familien, die säen, was sie zum Leben benötigen, und Nachbarn, die sich gegenseitig helfen. Ich habe das Gefühl, einen Blick rückwärts zu tun, in eine Zeit, als die Menschen mit ihren Händen erarbeiteten, was sie zum Essen brauchten, in eine Zeit, als es noch keine Maschinen gab. Würde ich so leben wollen? Ich könnte auf Dauer keine Lebenserfüllung darin sehen, tagein, tagaus zu arbeiten, nur damit ich zu essen habe. Wenn ich in so einen Zeitraum hineingeboren worden wäre, dann würde ich in jedem Dorf eine Weile bleiben, mir meinen Lebensunterhalt verdienen und dann weiterziehen. Sobald alle Vorräte aufgebraucht wären und ich wieder Hunger hätte, würde ich mich auf dem nächsten Bauernhof verdingen, und so durch die Welt wandernd Erfahrungen sammeln. Es ist immer nur ein einziges Lebenskonzept, das ich mir ausmale. Meine Vorstellung sträubt sich gegen eine seßhafte Lebensweise, gegen Dauer und Beständigkeit.

Die Menschen in dieser Gegend sind mir gegenüber verschlossen. Auf dem Pilgerweg war ich keine Fremde, sondern ein Mitglied des großen Pilgerstromes. Dort nahmen die Bauern Anteil mit guten Wünschen. Sie grüßten mich zuerst, stellten Fragen und gewährten mir Gastfreundschaft. Jetzt bin ich eine, die nicht mehr dazugehört. Wenn ich die Leute grüße mit »Guten Tag«, antworten sie »Auf Wiedersehen«. Sie stellen keine Fragen, beginnen kein Gespräch. Da ich als Fremde durch ihr Gebiet laufe, empfinden sie mich als Eindringling. Nur wenn ich länger bleiben würde, könnte ich wohl langsam ihr Vertrauen erwerben.

Die Nächte verbringe ich oben auf den trockenen Hochflächen. Zweimal übernachte ich zwischen Ginster und Heidekraut. Dabei habe ich immer dieses Gefühl der Sicherheit und der Geborgenheit in der Natur. Solange ich mich ihr einfüge, schützt sie mich. Befinde ich mich in einer menschenleeren Gegend, muß ich nicht überlegen, wie ich handeln soll. Das ergibt sich von selbst. Das Leben in der Natur ist eindeutig. Es gibt keine Zweifel, keine Mißverständnisse, keine Heuchelei, keine Lügen und keine Liebe. Denn kein Lebewesen – keine Pflanze, kein Tier, kein Mensch – ist wichtig als Individuum, aber sie alle haben teil an dem großen, nicht sinnbezogenen Kreislauf des Entstehens und Wiedervergehens. Wenn ich in der Natur bin, vergesse ich, die Sinnfrage zu stellen. Die Natur wertet nicht, sie kennt weder gut noch schlecht, sie schützt nicht das Schöne und bestraft nicht das Häßliche, sie ist nicht gerecht, aber auch nicht ungerecht. Wer seine menschliche Vorstellung auf die Natur anwenden will, kann nichts verstehen. Der naturentfremdete Mensch verherrlicht sie: Es entsteht ein sentimentales Naturgefühl von der edlen und reinen, der gütigen und lebenspendenden Mutter Erde. Lernt er sie dann hautnah kennen, erfährt er die Urgewalt der Natur. Sogleich verwandelt sie sich in seiner Vorstellung in ein grausames Ungeheuer, in die brutale, alles Schwache vernichtende Gewalt, in einen furchtbaren, lebensverschlingenden Schlund. Weil der Mensch sich von der Natur entfernt hat, mystifiziert er sie. Weil er selbst urteilt und verurteilt, unterstellt ihr er einen Sinngehalt, den sie doch niemals haben kann.

So wie ich nirgendwo lange bleiben kann, möchte ich mich auch nicht zeitlebens nur in menschenlosen Gebieten aufhalten. Ich fühle mich wie ein Wanderer zwischen den Welten. In der Natur laden sich meine Lebensbatterien auf. Dann nach einiger Zeit wird mir langweilig. Ich gehe wieder zu den Menschen, zu den Widersprüchen und Vergeblichkeiten. Das Dasein dort kommt mir vor wie auf der Bühne, jeder sucht sich eine Rolle, sie warten auf den Regisseur und weil keiner erscheint, spielen sie schon mal los, dann fesselt sie das Spiel, sie vergessen den Regisseur und daß sie eigentlich nur eine Rolle spielen. Es macht mir Spaß, auf dieser Lebensbühne zu spielen, es ist unterhaltsam und abwechslungreich. Wenn ich in einem traurigen Stück mitspiele, vergesse ich, daß das Leben ein Theater ist. Dann bin ich wirklich zu Tode verzweifelt. Erst wenn ich in den tiefen Abgrund gestürzt bin, fällt mir wieder ein, daß es nur Theater ist, dann erlebe ich die lustvollsten Momente meines Lebensspiels.

Am Nachmittag des dritten Tages höre ich den Schrei einer Möwe. Der Geruch von Tang und Algen war immer intensiver geworden. Ein Pinienwald – dann Blau! Blau – das Wasser, blau – der Himmel. Ich stehe auf der äußersten Spitze der schwarzen Granitfelsen, weiß schlagen die Wellen an den Fels, weiß die schreienden Möwen, und blau die wellenbewegte Fläche bis zum Horizont. Finisterre! Ende der Welt! Mir ist plötzlich, als wäre ich schon öfter hier gewesen, zu anderen Zeiten, in anderer Gestalt. Der Wind weht mein Haar durcheinander, bläst es mir ins Gesicht und biegt es seitwärts zu einer blonden Fahne. War es nicht einstmals schwarz gewesen? In meiner Vorstellung sehe ich lange, schwarze Flechten im Winde flattern, sie ändern sich, werden heller, bekommen einen brauen Farbton, dann flammt es rot im Sonnenlicht, um sich schließlich in altersweises Grau umzufärben. Oft war ich schon hier gewesen, in vielerlei Gestalt. Mein Finisterre! Nun bin ich da, am Ende meiner Pilgerreise.

Durch Gestrüpp und Klippen steige ich hinunter zur Wasserkante. Ich ziehe mich aus und schwimme ins Meer hinaus. Das

Wasser ist kalt. Es umfängt meinen Körper gewaltsam, so daß mir zuerst der Atem stockt. Allmählich paßt sich meine Körpertemperatur an. Wie schön, ein Mensch zu sein!

Später suche ich mir in den Felsen eine ebene Fläche zum Schlafen. Die Sonne senkt sich nach Westen, dort, wo Amerika liegt. Das Ende der Welt ist nicht hier, es ist nirgendwo.

Ich breite die Arme aus und grüße die Elemente: Das Meer vor allem, den Wind, die Sonne, die Steine. Ich bin glücklich mit dem Gedanken, daß es für mich nirgendwo einen Platz auf der Erde gibt, denn das bedeutet, ich bin überall zu Hause. Ich schlafe ein, gewiegt von den Geräuschen der Wellen und wache wieder auf, als der Himmel sich rötet. Zum Abschied schwimme ich nochmals im Meer. Der Wind trocknet meine nackte Haut. Nun bin ich angekommen und gehe wieder, neue Wege, neue Ziele zu suchen. Ich weiß, sie sind nicht eigentlich neu, es bleiben immer die gleichen. Das Leben ist eine ständige Weiterbewegung, die doch nirgendwo hinführt. Ich sehe die Wellen. Weiß schäumen sie auf, wenn sie an die schwarzen Felsen schlagen, dann schwingen sie zurück, um sich von neuem zu krümmen; es sind immer die gleichen Wellen, aber immer andere, immer neue. Realität und Traum. Wirklichkeit und Wunschvorstellung. Ich könnte nicht leben ohne das eine und das andere. Ich brauche die Welt, wie sie wirklich ist und wie ich sie mir ausdenke. Ich muß unterwegs sein, nicht um anzukommen, sondern um immer wieder neu mich selbst zu finden und zu erfinden.

Das Meer, es dringt in mich ein, ich nehme seine Farbe auf, seinen Geruch und das Geräusch der Brandungswellen. Ich habe Zeit, alle Zeit des Lebens.

Ich finde mich wieder in dem Ort Finisterre, an der Bucht gelegen, bevor das Kap ins Meer stößt. Ich sitze auf einer Bank, beschattet von den Bäumen des Platzes. Es ist der 40. Tag meines Unterwegsseins, ein Sonnabend. Der Platz wird von den Bewohnern des Ortes in ihr Leben einbezogen, so kann ich als Fremde beobachtend teilnehmen. Da sitzen auf der Bank gegenüber zwei Kinder. Der Junge bemüht sich, dem Mädchen das Lesen beizubringen. Sie hat keine Lust und zieht einen Schmollmund. Geduldig ermahnt er die Kleine. Sie gehorcht, folgt seinem Finger und buchstabiert mühselig, dann huschen ihre Augen wieder hinüber zu den ballspielenden Kindern. Unter denen fällt mir ein Mädchen auf! Sie gibt den anderen Anweisungen, kommandiert sie herum. Niemand murrt. Sie gehorchen widerspruchslos ihren Befehlen. Das selbstbewußte Kind hat abstehende schwarze Zöpfe, zusammengerollte Socken und ein pfiffiges, aufgewecktes Gesicht – eine spanische Pippi Langstrumpf. Ein alter Mann sitzt auf der Bank neben mir. Er liest Zeitung. Ein Mütterchen mit geblümter Kittelschürze, grauem Dutt und einem Strohkörbchen am Arm schlurft zu ihm und schreit ihm ins Ohr, daß die Worte über den Platz hallen. Eine Frau in einem hellblauen Kleid faßt die schwarzzöpfige Pippi Langstrumpf an der Hand und führt sie in ein Haus. Eine Tür öffnet sich, und heraus kommt ein kleiner Junge. Der Dreikäsehoch umklammert einen Fußball. Er legt ihn auf den Boden und schießt ihn vor sich her, dabei verliert er selbst fast das Gleichgewicht. Jetzt hat er den alten Mann mit der Zeitung zum Mitspielen auserkoren. Der läßt sich erweichen und schießt den Ball zurück. Der Kleine strahlt, legt den Ball vor sich hin, nimmt Anlauf, rennt, schießt und der Ball landet im Springbrunnen. Ein Vorübergehender fischt ihn heraus, wirft ihn dem Kind zu. Aus einer Bar dringt Musik. Dort sitzen Männer mit ihrem *cafecito* oder ihrer *copita de vino*, Kinder, an rosa Zuckerstangen lutschend, überqueren den Platz, lachen und verschwinden in einer Seitenstraße. Zu dem Platz kommen die Menschen und gehen wieder. Manche bleiben länger, andere nur kurz und tauchen später wieder auf. Das Mädchen, das Lesen lernen sollte, wird von ihrer Mutter gerufen. Froh, dem Lernen zu entkommen, springt sie ins Haus. Der Junge bleibt sitzen mit seinem Buch auf den Knien. Er trägt kurze, weite Hosen und ein weißes Hemd, beides blau umrandet. Er hofft wohl, daß seine Schülerin zurückkommt. Der Mann hat sich wieder seiner Zeitung zugewandt. Der Kleine schießt seinen Ball nun zu einem Baum, aber er trifft ihn nie. Eine Frau tritt aus einem Haus. In der Hand hält sie einen Teller. Sie kommt geradewegs auf mich zu und sagt:

»Ich sehe Sie schon so lange hier sitzen. Es ist Mittag. Gewiß haben Sie Hunger bekommen.« Sie reicht mir den Teller. Auf dem weißen Porzellan liegen drei gebratene Fische.

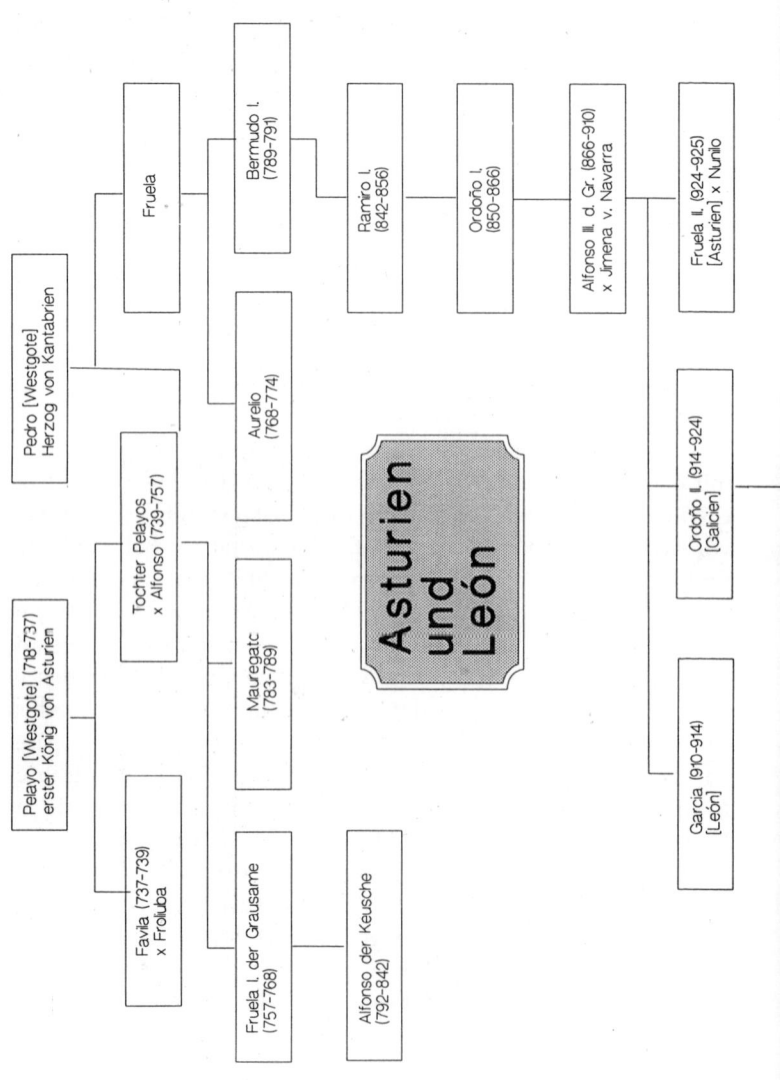

Asturien und León

Pedro [Westgote] Herzog von Kantabrien

Pelayo [Westgote] (718–737) erster König von Asturien

Fruela

Bermudo I. (789–791)

Ramiro I. (842–856)

Ordoño I. (850–866)

Alfonso III. d. Gr. (866–910) x Jimena v. Navarra

Fruela II. (924–925) [Asturien] x Nunilo

Ordoño II. (914–924) [Galicien]

Garcia (910–914) [León]

Aurelio (768–774)

Tochter Pelayos x Alfonso (739–757)

Favila (737–739) x Froiluba

Mauregato (783–789)

Fruela I. der Grausame (757–768)

Alfonso der Keusche (792–842)

284

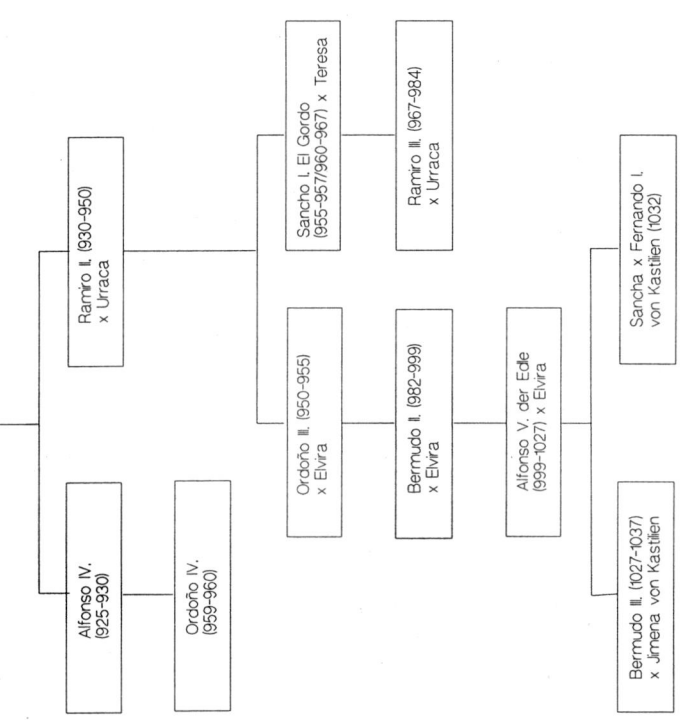

Alfonso IV.
(925-930)

Ordoño IV.
(959-960)

Ramiro II. (930-950)
x Urraca

Ordoño III. (950-955)
x Elvira

Sancho I. El Gordo
(955-957/960-967) x Teresa

Ramiro III. (967-984)
x Urraca

Bermudo II. (982-999)
x Elvira

Alfonso V. der Edle
(999-1027) x Elvira

Bermudo III. (1027-1037)
x Jimena von Kastilien

Sancha x Fernando I.
von Kastilien (1032)

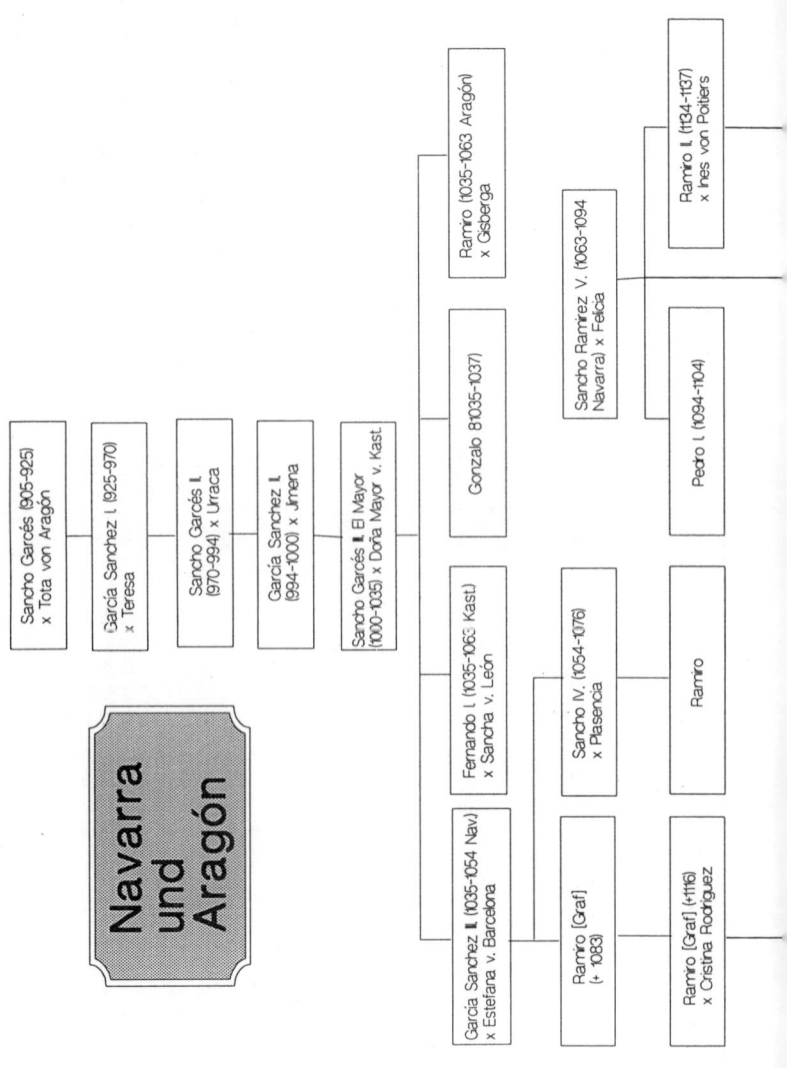

Navarra und Aragón

Sancho Garcés (905-925) x Tota von Aragón

García Sánchez I. (925-970) x Teresa

Sancho Garcés I. (970-994) x Urraca

García Sánchez I. (994-1000) x Jimena

Sancho Garcés II. El Mayor (1000-1035) x Doña Mayor v. Kast.

García Sánchez II. (1035-1054 Nav.) x Estefanía v. Barcelona

Fernando I. (1035-1065 Kast.) x Sancha v. León

Gonzalo II (1035-1037)

Ramiro (1035-1063 Aragón) x Gisberga

Ramiro [Graf] (+ 1083)

Sancho IV. (1054-1076) x Placencia

Sancho Ramírez V. (1063-1094 Navarra) x Felicia

Ramiro [Graf] (+1116) x Cristina Rodríguez

Ramiro

Pedro I. (1094-1104)

Ramiro I. (1134-1137) x Inés von Poitiers

286

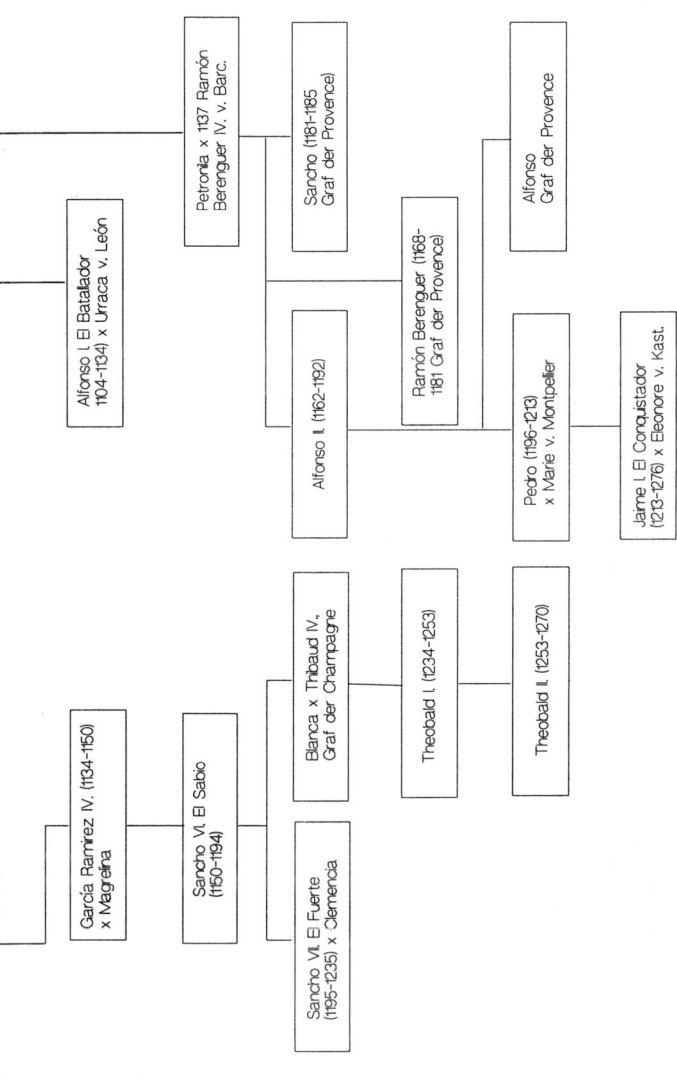

Alfonso I. El Batallador
1104-1134) x Urraca v. León

Petronila x 1137 Ramón
Berenguer IV. v. Barc.

Sancho (1181-1185)
Graf der Provence

Alfonso II. (1162-1192)

Ramón Berenguer (1168-
1181 Graf der Provence)

Alfonso
Graf der Provence

Pedro (1196-1213)
x Marie v. Montpellier

Jaime I. El Conquistador
(1213-1276) x Eleonore v. Kast.

García Ramírez IV. (1134-1150)
x Magrelina

Sancho VI. El Sabio
(1150-1194)

Blanca x Thibaud IV.,
Graf der Champagne

Sancho VI. El Fuerte
(1195-1235) x Clemencia

Theobald I. (1234-1253)

Theobald II. (1253-1270)

287

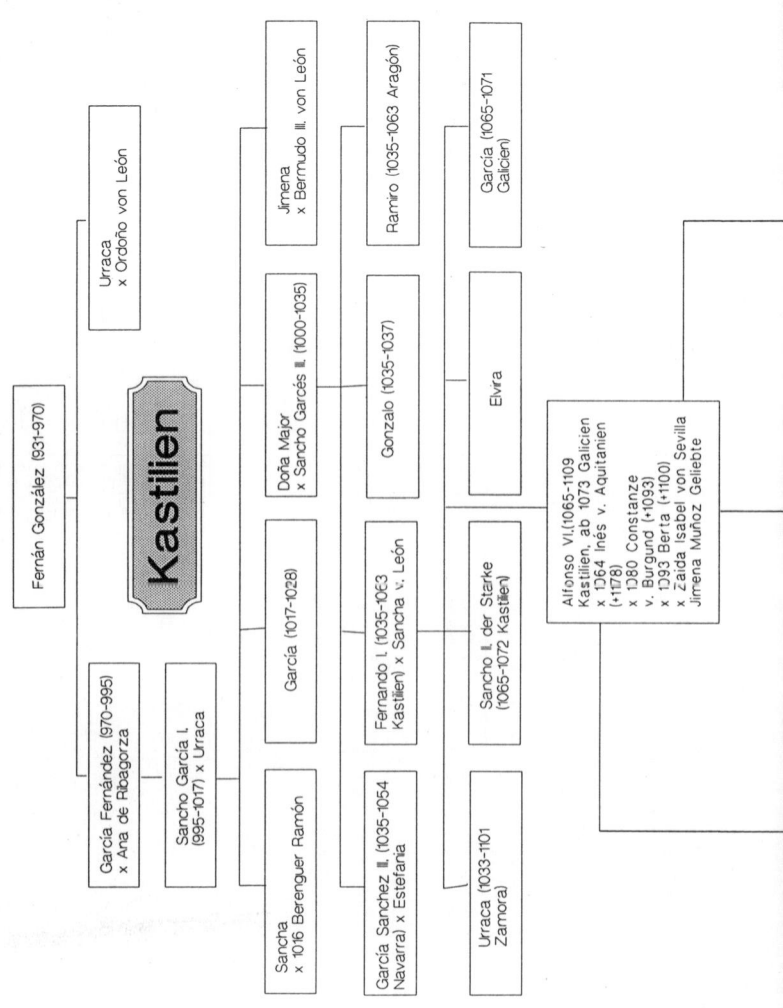

Kastilien

Fernán González (931-970)

Urraca
x Ordoño von León

García Fernández (970-995)
x Ana de Ribagorza

Sancho García I.
(995-1017) x Urraca

García (1017-1028)

Doña Major
x Sancho Garcés III. (1000-1035)

Sancha
x 1016 Berenguer Ramón

García Sánchez II. (1035-1054
Navarra) x Estefanía

García (1035-1063
Kastilien) x Sancha v. León

Fernando I. (1035-1063
Kastilien) x Sancha v. León

Gonzalo (1035-1037)

Jimena
x Bermudo III. von León

Ramiro (1035-1063 Aragón)

Urraca (1033-1101
Zamora)

Sancho II. der Starke
(1065-1072 Kastilien)

Elvira

Alfonso VI.(1065-1109
Kastilien, ab 1073 Galicien
x 1064 Inés v. Aquitanien
(+1178)
x 1080 Constanze
v. Burgund (+1093)
x 1093 Berta (+1100)
x Zaida Isabel von Sevilla
Jimena Muñoz Geliebte

García (1065-1071
Galicien)

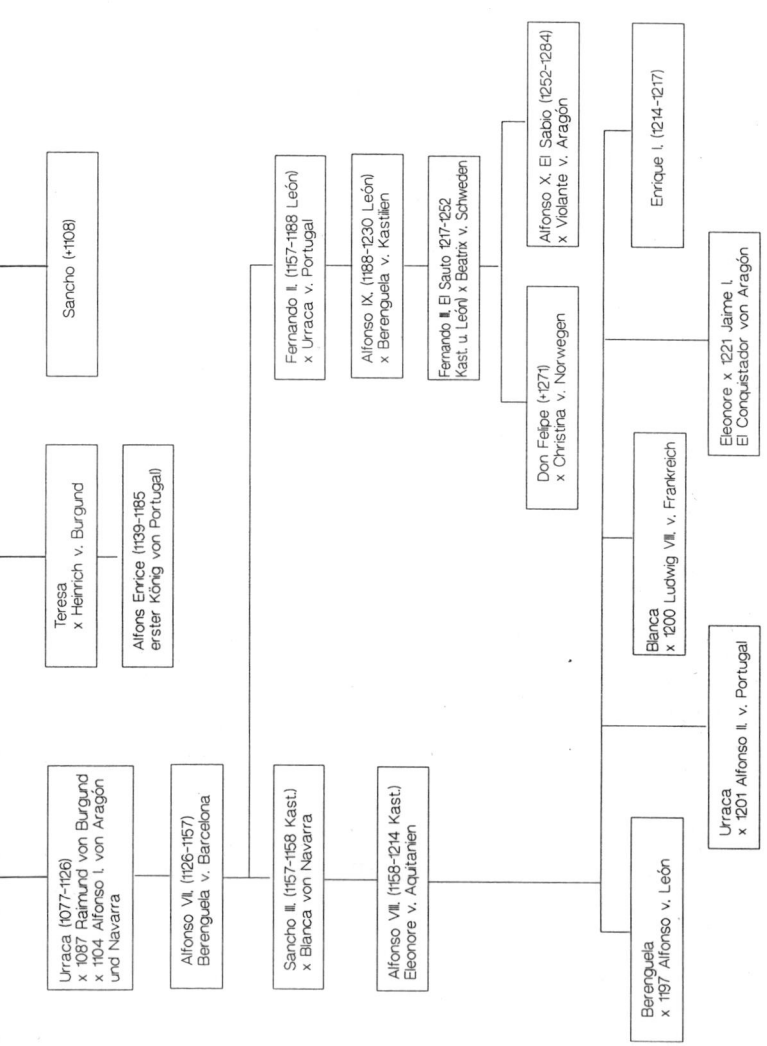

Sancho (+1108)

Teresa
x Heinrich v. Burgund

Alfons Enrice (1139–1185
erster König von Portugal)

Urraca (1077–1126)
x 1087 Raimund von Burgund
x 1104 Alfonso I. von Aragón
und Navarra

Alfonso VII. (1126–1157)
Berenguela v. Barcelona

Fernando II. (1157–1188 León)
x Urraca v. Portugal

Alfonso IX. (1188–1230 León)
x Berenguela v. Kastilien

Sancho III. (1157–1158 Kast.)
x Blanca von Navarra

Alfonso VIII. (1158–1214 Kast.)
Eleonore v. Aquitanien

Fernando III. El Sauto 1217–1252
Kast. u. León x Beatrix v. Schweden

Alfonso X. El Sabio (1252–1284)
x Violante v. Aragón

Don Felipe (+1271)
x Christina v. Norwegen

Enrique I. (1214–1217)

Berenguela
x 1197 Alfonso v. León

Urraca
x 1201 Alfonso II. v. Portugal

Blanca
x 1200 Ludwig VIII. v. Frankreich

Eleonore x 1221 Jaime I.
El Conquistador von Aragón

289

Anhang

1. Reisetips für den Pilgerweg

Das Grab des Apostels Jakobus

Lichterscheinungen sollen Anfang des 9. Jahrhunderts dazu geführt haben, daß man im heutigen Galicien, im äußersten Westen des damaligen Königreiches Asturien und der damals bekannten Welt, das längst vergessene Grab des Apostels Jakobus wiederentdeckte.

Neuere Grabungen unter der Kathedrale von Santiago de Compostela haben einen antiken Friedhof freigelegt. Ob es sich bei einem der Gräber tatsächlich um das Grab des Apostels handelt, gilt als nicht gesichert.

Jakobus als Schutzpatron und »Matamoros«, der Maurentöter

Das christliche Spanien brauchte im 9. Jahrhundert die göttliche überirdische Hilfe im Kampf gegen die Araber (Mauren). Als Santiago Matamoros – als Maurentöter – auf weißem Pferd und mit geschwungenem Schwert »ritt« er in der Vorstellung der Menschen den siegreichen christlichen Heeren voran.

Die Bedeutung des Pilgerweges nach Santiago de Compostela

Entscheidend ist, daß der Kult des heiligen Jakobus nicht auf Spanien begrenzt blieb. Aus allen Himmelsrichtungen kamen die Pilger: Übers Meer reisten meist die Niederländer und Engländer, die Italiener fuhren oft mit dem Schiff bis Barcelona und folgten von dort dem Weg durch den Norden Spaniens. Die Deutschen trafen sich in Aachen und pilgerten durch Frankreich und über die Pyrenäen nach Spanien. Vier Wege durchquerten Frankreich. In Spanien folgten die meisten Pilger einem Hauptweg, der parallel zum Kantabrischen Gebirge von Puente la Reina über Santo Domingo, Burgos und León nach Santiago führt.

Im 11. Jahrhundert war die »Blütezeit« der Pilgerfahrten. Damals war die Wallfahrt nach Santiago wichtiger als jene nach Rom oder Jerusalem. Straßen wurden für die Pilger gebaut, Brücken, Herbergen und Hospize.

Das Grab des Apostels war zum Symbol des christlichen Kampfes gegen den Islam geworden. Aber nicht nur der europäische Adel und die geistlichen Würdenträger pilgerten nach Santiago, um ihre Macht und ihr Ansehen zu verstärken, sondern Tausende von einfachen Menschen legten das Pilgergelübde ab. Die Wallfahrt nach Santiago wurde zu einer gewaltigen Massenbewegung des christlichen Abendlandes. Diese, nur aus der mittelalterlichen Gläubigkeit zu verstehende Wanderschaft bewirkte einen kulturellen Austausch, der auf Europa befruchtend wirkte und eine freiheitliche geistige Atmosphäre schuf.

Im Laufe der Jahrhunderte veränderte die Wallfahrt nach Santiago ihren Charakter. Gaubenseifer und religiöse Begeisterung ließen nach. Ende des 16. Jahrhunderts, zur Zeit der Aufklärung, gab es kaum noch Wallfahrer.

Heute allerdings begeben sich mehr und mehr Menschen wieder auf den Weg nach Santiago, gerade um in unserem motorisierten und bequemen Zeitalter sich zu Fuß den Mühsalen des Weges zu stellen – auf der Suche nach Antwort auf die Fragen ihres Daseins.

2. Kunst am Jakobsweg

Die romanische Baukunst

Die Romanik ist der eigentliche Stil des spanischen Nordens. Im 11./12. Jahrhundert entstanden hier romanische Bauten von höchstem Rang: Kirchen, Klöster und Kathedralen.

Der mozarabische Stil: (9.–11. Jh.) Dabei handelt es sich um eine frühe Form der Romanik, die sich bei den Christen durch Einflüsse der arabischen Invasion entwickelte. Durch Flüchtlinge aus dem von Arabern besetzten Teil Spaniens verbreitete sich dieser Stil bis nach Norden. Typisch für den mozarabischen Stil sind der arabische Hufeisenbogen, die reiche Ornamentik und die mit Gurtbögen angelegten Kuppeln. Aber auch die Baukunst der Westgoten und byzantinische Einflüsse sind an den Bauwerken erkennbar: San Juan de la Pena (nähe Jaca), San Millán de Suso, San Miguel de Escalada, Santiago de Peñalba und Santo Tomás de las Ollas.

Der Mudejar-Stil: (12.–14. Jh.) Auch nach der Rückeroberung durch die Christen blieb der arabische Einfluß auf die Kunst erhalten, sei es, daß manche arabische Baumeister blieben und nun für christliche Auftraggeber arbeiteten oder spanische Handwerker sich deren Kenntnisse aneigneten. Die Kirchen von Sahagún sind beispielhaft für diesen Stil. In den Kreuzgängen zahlreicher Kirchen sieht man häufig Kapitelle mit wie zieliert wirkenden Ornamenten und mythologischem Sagengetier, die von arabischen Künstlern geschaffen sein könnten.

3. Klima – wann ist die beste Wanderzeit?

Für den Norden Spaniens gelten andere klimatische Bedingungen als für den Süden – es herrscht atlantisches Seeklima. Kälte und Regen bis ins späte Frühjahr. Regentage gibt es aber das ganze Jahr über, am geringsten sind die Niederschläge zwischen Juni und September. Hitze im Sommer, besonders in der etwa 800 m hohen Meseta, allerdings oft mit kalten Nächten.

Die schönste Wanderzeit ist Anfang Mai bis Ende Juni (mit Regen muß immer gerechnet werden, vor allem in der Provinz Galicien, und mit Kälte, Schneefall und Eisgraupel bei den drei Gebirgsüberquerungen).

In den Sommermonaten ist es tagsüber sehr heiß, vor allem beim Durchqueren der Meseta kann das Wandern anstrengend werden.

Der Herbst ist klimatisch wieder günstiger zum Pilgern, allerdings ist nun die Erde ausgebrannt und die Pflanzen verdorrt.

4. Einreisebestimmungen

Für Bundesdeutsche, Österreicher und Schweizer genügt der gültige Reisepaß bei einem Aufenthalt von drei Monaten. Bei der Überquerung der Pyrenäen auf dem Pilgerweg kommt man an keiner französischen/spanischen Grenzstation vorbei und hat deshalb keinen Einreisestempel im Paß. Da in Spanien bei Straßenkontrollen Ausweispflicht besteht, ist es vielleicht besser, sich diesen Stempel an der Grenzstation Vilcarlos zu holen! Ich hatte allerdings keinerlei Schwierigkeiten, auch nicht bei der späteren Ausreise mit der Bahn.

5. Geldwechsel

Die Umwechselkurse im Land sind meist günstiger, trotzdem sollte man einen genügenden Betrag schon vorher gewechselt haben, denn die nächste Möglichkeit dazu ergibt sich erst in Pamplona. Die Schalterstunden der Bank sind meist auf den Vormittag beschränkt. Euroschecks sind noch immer nicht so gern gesehen, leichter und mit besserem Kurs kann man D-Mark wechseln. Am leichtesten kommt der Besitzer eines Postsparbuchs an sein benötigtes Reisegeld. Die Postämter haben günstigere Öffnungszeiten (meist von 9–13 und von 16–19 Uhr) und vor allem gibt es sie auch in kleinen Ortschaften.

6. Wie erhält man einen Pilgerpaß und den Pilgerausweis?

In Deutschland gibt es zwei Pilgervereine, denen man beitreten und sich den Pilgerpaß zuschicken lassen kann:

1. Deutsche St.-Jakobus-Gesellschaft (Harscampstr. 20, 52062 Aachen). Sie beschäftigt sich eher mit kulturell-wissenschaftlichen Interessen.

2. Sankt-Jakobs-Bruderschaft (Pfarre St. Jakobus, Grashofweg 12, 40882 Ratingen). Sie vertritt eher religiöse Interessen der Pilgerschaft.

Meinen Pilgerpaß bekam ich im Kloster Roncesvalles. Bei jeder Übernachtung in einer Pilgerherberge erhält man einen Stempel in den Paß, um das Pilgern zu dokumentieren. Dann, in Santiago de Compostela, kann man im Pilgerbüro, neben dem Südportal der Kathedrale von Santiago, seinen Pilgerpaß vorweisen und bekommt, wenn man den Weg zu Fuß oder per Fahrrad zurückgelegt hat, den Pilgerausweis – eine Urkunde zur Erinnerung an die Pilgerreise.

7. Wanderkarten

Für einzelne Streckenabschnitte gibt es Michelin-Karten 1:400 000 oder auch Wegeskizzen im Buch von Hansjörg Sing »Der Jakobsweg«. Allerdings sind seine Skizzen nicht immer zuverlässig, da er selbst mit dem Auto auf der parallel verlaufenden Straße gefahren ist.

Am besten zur Orientierung eignet sich eine spanische Wegbeschreibung: »El camino de Santiago, Guia del peregrino«, Everest Verlag. Dieses Buch kann man auch in deutschen Buchhandlungen bestellen: ISBN 84-241-4200-4. Auf jeder Seite des Buches finden sich eine sehr genaue Skizze, meist die Länge einer Tagesetappe, und auf spanisch geschichtliche und kulturelle Beschreibungen und – wichtig – Übernachtungsmöglichkeiten. Allerdings ist es mit 400 g für den Rucksackwanderer recht schwer. Aber man sollte dann lieber etwas anderes Entbehrliches zu Hause lassen. Ich habe diesen »GUIA« als außerordentlich nützlich empfunden.

8. Ausrüstung

Schlafsack: Ist auf jeden Fall notwendig, wenn man in den Pilgerherbergen übernachten will. Nur in den wenigsten gibt es Betten. Will man sein Gepäck leichter halten und ist auf mehr Bequemlichkeit bedacht, findet man in den meisten – auch kleinen – Orten am Weg Pensionen oder Rasthäuser.

Rucksack: Soll man so leicht wie möglich packen, damit mehr Freude am Wandern bleibt. Unterwegs merkt man erst, wie wenig man braucht. Hat man im Übereifer zuviel eingepackt, schickt man alles Überflüssige auf dem nächsten Postamt zurück. Wichtig sind ein Regenponcho, ein warmer Pullover, Wasserflaschen. Im übrigen kann man auch alles unterwegs noch kaufen.

Schuhe: Die Schuhe, in denen man am besten laufen kann, sollte man anziehen. Da hat jeder seine eigenen Erfahrungen und Ansichten. Hat man wenig Gepäck, kann man durchaus auch mit Turnschuhen wandern. Bergschuhe sind viel zu schwer, und an heißen Tagen läuft man sich auf jeden Fall Blasen. Mir haben sehr leichte Trekkingschuhe gute Dienste geleistet. Wer fußempfindlich ist, sollte noch Sandalen o. ä. dabeihaben, zum Auslüften der Füße bevor Blasen entstehen und für nach der Tageswanderung.

Stock: Sehr nützlich! Ich habe mir während der Wanderung einen zugelegt und wollte ihn dann nicht mehr missen. Er gibt auch ein sicheres Gefühl den Hunden gegenüber.

9. Übernachtungen im Freien

Sind problemlos, außer man hat sich mit dem Wetter verkalkuliert und wird eingeduscht. Ein Zelt würde ich nicht mitnehmen (Gewicht!), und es ist viel schöner, direkt in der Natur zu schlafen. Wenn das Wetter mal nicht so geeignet ist, kann man jederzeit in den Ortschaften eine Unterkunft bekommen.

10. Refugio

Ist die spanische Bezeichnung für Pilgerunterkunft. Die historischen Herbergen existieren nicht mehr oder werden anderweitig benutzt. Braucht man eine Unterkunft, geht man zum Pfarrer und fragt: »Por favor, donde es el refugio?« Die Refugios sind ganz verschieden ausgestattet, meist sind es eine Art Notunterkünfte, mit einem Steinfußboden ohne weitere Einrichtung. Es gibt aber auch einige wenige vom Stil einer Jugendherberge. Dort trifft man auch andere Pilger zum Erfahrungsaustausch:

Kloster Roncesvalles, Santo Domingo de la Calzada, San Juan de Ortega, León – San Isidoro, Hospital de Orbigo, Astorga, Cebreiro (ist zwar primitiv, auf dem Erdboden mit Stroh, aber dafür in einem historischen Keltenhaus), Kloster Samos, Portomarin (ist offiziell eine Jugendherberge, für die Übernachtung muß bezahlt werden).

11. Die Gefahr, ausgeraubt oder belästigt zu werden

Die Gefahr ist nahezu Null. Ich habe mich in keinem Moment bedroht gefühlt und glaube, nirgendwo in Europa kann man durch ein besiedeltes Gebiet so ungefährdet wandern wie auf dem Pilgerweg. Für die Einheimischen gilt der Pilger auch heute noch als eine heilige Person, die man bewundert und der man Gastfreundschaft entgegenbringt.

Auch als Frau genießt man den Schutz dieser »heiligen Aura« und wird weder mit Fragen noch mit Blicken belästigt. Allerdings gilt dies nur für die ländlichen Gebiete, nicht für die Städte und Landstraßen. Wandert man abseits des Pilgerweges als Frau allein zu einem Kloster, zum Beispiel nach Santo Domingo de Silos, wirkt der Schutz des Pilgerweges nicht mehr.

12. Entfernungen

Von St.-Jean-Pied-de-Port auf der französischen Seite der Pyrenäen bis Santiago de Compostela sind es etwa 800 km. Bei einem Tagesdurchschnitt von 30 km kann man die Strecke in 27 Tagen zurücklegen.

13. Art der Wanderung

Durch Felder, Wiesen und Wälder, lange Strecken durch baumlose Kultursteppe, die Meseta. Drei Gebirge sind zu überwinden: am 1. Wandertag gleich die Pyrenäen, am 20. die Montes de León und am 24. die Sierre de Ancares an der Grenze zur Provinz Galicien.

REISERATGEBER mit Farbfotos

Spannende Erlebnisberichte und eine Auswahl der schönsten Routen mit vielen Farbfotos, Karten und nützlichen Informationen.

Dieter Kreutzkamp
Australien
Outback, Queensland und Norfolk Island. Mit Geländewagen, Camper, Kajak, Windjammer, Fahrrad und Kamel durch den fünften Kontinent.
Reihe: Straßen in die Einsamkeit.
184 Seiten, 31 Farb-, 98 s/w-Fotos, 18 Karten
ISBN 3-89405-322-4

Thomas Troßmann
Der Wüste begegnen
Mit Motorrad, Auto, Kamel und zu Fuß durch die Sahara.
188 Seiten, 43 Farb-, 44 s/w-Fotos, 3 Karten
ISBN 3-89405-319-4

Ilija Trojanow/Michael Martin
Naturwunder Ostafrika
Durch Kenia, Tansania, Uganda und Ruanda. Mit Auto, Bus, Bahn, Boot, Motorrad, Mountainbike, Kamel und zu Fuß.
184 Seiten, 37 Farb-, 68 s/w-Fotos, 9 Karten
ISBN 3-89405-327-5

Dieter Kreutzkamp
Durch West-Kanada und Alaska
Die schönsten Nordlandrouten mit Auto, Bahn, Boot und zu Fuß.
Reihe: Straßen in die Einsamkeit.
176 Seiten, 30 Farb-, 70 s/w-Fotos, 15 Karten
ISBN 3-89405-303-8

Dieter Kreutzkamp
Im Westen der USA
Zwischen Pazifik und Arizona. Die schönsten Routen mit Auto, Motorrad, Kanu und zu Fuß.
Reihe: Straßen in die Einsamkeit.
198 Seiten, 30 Farb-, 99 s/w-Fotos, 21 Karten
ISBN 3-89405-309-7

Dieter Kreuzkamp
Namibia
Die schönsten Routen zwischen Kalahari und Diamantenwüste. Mit Geländewagen, Camper, Kanu, Motorrad und zu Fuß durch das südwestliche Afrika.
Reihe: Straße in die Einsamkeit.
200 Seiten, 33 Farb- und 106 s/w-Fotos, 7 Karten
ISBN 3-89405-333-8

FREDERKING & THALER

GOLDMANN

Schicksale

Torey L. Hayden,
Jadie   12574

Natalie Kusz,
Toschka   12354

Ines Veith,
Dany   12497

Evelyn Lau,
Wie ein Vogel ohne Flügel   12453

Goldmann · Der Taschenbuch-Verlag

GOLDMANN

Mann, Frau, Kind –
Probleme in der Familie

Dennis Danziger, Die Kunst,
ein guter Vater zu werden   12301

Barbara Franck,
Mütter und Söhne   11420

Barbara Franck, Ich schau in den
Spiegel und sehe meine Mutter 11416

Libby Purves, Die Kunst, (k)eine
perfekte Mutter zu sein   11500

Goldmann · Der Taschenbuch-Verlag

GOLDMANN

Ganzheitlich Heilen –
Gesund aus eigener Kraft

Stephen T. Chang, Das Handbuch
ganzheitlicher Selbstheilung   13785

Thorwald Dethlefsen,
Krankheit als Weg   13796

José Silva,
Der Heiler in Dir   13794

Dr. Deepak Chopra, Ayurveda –
Gesundsein aus eigener Kraft   13786

Goldmann · Der Taschenbuch-Verlag